U0006279

The Doodle Revolution

Unlock the Power to Think Differently

塗鴉思考革命

解放創意隨手畫！

愛因斯坦到愛迪生都愛用的 **DIY** 視覺思考利器

桑妮·布朗 Sunni Brown——著　劉怡女——譯

獻給

為我帶來勇氣、清明、創意、與慈愛的六個男人

Rocky Brown, the prankster, 搞笑王

Eddie Vedder, the voice, 天籟之音

Chet Hornung, the thinker, 思想家

Georges St-Pierre, the martial artist, 格鬥大師

Flint Sparks, the teacher, 人生導師

Geoffrey Canada, the visionary, 前瞻者

用 "YourArt" 取代 "SmartArt" 吧！

／ RainDog 雨狗，台灣最大簡報臉書粉絲團團長

　　這幾年台灣書市中出現一堆教我們怎麼用塗鴉或是手繪來做簡報的書籍，但很多朋友都反應這些方法不夠實用，無法真正運用在較為正式的商務簡報場合。另一方面，「資訊圖表」（Infographics）亦是當今商務簡報界的顯學，但絕大多數人卻受限於軟體操作的技術門檻，同樣也無法實際運用。

©RainDog 雨狗

　　正因為如此，我還記得當初在國外書店中看到並翻閱這本《The Doodle Revolution》原文版時的興奮：終於，有一本書透過系統化的介紹方法，把手繪塗鴉和資訊圖表這兩個領域，作了如此巧妙地融合，而且是真的可以運用在報告、講解、提案，以及演說等四大類的商務簡報場合之中！

　　如今，大寫出版也在很短的時間之內就發行了繁體中文版，而且看完之後更覺得本書譯者劉怡女的翻譯十分到位。能有機會為自己真心喜愛的書籍寫推薦序，實在是一件十分榮幸且幸福的事。在此誠心推薦這本絕對可以算得上是近十年來台灣簡報相關書籍中最好十本之一的《塗鴉思考革命》，給所有想讓自己下次簡報變得更好的朋友們。

啟用塗鴉的力量！

／黃仁俊，華碩設計中心〈使用者經驗處界面設計部〉副理

如果早點有這本書就好了。這樣在小時候，就可以少掉很多次因為亂塗課本上的偉人被老師狠揍的痛苦經驗（笑）。

現在回想起來，當時每一個課本上的隨手塗鴉，都是一個幼小心靈內心想法的表達過程，都是一個小小珍貴創意湧現的真誠表現。

身為科技產業的「使用者經驗設計師」，我個人每天的工作有九成九的時間是花在開會與擁有不同專業背景的合作對象，包括產品經理、業務、工程師，甚至於其他設計師，針對產品概念、應用情境、操作行為、或系統流程等交換意見與想法。

也因為每個人的專業養成不同，各有認知及語言表達方式的差異，有時候大家講半天還是陷入雞同鴨講、各自表述的泥沼。為了解決分歧，最後往往乾脆找個白板讓大家畫一下，才能開始「對齊」每個人心中的認知往下討論。

這類塗鴉的過程，有時就只是兩三筆勾出一個火柴人情境圖，幾個方塊加上兩三條箭頭的流程描述，或是簡單樹狀心智圖就可以了。討論結束拍張照，事後容易看著圖回溯記憶，省時省力，皆大歡喜。

在分秒必爭又講求複雜專業分工的現代產業，搭配塗鴉的溝通方式往往能大幅減少認知失誤與時間成本。

這就是塗鴉的力量。

各位，Enjoy 這本書吧～

目錄

前言

第1章

塗鴉是思考
「戴上小丑面具」

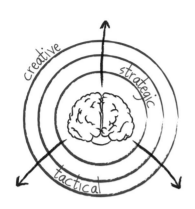

第2章

塗鴉的根本貢獻：
力量、表現、樂趣

第3章

塗鴉大學：
探索視覺語言的根基

第4章

塗鴉大學：
精通視覺思考

第5章

資訊塗鴉實戰力：
改造團體思考方式

第6章

向圖像識讀時代進軍：
塗鴉革命的行動召喚

最後的感謝

二十一世紀的**文盲**，並非無法讀寫的人，

而是那些 **無法學習**、拋開過去所學、以及重新學習的人。

—— 趨勢大師 托佛勒（Alvin Toffler）

「塗鴉」這個詞並沒有一個絕對的定義，端視於你如何理解它對你的意義。

—— 桑妮，布朗（Sunni Brown，暱稱「塗鴉博士」）
「塗鴉革命」活動創始人

親愛的革命者，

初次見面，我想先向各位打個包票：本書將對你的生活與工作產生深刻影響。

我寫這本書並不是為了自娛，老實說也不是為了取悅各位。我之所以寫這本書，是因為任何人都可以將本書內容運用在自身生活中。它的用處不像我們靠化妝來美化外表、或者讓蔬果結霜變甜。本書的用處比較接近潛水艇或刀劍、X光或深海鑽探、甚至是晴天下的吊床。容我套句陳腔濫調：本書旨在改變你的生命。它是對抗無知的武器、化繁為簡的工具、啟蒙的沉思、以及探索的歷程；能協助你收割所有潛在的收穫。你可知道自己與許許多多的可能性失之交臂，就因為你不懂得善用一般人所謂的塗鴉？彌補這樣的遺憾，正是本書存在的原因。

「塗鴉革命」已加入全球性的圖像識讀推廣潮流，而你正是其中不可或缺的一份子。

祝福各位！

Sunni

前言

為什麼我們需要塗鴉革命？

我將列出五大理由來說明「塗鴉革命」的必要性、以及革命者為什麼必須彼此認識、互相學習。

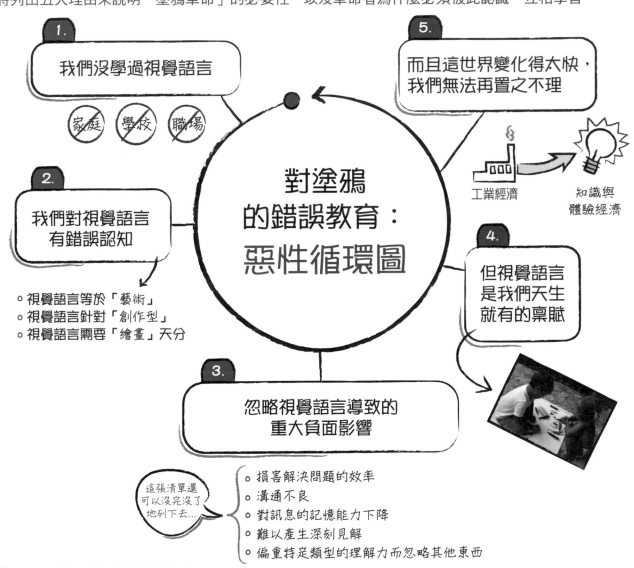

1. 我們沒學過視覺語言

家庭 學校 職場

5. 而且這世界變化得太快，我們無法再置之不理

工業經濟 → 知識與體驗經濟

對塗鴉的錯誤教育：惡性循環圖

2. 我們對視覺語言有錯誤認知

- 視覺語言等於「藝術」
- 視覺語言針對「創作型」
- 視覺語言需要「繪畫」天分

4. 但視覺語言是我們天生就有的稟賦

3. 忽略視覺語言導致的重大負面影響

這張清單還可以沒完沒了地列下去…

- 損害解決問題的效率
- 溝通不良
- 對訊息的記憶能力下降
- 難以產生深刻見解
- 偏重特定類型的理解力而忽略其他東西

#1 我們沒學過視覺語言

無論在學校、家裡、或職場，我們從來都沒有好好學習過如何運用視覺語言。除非我們能讓這些機構感受到必要性，否則在此之前就只能靠自學來習得。

#2 我們對視覺語言有錯誤認知

我們對「藝術」、「繪畫」、和「塗鴉」有文化上的刻板印象，而這種偏見造成了學習及成長的障礙。此外，對「創意」的誤解也導致我們一碰到視覺語言就退避三舍。我們得消除這些有百害而無一利的錯誤認知。

#3 忽略視覺語言導致的重大負面影響

若無法善用視覺語言，我們的認知表現將受到嚴重拖累。無論是探索、學習、記憶、或思考等內在能力，都會因此大打折扣至無法接受的程度；但我們理應有更好的表現。

#4 但視覺語言是每個人天生就有的稟賦

我們早就懂得如何運用視覺語言，畢竟這是人類的天賦能力，而且我們很少有能夠如此輕鬆運用的強大工具。所以我們只須釋放天賦、加以訓練就行了。我們都站在「塗鴉」殿堂門前，而門內是一個充滿無盡可能的世界。

#5 我們承擔不起「拒絕學習視覺語言」的後果

我們再也承擔不起把頭埋在沙堆裡的鴕鳥心態了。如今的世界資訊密度太高，而快速邁向知識經濟與體驗經濟的市場也不容我們心存僥倖。我們要面對的競爭，無論來自內部或外部，正在虎視眈眈。人民雖受過教育、卻欠缺圖像識讀能力的國家，勢必無法應付未來的挑戰。

塗鴉革命的旅程

本書將帶領各位走一趟圖像識讀之旅,你可以選擇以下任何一章作為起點。

請注意,這趟旅程與你是否熱愛或厭惡塗鴉毫無關係。

無論你喜歡與否,你都能從這趟旅程得到寶貴的收穫。

開始

第一部:
塗鴉革命由何而來

探索

第二部:
塗鴉大學堂

結尾

第三部:
運用資訊塗鴉

第3章	第4章	第5章

第2章

第1章

第6章

第1章
打破
塗鴉迷思

第2章
瞭解
塗鴉的價值

第3章
練習
初階塗鴉

第4章
學習將資訊
變成塗鴉
+
三種資訊塗鴉

第5章
塗鴉
在生活中的
實際運用

第6章
組建革命軍,
簽署革命宣言

若你想得到完整
個革命體驗:砍
掉重練、深化理
解、實際應用,
請由此處開始。

如果你已經擺
脫對塗鴉的迷
思與誤解,希
望進一步瞭解
塗鴉在認知能
力上的價值,
請由此處開
始。

假如你已經擺
脫對塗鴉的迷
思與誤解,也
已經瞭解塗鴉
在認知能力上
的價值,希望
能立刻開始學
習基本的塗鴉
技巧,請由此
處開始。

倘若你已經擺
脫對塗鴉的迷
思與誤解、瞭
解塗鴉在認知
能力上的價
值、而且對自
己運用基本視
覺語言的能力
有自信,但你
希望進一步提
昇自己的能
力,請由此處
開始。

如果你已經精
通資訊塗鴉,
希望將它實際
運用在生活
中、或用於與
團隊成員共同
解決問題,請
由此處開始。

若你已經是死
忠的革命者,
需要為團隊工
作提供總結性
的提示、同時
為這場革命搖
旗吶喊,請由
此處開始。

塗鴉思考革命

The Doodle Revolution
Unlock the Power to Think Differently

第 1 章

塗鴉

是思考戴上
小丑面具

來自視覺語言的現場第一線報告指稱，成年人不會畫畫。

過去幾年來，我常直視成年人的眼睛，聽他們當著我的面說謊。我真的聽過好幾千人說出言不由衷的話，而且這種情況似乎沒有絲毫終止的跡象。或許最令人遺憾的是，這些成年人相信自己的謊言。他們的自我辯解源自一種錯誤認知，但他們對其深信不疑。這些頑強存在的謊言有種種表現形式，而且成年人說起謊來其實還頗具創意。不過他們的謊言歸納起來就是一句話：

光是就我所知，這句話便有許多荒謬之處。頭一個理由是，說這句話的人往往視力和手部功能完全正常，大腦的視覺皮質運作也流暢得很。第二個理由是，我還沒遇過任何一個「跳過童年期、直接長成四十歲」的大人；但多數人在童年時期都很喜歡畫畫。第三個理由是，因為我本人也在忽略視覺語言的文化下長大，所以我得學會戳穿自己的謊言；這使得我相當善於辨識這類謊言。最後一個理由則是基於個人經驗。我身兼作家、顧問公司老闆、以及擅長將資訊化為塗鴉的專業人士，已遇過不計其數的人原本深信自己天生不是畫畫的料，但後來寄給我技巧純熟、親手繪製的資訊圖表，內容包含文字、流程圖、以及他們個人獨創的字體。收到這些當作禮物送我的創作後，我不必再刻意揭穿上述的謊言，因為這些創作就是最完美的反證。

我不會畫畫

我們是怎麼了？
我們只剩數字和語言

看到「我不會畫畫」症候群在世界各地的組織與團隊內普遍流行，好奇心（以及挫折感）終於讓我再也忍不住了。我們的社會系統一定出了什麼嚴重的問題，才會讓這麼多成年人相信他們沒有能力運用視覺表達。我把這種普遍流行的現象稱為「視覺文盲」（visual illiteracy），而這種文盲就跟其他種類的文盲一樣，令我覺得難以接受。為解釋我所謂的視覺文盲，我們不妨先稍微探究「識能」（literacy）的意義。

一旦我們瞭解識能如何影響人的潛力，在世界各地增進民眾識能就成了當務之急。而我相信，圖像識讀也具備同等的急迫性。說白了，在一個經濟較安定的社會，圖像識讀享有貨幣般的地位，而且它也會影響我們達成個人目標、培育知識、參與打造世界的潛力。圖像識讀的定義與其他傳統識讀能力相去不遠，只不過它處理的是視覺語言及視覺素材。

識能 = 有能力去……

· 辨識
· 理解
· 詮釋
· 創造
· 溝通
· 推斷

……運用在涉及各類文本的印刷與書寫素材

看起來頗有道理，對吧？但「識能」還有另一層重要意義：它關乎一種連續性的學習，而這樣的學習能使個人達成目標、發展知識與潛力、並充分參與所屬社群及整體社會。(註1)

由於人類在生理上便具備「視覺智能」（visual intelligence），我們的圖像識讀技巧絕對有提升的本錢，而且成功機率幾乎是百分之百。絕大多數視力無虞的人皆可輕而易舉地辨識視覺資訊。（「看，外婆，是土狼耶！」）只不過，當我們被要求詮釋說明視覺資訊時，我們在這方面就不那麼在行了。[註2]（那隻土狼的姿態在告訴我什麼？）而當我們開始用視覺語言創造、推斷、溝通時，我們的表現明顯地更是疏漏百出。我們在這些事情上發現自己普遍能力不足，但這些事都具備根本的重要性，因為它們有助於我們進行複雜的思考。

能夠看得見、認出一隻土狼，當然是值得慶幸的事。但假如這隻土狼決定襲擊我的營地，我需要比「快跑！」更縝密的計畫才能解除危機。一旦我針對未來的不確定性做出了應變計畫，我就會希望把這項計畫告訴別人，邀請他們一起來集思廣益、共同行動。所以，創造、推斷、溝通，你看出端倪了吧？

遺憾的是，歷史走到了這個節骨眼，人類運用視覺語言的能力已經被嚴重弱化。我敢說就算這項能力並非蕩然無存，也至少是不堪使用了。人類突然間大量變成視覺文盲，衍生出許多各式各樣的問題。

我們是如何在視覺語言學習曲線中快速殞落的？這種潛藏現象是何時開始的？肇因為何？[註3]我看過不同年齡的孩子隨手在紙上塗鴉、畫畫，彷彿這些圖像是從他們的手自然長出來的。[註4]他們拿起筆就畫，不需要旁人勸誘或接受訓練；彷彿走路或說話般自然。接下來，在毫無預警之中，更糟的是在成年人的漠視

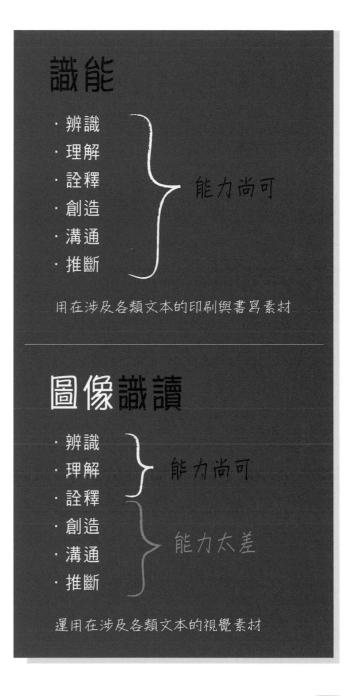

識能

· 辨識
· 理解
· 詮釋
· 創造
· 溝通
· 推斷

能力尚可

用在涉及各類文本的印刷與書寫素材

圖像識讀

· 辨識
· 理解
· 詮釋

能力尚可

· 創造
· 溝通
· 推斷

能力太差

運用在涉及各類文本的視覺素材

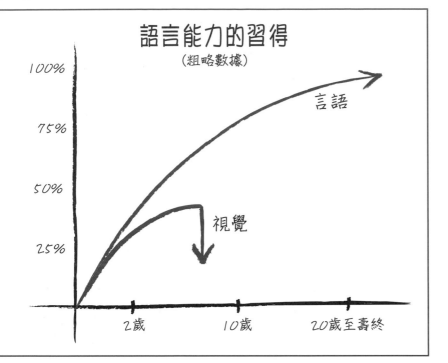

語言能力的習得
（粗略數據）

100%

75%

50%

25%

言語

視覺

2歲　　　10歲　　　20歲至壽終

為什麼大部分的人要摒棄視覺語言、以數字和文字取而代之；**但我們明明可以三者同時運用呀？！！**

我們其實有很好的能力，而且是與生俱來的能力，可以創造視覺語言；但為什麼大部分的人幾乎只用必須靠後天學習的符號來溝通？我們為什麼要放下一種工具、只用另外兩種工具，而不是三種工具同時運用？如果有一種工具能讓我更聰明、反應更快、思考更清晰、溝通能力更好，我到底為什麼要棄而不用？

與忽略之下，他們開始擁抱數字和語言，進而失去了視覺語言能力。他們不再隨意塗鴉，取而代之的是被普遍認可的「真正」工具，也就是未來很可能終生主導他們注意力的數字及語言。

和大多數成年人一樣，你可能會覺得：那又怎樣？大家都忘記如何塗鴉或畫畫天也不會塌下來。再說這跟成年後的生活與工作又能扯上什麼關係？我聽到你的質疑了。我本人曾經獨尊文字，不但熱衷語言學，也對數字及數據懷有深深的敬意。（註5）但有鑑於我曾經與為數可觀的成年人共事，我實在無法對這個彷彿龐然大物拔山倒樹而來的問題視而不見：

我的主要理論是：多數人並不知道如何在特定領域之外運用視覺語言。我們預期在建築、工程、設計及藝術界看到視覺呈現，也覺得在教室或辦公室之外的地方塗鴉並無不可，譬如在餐廳用紙巾來素描就沒問題（幾杯瑪格麗特雞尾酒下肚後，說不定還會覺得這樣挺好玩），朋友之間也會玩看圖猜謎遊戲。然而在大部分其他領域，一般人都不認為視覺語言在其中有什麼重要性。

現代文化與機構皆認定，視覺語言與「思辨能力」（critical thinking）之間、視覺語言與「問題解決能力」之間、視覺語言與「理解能力」之間、甚或視覺語言與「創新」之間，並不具備系統性的關聯。親愛的讀

者朋友呀，我們在這些領域簡直像停留在中世紀黑暗時期，但視覺語言蘊藏的智能與創造力之豐沛，使我們已經不能再無視於它的潛力了。我們必須釋放視覺語言的能量，擦亮我們對塗鴉與畫畫的理解與能力，然後將相關技巧實際運用在生活當中。而這正是「塗鴉革命」的運動宗旨。

塗鴉時刻

本書所提供的各種練習，都歡迎讀者們主動參與。隨著你的理解逐漸增長，這些練習會越來越複雜，需要發揮更深度的思考。現在請進行本書的第一項練習：拿支筆，開始下面這個簡單的練習。

請依循以下兩項條件：畫出一條不間斷的線（別讓筆離開頁面，維持十秒鐘左右），而且這條線必須自我交叉好幾次，畫成封閉的形狀。除此之外，你想用什麼顏色或線條來畫這條線都行，你也可以讓這條線有如塑膠袋隨風飄般，在紙上恣意飛行（抱歉啦，用這麼悲涼的都市生活一景※舉例）。大約十秒過後，停下筆來，然後花點時間為線條交叉的部分加上陰影效果。請注意觀察這項練習對你有什麼影響。你是否覺得平靜？比較放鬆？你想繼續畫嗎？無論你有什麼感受，我都要恭喜你。你剛剛為大腦負責想像力與視覺化的活躍區域，注入了富含葡萄糖與氧氣的新鮮血液。你也提醒了自己，其實你本來就已經會塗鴉，而且隨興所至地畫畫還挺好玩的。

成年人幹嘛要學畫畫？

我教導成年人素描及畫畫的目的，就跟其他人教導成年人寫作的理由一樣。視覺語言也是一種語言，而倘若我們能夠流利使用這種效能強大的語言，我們就可以明確表達自己想法、將這些想法向別人溝通清楚、並順利解決原本無解的問題。

接下來我會告訴各位，提升視覺語言能力這項主張的背後有哪些科學實證及推理論據；不過在此之前我想先偷偷透露，我是如何學會哄誘成年人克服抗拒畫畫的頑強宿疾。（註6）

我不會要求成年人「來畫畫」

與商業界人士共事的經驗讓我學到一個乖，那就是「畫畫」這個字眼聽起來負擔太大了。當你問成年人會不會畫畫，他們會把你的問題聽成「你能不能畫出栩栩如生的圖像？」所以一講到「畫畫」，大家便立刻聯想到達文西或畢卡索的作品，進而開始驚慌失措。這群可憐蟲表現出各種「戰或逃」的本能反應，但這是可以理解的。假如畫畫就是得透過高超技巧臨摹真實世界的事物，那麼按照這標準我也算是個不會畫畫的人。給我兩天兩夜的時間，我依舊畫不出一隻靜靜坐著不動的袋熊（替袋熊來個塗鴉倒是沒問題，所以你當然也可以）。

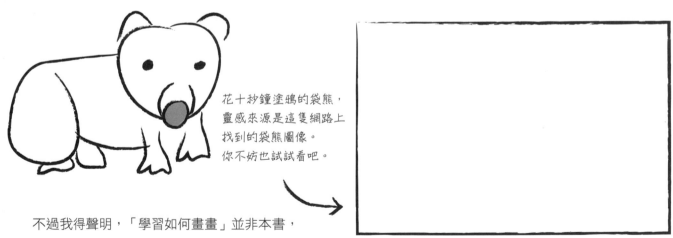

花十秒鐘塗鴉的袋熊，靈感來源是這隻網路上找到的袋熊圖像。你不妨也試試看吧。

不過我得聲明，「學習如何畫畫」並非本書，或這場塗鴉革命的重點。本書確實有些章節可讓各位大展身手（如果你對畫畫頗有興趣，歡迎直接前往那些章節），但真正的宗旨是要教育、鼓吹「塗鴉」這種簡單的視覺語言運用。

我們很快就會進行到語意討論的部分，所以請你的內在語言警察先別激動。

本書的重點，也在於將塗鴉、以及它的先進夥伴「資訊塗鴉」變成信手可得、強效有力的技巧，能運用在對抗任何艱險的挑戰。

我知道有些讀者仍心存懷疑：塗鴉？真的假的？就算你不擅長畫畫，你也已經是個受過教育的成年人了，何必做沒意義的塗鴉。這是小孩子的玩意，而且連傻瓜都可以拿起粉筆亂畫一通。若你是這麼想的，我可要感謝你幫忙指出重點了。塗鴉根本不需要什麼藝術天分，也不必買昂貴的繪畫工具、接受正式訓練、或擁有與生俱來的視覺化能力。塗鴉很簡單；它出自直覺，而且人人都做得來。全世界的所有人都會覺得塗鴉很輕鬆。事實上，塗鴉無論是在概念或實際上，幾乎就跟唱歌和跳舞一樣普及。所以我選擇以「塗鴉」這個字眼，來讓忸怩的成年人重新認識自己的視覺表達天賦，而不是只會使用語言表達天賦。一旦我們接受自己的視覺表達天賦，塗鴉的神奇力量也將變得越來越強大。

各位不妨想想下述事實吧：塗鴉，即使是以最簡單的形式來表現，也為社會帶來了改變遊戲規則、影響深遠的創新。已有不計其數的科學、數學、或商業領域的突破性進展，最初都只是一張紙上的幾筆潦草塗鴉。[註7] 塗鴉為企業營運帶來了超乎想像的洞見，也為個人創造出新的活力。旁觀者或許看不出一個正在塗鴉的人，腦子裡究竟在思索些什麼；但我敢說他們的腦神經絕對活潑得很。我們不能再把塗鴉當成無關緊要的瞎混行為，因為這種想法忽略了許多的發明創新，正源自於視覺語言與思考之間的共生關係。我不是在唬你，塗鴉確實可轉變你的思考方式，而你只差那麼一步就能讓它成為事實。

我的姪子和姪女，
正在恣意塗鴉。

抱歉，你剛剛是說「塗鴉」嗎？

每個人都對「塗鴉」這個詞有自己的經驗與先入之見。^(註8)這些個人經驗與偏見對於發展視覺語言能力可能有利、也可能有害，所以接下來我要為塗鴉提出我認為比較適切的定義，希望能藉此打破迷思，讓大家從全新的角度來理解塗鴉。首先，我們先來看看「塗鴉」目前被廣為接受的動詞定義。

《韋氏字典》告訴我們，「塗鴉」（doodle）的動詞定義是「磨蹭或瞎混」，同義詞包括「浪費時間或遊手好閒」、「閒蕩」、「做無聊事」、「虛度」、以及「鬼混」（monkey around，我發現這個定義不但冒犯塗鴉的人，也冒犯到猴子〔monkey〕）。「維基百科」則將塗鴉解釋為「一個人漫不經心時的隨意塗畫。」《美國傳統英語字典》對塗鴉的定義則是「消磨時間」。

就是因為這個定義，使得大部分老師不喜歡學生在課堂中塗鴉。

嗯……這些定義都不太討人喜歡。或許從歷史中挖掘，能夠找到比較正面的解釋？我們來看看。十七世紀時，「塗鴉」僅被當成名詞使用，意思是「傻子或頭腦簡單的人」。噢。現在我們知道《洋基歌》（Yankee Doodle）這首美國傳統愛國歌曲的起源了。

到了十八世紀，「塗鴉」變成動詞，意思是「嘲笑，詐騙，愚弄」，這自然是演化自它先前那個不稱頭的定義。

「塗鴉」在十九世紀轉而指涉腐敗的政客，專門浪費公帑、或利用職位牟利。於是乎我們繞了一大圈，如今「塗鴉」再度變成動詞，總的來說它純粹指「無所事事」。

各位可以看到，「塗鴉」一詞不但長期帶有貶意，甚至連稍微中性一點的語意也不曾享有過。這實在太失禮了！你可能在查詢「塗鴉」的定義時竊笑不已，甚至覺得它唸起來挺滑稽，可以拿來做好笑的造詞；但這些定義嚴重貶抑了一種真實的自然力量。

所以，本書要在此徹底革新上述定義。和數千名塗鴉者共事、親眼觀察他們的創作之後，我發現我們有必要推廣不一樣的塗鴉定義，而且這個定義必須明確表達、毫不含糊。

十七世紀
「塗鴉」的定義

頭腦簡單的人、傻子

十九世紀
「塗鴉」的定義

腐敗的政客

十八世紀
「塗鴉」的定義

嘲笑、詐騙

我不相信塗鴉的人都心不在焉，也不相信塗鴉等於鬼混或浪費時間。所以我要清清楚楚地告訴各位：

世界上沒有心不在焉的塗鴉這種事。

人類在雪地上、沙堆中、洞窟內的岩壁、或私人日誌裡塗鴉，已經有超過三萬年的歷史；而我們之所以會這樣做是有理由的。歷史上最受尊崇的思想家、科學家、作家以及發明家，我們都可以在他們的筆記中看到塗鴉；而他們之所以會那樣做也是有理由的。他們塗鴉可不是為了殺時間。已經有太多的證據顯示，當一個人塗鴉的時候，其實是大腦正在進行深入而必要的資訊處理，讓現有的神經路徑連結上原本已被阻斷的神經路徑。所以我們甚至可以說：「塗鴉的人其實相當專注，他們所做的是過濾資訊並保持覺察。」而且，出乎常人理解之外的，他們從塗鴉中發想出源源不絕的創見。我為什麼希望各位學會塗鴉？上述理由就是原因。我也希望各位讀完本書之後，能大幅提升這項技巧，因為你們的思考與解決問題技巧亦可隨之躍進。

讓我們恢復「塗鴉」長久以來被詆毀的名譽吧。從現在起，每當你看到「塗鴉」這個詞，請把它想成是「為協助思考而（結合心與身）自然畫出的記號」，將之視為遊手好閒的死對頭。讀完本書後，你會充分體會到塗鴉在你的生活與工作中所能扮演的最佳戰友角色。

塗鴉（不公平的現代定義）

: 殺時間
: 磨蹭
: 鬼混
: 畫沒意義的記號
: 做沒什麼價值、欠缺實質性、或不重要的事
: 無所事事

錯了吧

塗鴉（革命者的定義）

: 為協助思考而自然畫出的記號

運用心智與身體

這才對

塗鴉 vs. 胡畫、素描及繪畫

　　既然我們已經顛覆不少關於塗鴉定義的錯誤認知，有些讀者可能會自然而然提出下面這個問題：塗鴉和胡畫或繪畫有什麼差別？所以我提供一個大致的解釋來排除各位的疑惑。

胡畫（SCRIBBLE）：任意表現的抽象線條，運筆時筆尖未曾離開過紙張；與兒童發展手眼協調能力有關
素描（SKETCH）：快速完成的粗略繪畫
繪畫（DRAWING）：對某一物件或型態的視覺表現，且一般人均可辨識表現者為何物
塗鴉：為協助思考而自然畫出的記號

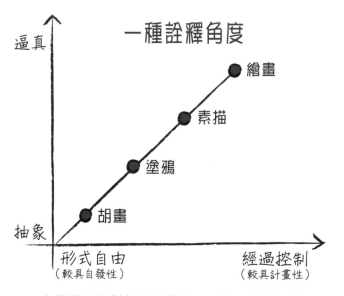

有些講究字斟句酌的讀者，可能正撓耳抓腮，百思不得其解。有些塗鴉似乎也能歸類為繪畫？答案是肯定的。[註9]素描有時候也能算是塗鴉吧？沒錯。那麼繪畫可以反過來歸類為塗鴉嗎？可以。[註10]胡畫可不可能算是一種塗鴉？[註11]是有可能。那麼塗鴉也可以被看成素描嗎？以上答案皆是。[註12]別陷進語意的蜘蛛網裡，真正重要的是塗鴉的定義得到提升，因為這是每個人都能夠做到、而且一起實際運用在生活中的事。我們邀請全世界所有人以正面角度來看待塗鴉，同時認知到它的功效、並將之發揮到淋漓盡致。

塗鴉定義的更擴大解釋

　　我們顛覆了塗鴉的標準定義，但真正的革命家接下來才要出現。不少傳奇人物把塗鴉當成思考工具，藉此不斷創造觀念上的革新。這樣的人所在多有，無須打著燈籠去找；不過我想特別挑出其中三個人來討論：賈伯斯（Steve Jobs）、愛因斯坦（Albert Einstein）、以及尼可拉‧泰斯拉（Nikola Tesla）。

　　請記牢我們的新定義：「為協助思考而自然畫出的記號」，然後想像這些記號不一定是紙上的塗塗寫寫。你可以想像這些記號有各種呈現方式，像是積雪中的足印、樂器流洩出的音譜、或大腦神經細胞的電化學路徑。你也可以想像一種超越視覺形式的塗鴉，其邊界不囿於雙眼所見。塗鴉可以用動覺來呈現，發生在身體的動作之中；可以用手勢來呈現，發生在雙手的動作之中；可以用音樂來呈現，發生在樂器的彈奏之中；可以用心智來呈現，發生在千回百轉的反覆思索之中。聽起來很誇張，對吧？請繼續聽我說，容我提出幾個實例。

史帝夫‧賈伯斯的動覺型塗鴉

史帝夫‧賈伯斯，所向披靡的蘋果電腦前執行長、以及顛覆七個產業的破壞王[註13]他最有名的事蹟，包括帶著別人一起長時間散步，邊走邊談有待考量的問題和有待拍板定案的決策。《財星》雜誌（Fortune）稱這些散步是「另類競走」[註14]，而臉書執行長馬克‧佐伯格（Mark Zuckerberg）據說也常邊走路邊沙盤推演，有幾次還是在賈伯斯生前兩人一道散步。華特‧艾薩克森（Walter Isaacson）撰寫的《賈伯斯傳》多次提到，賈伯斯在面臨挑戰時，常花很長的時間一邊散步、一邊思索解決那些疑難雜症的方案。[註15]但賈伯斯似乎並不打算靠著散步讓頭腦保持清晰，他真正的目的是想集中思緒、過濾所有涉及這項挑戰的相關資訊，然後從中決定最佳應對方式。

曾與賈伯斯共事的人指出，他很少坐著思考。他像火藥的引信，而且在會議上會很自然地使用視覺語言。他呈現概念與策略的方式，是在白板上畫畫。[註16]此外，他也頻繁運用身體動作來表達看法。有鑑於賈伯斯習慣在動作中進行思考與決定，我將他歸類為「動覺型塗鴉者」（同時也是個資訊塗鴉大師）。他

史帝夫‧賈伯斯：
一流塗鴉大師

似乎在運用身體來自然而然畫出記號時，思考能力會變得更好。

由此看來，我們每個人天性中都帶了些賈伯斯的特質。《大腦當家》（Brain Rules）的作者，華盛頓大學醫學院分子生物學家約翰‧麥迪納（John Medina）刻意在辦公室放了一台跑步機，目的是為了讓他的記憶力「運動」一下，同時鍛鍊他的洞察力，因為他知道這樣做在神經學上有其道理。從人類生理機制的角度來看，身體進行動作的時候腦部同時進行思考，即我們所稱的「動覺型塗鴉」，確實有助於激發靈感、產生想法。

亞伯特‧愛因斯坦的音樂型塗鴉

假如你不喜歡花那麼多時間走路，你可以選擇其他形式的塗鴉，包括愛因斯坦本人表現得最淋漓盡致的一種。愛因斯坦是出了名的音樂愛好者，而根據幾個傳記作者的說法，音樂對愛因斯坦來說不僅僅是消遣而已，甚至還可以幫助他思考。「每當他在工作上覺得走到了死胡同，或面臨困難挑戰時，」愛因斯坦的兒子漢

愛因斯坦：
一流塗鴉大師

斯如此描述:「他就會躲進音樂的天地,在那裡想出所有解決難題的方法。」愛因斯坦獨居在柏林的那些歲月,小提琴成了他建構「廣義相對論」的一大助力。「他常常在深夜時跑到廚房拉小提琴,一邊即興演奏、一邊思索複雜的問題。」一名朋友如此回憶:「然後,突然間,他會在演奏到一半時興奮大喊『我想到了!』彷彿靈光一現,問題的解答在音樂流洩之中自動浮現。」(註17)

　　這段話在不經意之中表達出「音樂型塗鴉」的價值。靈光乍現所需的條件在此一應俱全,愛因斯坦的大腦早已裝載了解決問題所需的大量資料,他只是暫時走到了光靠寫方程式及思考仍力有未逮的死胡同。所以當他缺乏靈感的時候,他做了任何優秀的音樂型塗鴉者都會做的事:一邊思考、一邊演奏。透過音樂,他同時發揮了即興揮灑與想像創造的能力。

　　當然了,爵士樂手也是音樂型塗鴉的代表性人物,他們稱之為即興演奏。倘若你研究爵士的哲學,你會發現重點在於重複性及古典音樂訓練、與爵士樂即興演奏之間的分野。法國經濟學家賈克・阿塔利(Jacques Attali)(註18)及許多學者都衷心相信,古典音樂與爵士樂呈現出兩種截然不同的音樂思考。前者的思考模式提供了一張街道圖,使用者可按圖索驥、持續改進,在既定的基礎邊緣拓展才思。第二種思考模式完全逸出原來的軌道,打開了創新與轉變的大門,讓音樂家及觀眾得以探索前所未見的新事物。音樂型塗鴉具有改變現存世界本質的潛力(跟相對論打個招呼吧!),

只要我們能拋開原有樣版、重新組合出新的,即興創作者便可成為一方先驅;而音樂型塗鴉的即興創作也讓原本了無生趣的概念,得到了恢復生命力的契機。

尼可拉・泰斯拉的思考型塗鴉

　　尼可拉・泰斯拉的成就遲至 1990 年代初期才開始發光發熱,在此之前他一直是研究最豐碩、但幾乎默默無聞的發明家。這位如今家喻戶曉的瘋狂科學家一輩子推出了超過七百項擁有專利權的發明,其中包括無線通

尼可拉・泰斯拉:一流塗鴉大師

訊、遙控裝置、X 光技術以及螢光燈照明。儘管泰斯拉對現代電機工程的貢獻居功甚偉，當年他卻是在身無分文的淒涼下孤獨死去，而且大部分街坊鄰居連他叫什麼名字都不清楚。我想告訴各位他的工作方式有哪些引人入勝之處，為泰斯拉恢復他在我們心中應有的地位。

根據史料記載，我相信泰斯拉應該是傑出的「思考型塗鴉者」。按照塗鴉革命的說法，所謂思考型塗鴉者就是光靠大腦運作，就能快速建立多維模型的人。這樣的塗鴉者不需要將模型化為親眼可見的實像，才能加以調整、改進。許多與泰斯拉共事過的科學家都同意，泰斯拉只要一聽到某個複雜物件的名字，就能立刻在腦海中精準看到它的外觀與實際細節。他極少需要動手繪圖，因為他光靠動腦便可臨摹出一件器具的完整成品樣貌。

舉例來說，泰斯拉曾設計、測試了幾部發電機。他完全靠想像打造這些機器，在腦海裡反覆斟酌各個部件的裝置，然後在實際操作時才著手修正錯誤。泰斯拉的思考型塗鴉能力達到登峰造極的程度，他甚至認為愛迪生的發明方式既本拙又沒效率，不但浪費太多功夫在實驗上，程序步驟也顯得過於繁瑣。

對於思考型塗鴉能力沒那麼強的人來說，這種技巧其實是可以靠練習建立起來的。視覺化有如肌肉，能夠增長、強化、伸展、彎曲。我們可教會自己的大腦如何看得更清晰，然後教會它如何呈現這些影像。說不定，我們還能夠透過多種無論繁簡與否的塗鴉技巧來支援上述學習過程。

所以塗鴉要如何達成這樣的目的呢？我很高興你有興趣知道答案。接下來請歡迎你的新摯友，塗鴉帶來的三個 P：「力量」（Power）、「表現」（Performance）、以及「樂趣」（Pleasure）。這三個 P 可以回答你勢必會、也絕對有理由提出的下述問題：「就算我（停止懷疑且）全心擁抱各種形式的塗鴉，它又能為我帶來什麼好處呢？」

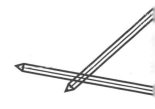

第 2 章

塗鴉
的根本貢獻：
力量、表現、樂趣

三個P：塗鴉給你的禮物

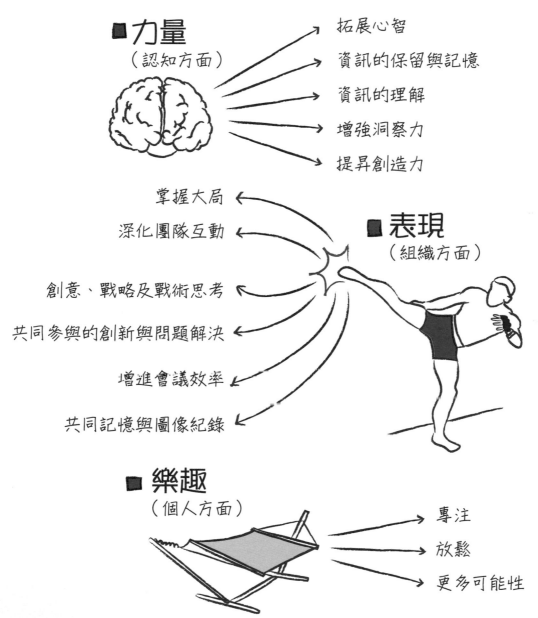

■ **力量**
（認知方面）

→ 拓展心智
→ 資訊的保留與記憶
→ 資訊的理解
→ 增強洞察力
→ 提昇創造力

掌握大局 ←
深化團隊互動 ←

■ **表現**
（組織方面）

創意、戰略及戰術思考 ←
共同參與的創新與問題解決 ←
增進會議效率 ←
共同記憶與圖像紀錄 ←

■ **樂趣**
（個人方面）

→ 專注
→ 放鬆
→ 更多可能性

力量（關於認知）

「力量」聽起來有負面意涵，有些人說不定會聯想到金正日，不過我要說的是一種正面力量。塗鴉是一種增強思考的形式，但幾個世紀來都被不加思索地冠上各種惡名。其實這個看似不起眼的技巧，可將你的認知能力提升到強大的程度。

資訊的保留與記憶

　　科學家與教育工作者早已著手研究各種情境下的塗鴉會帶來何種效果，而他們的發現可能會讓你大吃一驚。舉例來說，你知不知道塗鴉可增進資訊的保留與記憶？塗鴉不會讓你從主題分心（一般人是這麼相信的），反而可創造「定錨」效果——也就是說在一項工作進行的同時從事另一項工作；這麼做可預先防範你從無聊的主題上完全喪失注意力。英國普利茅斯大學的安德烈德博士（Jackie Andrade）曾做過一項實驗，受測者被要求接聽單調無趣的電話；但有些受測者可一邊聽一邊塗鴉，其他受測者則只能聆聽。[註1] 她在後來的記憶測驗驚訝地發現，邊聽邊塗鴉的人記住的電話內容，竟然比單純聽電話的人多出百分之二十九。這說明了我們會在內容複雜、令人不愉快、或冗長的討論過程當中塗鴉，是因為我們得靠塗鴉把內容記下來，而不是藉由塗鴉將它們拋在腦後。

　　平心而論，塗鴉當然可能表示一個人沒在注意當下要應付的主題。除非塗鴉的人刻意節制，否則他們的精力是放在個人心思、而非眼前的內容或對話上。

所以塗鴉革命者必須謹記在心，鍛鍊將塗鴉與現實連結的技巧是我們的重要使命。我們將在本書稍後的章節熟習這項技巧。

　　說到資訊的保留與記憶，這年頭有太多訊息搶著攻佔大腦的注意力，多數人都需要多多益善的協助。[註2] 不過安德烈德博士的研究、以及古希臘科奧斯的抒情詩人賽莫尼底斯（Simonides of Ceos）的作品為我們打了一劑定心針，後者的詩句據稱提供了迄今最受歡迎的兩項記憶技巧。[註3] 賽莫尼底斯寫道：「你可將任何事物烙印腦中、妥善收入記憶之匣；訣竅僅在於將之化為鮮明視覺意象，安置在適得其所的空間。」這位仁兄想必是塗鴉的愛好者。

資訊的理解

　　剛剛談過記憶了，接著我們來討論塗鴉如何增進理解吧。我想先告訴各位一個故事，說不定你們聽過之後，會對於課堂上塗鴉產生截然不同的看法。

　　1969 年冬季，我的朋友維吉妮亞・史考菲德（Virginia Scofield）遇到了令她頭皮發麻的挑戰：通過

有機化學期末考。她上一次考得很爛，所以這回考試她緊張得要命。當年她是德州大學生物系學生，事業座右銘可用「不拿博士，毋寧死」一語道盡。沒通過有機化學考試，她就得跟博士學位說再見，別無其他門路可走。她必須理解、記住、吸收有機化學的一切繁瑣細節，但時間已經越來越緊迫。

維吉妮亞是個用功的學生，她試遍了所有傳統學習方法，像是標重點、做筆記、死記硬背；但最後拯救她的是一項強大的原始工具：塗鴉。維吉妮亞決定將莫理森與波德（Morrison and Boyd）合著的大部頭教科書所提到的每個概念，都以簡單的視覺化方式呈現。她塗鴉之後，複習自己畫過的東西，然後再重新塗鴉。她引用的解決問題技巧顛覆了傳統觀念、以及所有她曾經接受過的學習建議。這個故事最後有三個快樂結局：維吉妮亞在有機化學期末考得到高分，最終如願以償成為史考菲德博士；後來她成為備受尊崇的免疫學家，因愛滋病毒感染的突破性研究發現而享譽國際。(註4)

史考菲德博士從未忘記她學到的這一課：簡單的視覺化不但極有助於理解，也能夠讓記憶變得更深刻，就算你塗鴉得像鬼畫符。她在南加州大學、加州大學洛杉磯分校、以及克萊蒙特學院（Claremont Colleges）任教數十年，總是以塗鴉作為另類的教學輔助工具。她要課堂上的學生（大部分純粹抄寫筆記）

畫出她在黑板上的草圖，並且在筆記中加上視覺化部分。當然了，她也鼓勵學生運用標籤、分類、等式和簡寫，但重點是要盡量將授課內容化為不拘形式的圖像，別再逐字逐句地拚命抄寫她在課堂上講的話。最後，分數達到A的學生人數因此大幅增加，而這些學生原本連及格的邊都差點摸不到。(註5) 史考菲德博士將她在研究與教學上的成功，歸功於她選擇以塗鴉來輔助學習的決定。

史考菲德博士對菊花海鞘（Botryllus）的研究，為本世紀生物醫學界的重頭戲之一打開了一扇新視野，它揭露了愛滋病毒如何進行感染、以及我們可能的預防方式。

近期的《科學》期刊（Science）有篇文章證實了史考菲德博士的先見之明。(註6) 三名研究人員想知道，塗鴉與畫畫對於學習科學的能力有什麼影響。他們發現當學生把注意力從解讀已有的圖像、轉移至創作自己的圖像時，他們的學習經驗會變得深刻許多。

在這份研究中，塗鴉的學生明顯表現出推理、思辨、觀念理解的能力；相較於其他單純閱讀或只寫摘要的學生，前者對學習有更深刻、甚至到了驚人程度的投入。[註7] 有鑑於上述觀察，這些研究人員倡議將繪畫納入教育的重要一環，價值應不亞於閱讀、寫作、以及團體討論。

大學生研讀「粒子的大小與運動」時所做的塗鴉學習

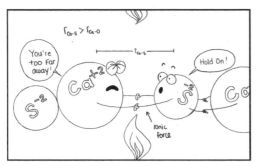
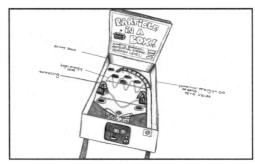

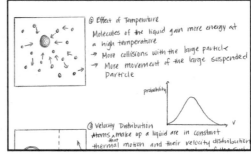

這個故事告訴我們，若把塗鴉與畫畫當成學習複雜科目的工具，勢必能在智識上與創意上帶來莫大回饋。這也使得原本一般人認為不適合塗鴉作畫的場合，也就是資訊密度高、需要大量處理資訊的時刻，其實更需要這樣的學習工具。前任美國總統雷根與柯林頓，都是出了名的喜歡在白宮會議上塗鴉。在這些需要發揮高度腦力、攸關全民福祉的對話中，他們塗鴉是為了釐清思考、做出睿智決定。所以我們也應該將塗鴉視為強化理解的利器，無論我們人在課堂、會議室、或甚至是戰情室。

沈浸式（IMMERSIVE）學習：
透過多種模式學東西

塗鴉、素描或畫畫的首要貢獻是：它們提供了超乎傳統學習技巧的新型學習方式。瞭解這一點相當重要，因為我相信只要是有心人，都應該得到任何有助於他們達到目標的學習方法。就算是透過形意舞（Interpretive Dance，注：一種將特定感受、情緒、處境或幻想轉化為結合動作與戲劇表演的舞蹈）來學習天文學，那又有何妨呢。學習風格本來就不應該有任何侷限，而塗鴉正可運用在任何一種學習風格之中。你不相信？那麼就跟著我來逐一檢視以下四大類學習風格吧。

視覺學習

視覺學習是透過圖像及視覺化技巧來理解想法、觀念、數據、或其他資訊。 (註8) 所以塗鴉的功能在這方面是相當顯著的。

聽覺學習

聽覺學習者透過聽與說來理解、處理資訊，成果會最為顯著。根據本人與各類型學習者互動的經驗，塗鴉對聽覺學習的助益可分為以下兩方面。

附帶一提，關於多重模式學習的定義及評量方式，教育界仍爭論不休。儘管尚未有定論，但我們已可從中確定，大家對於結合多種方式的學習皆抱持肯定的態度。也就是說學習應不限於閱讀、寫作、聆聽，即多數學校與職場所建議的方式。

一：聆聽的時候，我們常常需要藉塗鴉來理解與記憶。換句話說，課堂上、會議中、聽廣播或電視節目時，紙跟筆很自然地就會被拿出來。學習者在這時候塗鴉，是為了讓自己更專注聆聽，而且事實證明塗鴉者事後仍記得的資訊，要比不塗鴉的人來得更多。這些學習者似乎很喜歡一邊畫畫、一邊聆聽（你可稱之為「視覺翻譯」），無論他們畫的是否關乎主題。我們大家都認識這種在會議中不時拿筆塗塗畫畫的人吧。

四大學習模式

視覺
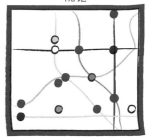

聽覺

讀寫

動覺

二，塗鴉也可以用哼曲子、唱歌、或自言自語的方式來表現，從而變成聽覺學習的一部份。對某些人來說，塗鴉會喚起他們發聲或和聲的本能。我遇過不少成年人把哼曲子、唱歌、自言自語、塗鴉都當成同一回事，彷彿它們本來就不分彼此，沒有孰優孰劣，總是成套出現的。這些活動似乎一起強化了塗鴉者吸收資訊的歷程。

讀寫學習

我們都很熟悉讀寫這種學習方式了，因為它向來是世界各地的學習主流（請注意，原因不見得是因為它的效果最理想）。這種風格強調以文字為基礎的輸入與輸出，簡單來說就是以文字呈現的資訊。偏好這種學習方式的人喜歡書本、表單、期刊、報紙、以及編排複雜得讓人頭昏腦脹的會議簡報。塗鴉可在以下三方面增進讀寫學習。

文字塗鴉

「文字塗鴉者」會在紙上寫一個字詞，譬如「甘迺迪」，然後在整場會議或課堂中不斷重寫或描繪這個字詞。文字塗鴉者經年累月反覆寫同一個字詞，而且若他們遇到我，還會用陰鬱的口吻詢問這是否表示他們的性格有缺憾（好像我對佛洛伊德很熟似的，但我想他老人家也沒有答案吧）。我無法從他們的文字塗鴉看出他們的性格（這其實是個挺危險的遊戲），但我確實知道人腦會把文字當成圖像，所以文字塗鴉也有助於維持注意力、增進思考，效果就跟圖像或抽象線條一樣好。[註9]

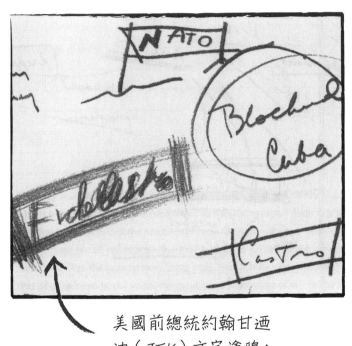

美國前總統約翰甘迺迪（JFK）文字塗鴉：「費德爾·卡斯楚」

字體塗鴉

接下來是「字體塗鴉者」。他們與文字塗鴉者的不同之處在於，前者會替自己寫的字添加設計，包括字型、意象、以及情感因素。舉例來說，假如他們寫了「甘迺迪」三個字，他們可能會想用中世紀的字體來喚起甘迺迪王朝盛世的回憶。但他們就跟文字塗鴉者一樣，其實有把心思放在正經事上，只不過他們是藉由視覺化形式來讓自己專注思考。

字母畫塗鴉

字體塗鴉者之下又可分出一類：「字母畫塗鴉者」。兩者的重疊之處在於後者也會為他寫下的名詞或動詞添加特色，但他們裝飾文字的方式是運用特定圖像、或是與字義本身相關的圖像。直接給各位看例子會更清楚，所以我找了本頁兩例。

讀寫學習風格涉及高階認知功能，畢竟要能夠詮釋、寫出書面語言，需要的能力可不比尋常。然而從學習模式的角度來看，它的直覺性比不上塗鴉，而且得透過額外教導才能夠學會。[註10]所以我們必須明白，讀與寫雖然是專屬於人類的重要學習工具，卻與大腦特別偏好接收空間與視覺訊息的本能背道而馳。

字體塗鴉的例子

思考練習：以這四個詞彙（駕駛、天堂、內容、病毒）串一個故事。

字母畫塗鴉的例子

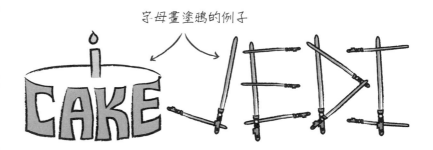

動覺學習

作家暨傑出漫畫家琳達·貝瑞（Lynda Barry）曾說，她靈感枯竭時最不該做的，就是「停下筆來思考」。愛塗鴉的人都知道她這句話是什麼意思。動動雙手創作一些東西似乎沒什麼，卻保證能帶來靈感、並改變我們看待與理解世界的方式。它也能駕馭我們的精力，將之引導向有意義的地方，以免我們的精力在煩躁或空想中漫無目的地消散。此外，筆在紙上或白板上的移動可將學習者定錨於當下。雖然一般人在塗鴉時，肢體動作遠比舞蹈等活動少得多，但塗鴉啟動了重要的人體功能，譬如抓握與其他手部動作，而這些簡單的動作仍會對腦部思考能力發揮正面影響。[註11] 我要向各位預告一件事：當你們進行到資訊塗鴉的殿堂入口，你們會發現動覺學習及相關的身體動作，可能是四大類學習風格中效果最紮實的一種。

既然我們已經瞭解四大類學習模式，也知道塗鴉如何在個別模式中發揮影響了，接下來不妨花點時間分辨自己過去屬於哪一類的塗鴉者、現在是哪一類、未來希望成為哪一類。別認為你現在就得把每項塗鴉技巧都摸個一清二楚，只要持續閱讀本書你自然能打通任督二脈。現在你只需在沒有旁人注意時，悄悄觀察一下自己屬於哪個類型的塗鴉者，並且理解到無論你傾向於哪一種，你都會是成為資訊塗鴉高手的材料。

延伸心智

塗鴉帶來的最後一個認知上的助益，是「延伸心智」。這是一個哲學上的概念，意指外在環境中的客體被心智用來拓展自身。所以，你的心智並不是單獨被隔離在頭顱內；它會接納所有可能在認知過程中浮現的層面，包括外在環境輔助的運用。換個方式來說，環境中的客體與空間可謂心智運行的一部份。若要從哲學的角度來看，我無法證實這一點。（我的程度連傅柯〔Michel Foucault，著名法國哲學家〕的文章都看不懂）但實務上，我很清楚每天出現在辦公室便利貼和白板上的塗鴉，都是我個人思想的延伸。我也知道我們與各個團隊所架構的原型，本身就已經包含必備資訊，所以成員們不必再額外記錄這些資訊。我還知道我們需要這些東西，是因為人腦的工作記憶容量有限，一次只能保存、思索四個單位的訊息；而所謂的「工作記憶」就是暫時用來處理當下訊息的大腦空間。[註12] 所以，創造出一個真實的地方來存放大量想法與圖像，可讓我們將部分訊息從短期記憶中釋出，進而看著這些訊息如何具體成形，同時也騰出更多心力來建構、檢驗、省思訊息背後的更深層含意。

企管顧問大衛·艾倫（David Allen）大受歡迎的「搞定」生產力提升法（Getting Things Done，追隨者簡稱其為 GTD）有部分原則引援了延伸心智的概念。他指出，特意以系統化的方式來架構待辦事項，即便只是列出簡單的一份清單，都可以激發出創意思維。他說得一點不錯，而且這麼做可減輕工作記憶的負擔，騰出更多大腦空間留給創意。

谷歌（Google）的共同創辦人賴瑞‧佩吉（Larry Page）似乎嗅到了這股氛圍。他在幾年前的 TED 大會演說中提到，他和旗下團隊能將前百大計畫排出優先順序的唯一辦法，就是把它們全部寫下來，然後加以爬梳整理。(註13)他解釋：「只要你能把上百件事都納入考量，我們的作法是把這些事全寫下來；那麼你就可以對於該採取哪些行動有個明智決定了。」

利用空白紙張（和各種辦公室文具）來延伸心智，往往可激發創意、促成更深入的分析。倘若不藉助這些外力，我們就得將大量精力耗費在應付龐雜的細節，而且無論我們再怎麼努力都會掛一漏萬。延伸心智能為我們創造培養深刻洞察力的空間，而任何形式的塗鴉都可為延伸心智添磚加瓦。

表現（關於組織）

現在我們已經知道，塗鴉這種行為可提升個人認知能力了；但塗鴉的價值也表現在組織內部的團隊合作中。將簡單的視覺語言融入團體思考過程，我們便能立即大幅改變原本的可能性。這不只是因為塗鴉喚醒了原本不活躍的大腦皮質部位(註14)，也是因為視覺化的動作為團體對話增強了關連性、功能性、以及溝通的效果，進而深化人與人之間的交流。我親眼見證運用塗鴉的團隊得以：

a) 從平凡無奇當中，創造出不可思議的新事物。

b) 把一群心懷怨恨的烏合之眾，打造成戰力堅強的團隊。

c) 發掘產品或服務的本質，並因此大幅提升銷售。

d) 為未來五年籌劃最明智的行動。

e) 扭轉組織的整體營運方向。

團隊能藉助塗鴉之力大步前進！

　　各位都聽到了吧，我說的可一點也不誇張。將塗鴉運用在團隊中，出乎意料的問題解決方案就會源源不絕而出。這有部分原因在於塗鴉提升了認知能力，另一

部份原因則是技巧性地運用塗鴉可額外帶來五項益處。想知道塗鴉如何增強團隊互動，請各位繼續往下讀，便可先睹為快。

集體塗鴉如何增強互動

畫出大局（BIG PICTURE）

集體塗鴉可讓許多人在同一時間看到比較精確、全面的局勢。因為，大家不必再仰賴文字來理解彼此的偏狹觀點，共同塗鴉能讓整個團體鎖定單一主題，共同以視覺呈現方式來打造、建立共識。就算討論主題過於複雜、很難得到一致的同意，至少我們仍可以將討論集中在同樣一些細節上，避開了多餘的重複性對話。

關於以上這一點，我有個親身經歷：某天我為了如何定義「英勇」（美國海軍三棲特種部隊與其他類型英雄）和丈夫爭論了將近一整晚，結果發現除非我們能把這些英雄以視覺化方式描繪出來，否則我們永遠也吵不完。我們的爭論都建立在含糊不清、很難準確說明的價值上，因為它們都不是具體的視覺表述。我們把自己的想法畫出來後，就沒必要再各自捍衛立場了，因為我們看出兩人想法之間的差異，理解到沒有人是絕對「正確」的。原本我們的對話就跟倉鼠跑滾輪一樣，而塗鴉幫助我們脫離了鬼打牆的輪迴。以下是我重新整理過，我們當晚為了解決爭論而做的塗鴉。

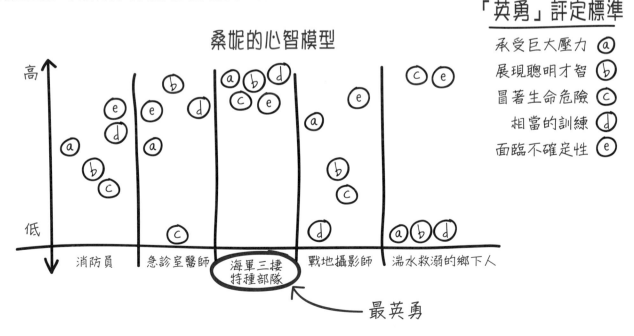

桑妮的心智模型

「英勇」評定標準
承受巨大壓力 ⓐ
展現聰明才智 ⓑ
冒著生命危險 ⓒ
相當的訓練 ⓓ
面臨不確定性 ⓔ

高

低

消防員　急診室醫師　海軍三棲特種部隊　戰地攝影師　溺水救溺的鄉下人

最英勇

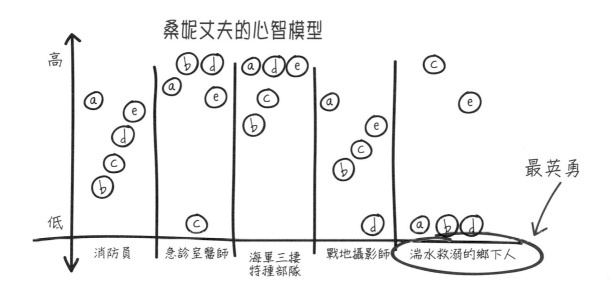

桑妮丈夫的心智模型

高

低

消防員　急診室醫師　海軍三棲特種部隊　戰地攝影師　湍水救溺的鄉下人

最英勇

高度投入

集體塗鴉可讓所有人都專注在解決問題的過程，因為以視覺空間方式呈現的資訊，原本就投我們的天性所好。我們對視覺與動作的生理傾向，使得視覺語言在團體中扮演相當重要的角色。塗鴉者鼓勵其他人投注所有感官，而不只是憑著過去所受的訓練，光依恃聽力或只接收文字資訊。

問題：

你去過擺了電視機的餐廳嗎？在那裡要忍住把頭轉過去的慾望、專心在你一起用餐的對象身上，簡直是不可能的任務。電視機的視覺空間魔力，就跟希臘神話裡用歌聲迷惑水手的海妖一樣強大（危險程度亦不分軒輊）。

　　無論在哪些會議場合，高度投入都是受歡迎的表現。我已經參與過數不清的團體活動，但每次看到有人受邀站起來、彼此互動、一起塗鴉創作時被激發的活力，我依然會感到目眩神迷。他們從假裝認真開會的員工，立刻變身為全心全意投入的參與者。

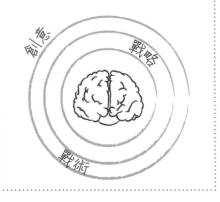

沈浸式思考

集體塗鴉為創意、戰略、及戰術思考提供了發揮平台。塗鴉點亮了心智的各個部位，藉此鼓勵創新及創意思考；但另一方面它也能將複雜的事物以視覺化方式呈現，此舉有助於我們更快做出決定、在訊息充分的情況下展開行動。（註15）生活在語境豐富、視覺語言無處不見的環境中，我們隨時都可投入多層次的沈浸式思考。環境越是複雜，塗鴉的價值就越能彰顯。

會議效率

集體塗鴉可確保每個人的聲音都被聽見、大家所表達的意見有個具體的「面貌」和安身立命之處。因此，集體塗鴉創造出的內容大幅地減少了重複對話（是，老莫，我們已經知道你在籌錢買房子），並縮減了釐清、解決問題所耗費的時間。一份由賓夕法尼亞大學華頓商學院所做的研究指出，運用視覺語言可縮減百分之二十四的會議時間。（註16）我建議視覺語言的份量加倍，讓開會時間減少百分之四十八，各位覺得好嗎！？

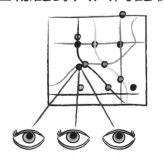

圖像記錄與共同記憶

集體塗鴉的另一貢獻是繪製工作過程中的對話，將它轉化為視覺檔案。在一般團體活動中，縱使有人想到很不錯的見解最後也經常無疾而終。塗鴉可以透過視覺化讓這些見解被「鉤住」、記錄下來，方便大家回頭重新檢視（請別自欺欺人說你會看會議紀錄）。這類記錄的「視覺性」也有助於參與者記住塗鴉內容、並建立團體共享的記憶，如此一來即便過了許久，大家仍會對討論內容記憶猶新。

善用塗鴉的五大功效：白板文化

塗鴉的五大功效徹頭徹尾地改變了團隊工作的遊戲規則，有些組織文化甚至將這些功效發揮到淋漓盡致。[註17] 在進入塗鴉的第三個 P（樂趣）之前，我們先來看看組織表現優異、善用「白板文化」的公司應該是什麼樣子吧。

我用「白板文化」來描述一個鼓勵大規模進行視覺化思考或構想的組織環境。這種環境的首要特色就是大片留白空間，暗示這裡有著鼓勵塗鴉的文化。[註18] 也就是說，在辦公室裡放個白板或掛圖架根本不夠。

空間做任何有意義的事，難度差不多等同於破解古埃及碑文。若想獲益於塗鴉的五大功效，組織必須拿出真心實意，最好能培養出一個容許實驗試誤、具有透明度、齊心合作、鼓勵探索與創意的文化，而上述特質都可憑藉團體「塗鴉思考」的技巧加以打造。

本書第五章將告訴各位，如何為職場灌輸大規模、簡單的視覺化演練。只要好好運用這些技巧，白板文化的建立便指日可待。一個擁有白板文化的組織看起來就像下邊這些照片：

留白空間不等同於白板文化

當組織有活躍的白板文化，員工會被鼓勵運用簡單的視覺語言，包括塗鴉、素描、繪畫、設計原型等等。此外，員工可透過訓練或試驗來培養這方面的能力。浸淫在白板文化下的員工在有意或無心之中，學會了延伸心智。他們知道牆壁也可以當書桌用，而且不怕大量運用塗鴉來激發靈感、記錄對話內容。真正的白板文化會教導大家，工作的範疇應不限於書桌與電腦螢幕，因為他們瞭解打破這界線將可為績效表現帶來莫大提升。

然而，留白空間在大部分的辦公室文化仍屬非主流概念。有些組織光說不練，辦公室牆壁或會議室的留白只是聊備一格，但要在那些留白

白板文化

我想，各位應該已經開始明白塗鴉會不斷送來大禮。伴隨著閱讀本書而建立的知識，將在最後階段統合成讓你大開眼界的新天地。你將發現我們所謂的「資訊塗鴉」（Infodoodle），即有助於我們解決常見組織問題的視覺化思考方式。資訊塗鴉是所有塗鴉類型當中，形式與功能都最為複雜的一種，需要長時間的練習才得以建立。請在前進的路上保持耐心，而且無論如何都不要失去了樂趣。

樂趣（關於個人）

在這個大家都積極投入活力與忙碌的世界，我們常常忽略了簡單樂趣的價值。或許本章接下來的內容會讓某些追求智慧的讀者大感困惑，但這一節是本書不可或缺的重點，因為我們必須懂得欣賞塗鴉獻給個人的三項大禮：專注、放鬆、可能性。

精疲力盡：
現代生活寫照

專注與放鬆

現今每個人都過著喧囂擾嚷的日子，專注已成了稀有商品。我們把自己當成八爪魚，每天都試著同時間做一大堆事。許多人忍不住懷疑自己是否得了注意力缺失症，但這是因為我們以為自己有辦法同時進行好幾項工作。根據文獻記載，多工根本是不可能做到的。[註19]人腦天生就不善於同時將注意力投注於多件事物，頂多只能輪流，一次注意一件。[註20]而且，如果我們的注意力持續在不同的工作之間跳躍，那麼每件工作的效能都會因此大打折扣（我們的挫折感也會因此無窮無盡）。人類確實有能力一次做好幾件事，但前提是這些事都很輕鬆、不必費什麼心思，譬如（你猜對了）走路或嚼口香糖。[註21]若想同時做好幾件需要動腦筋的工作，你可能會把自己逼瘋。

現在，我無法改變你的工作環境。我無法改變大家共同生活的文化，當然也無法改變這個業已無孔不入的數位時代。我只能邀請你進入塗鴉的世界，拿起紙筆，找個地方安靜地坐著。塗鴉可將我們的注意力，從目標驅役、成果導向的心理狀態中釋放。筆下看似漫無目的的寫意線條，可讓你的思緒在不必懷有任何意圖的情況下隨興流動、放任各種念頭浮現。你也可以藉此專注於一件事，想花多久的時間都行。

這是我的隨興塗鴉之一：

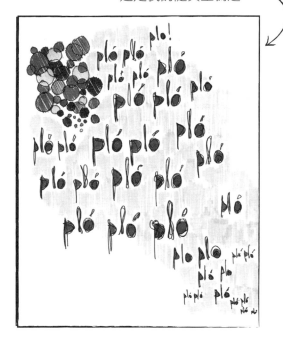

這是我的另一次隨興塗鴉：（註22）

若你親自試過一回，你可能會驚訝地發現（或憶起）原來塗鴉的放鬆效果這麼好。塗鴉可啟動我們不易捉摸的「心流狀態」（flow state），平靜地修復《紐約時報》科技記者麥特・瑞契泰爾（Matt Richtel）所謂的「螢幕入侵」所造成的干擾。螢幕入侵已成了無所不在的現象，科技雖然創造出無限新機會，卻也讓我們因此而付出代價。我們的注意力常常被過度分散，與他人共處的時間則大幅減少。我們總是覺得緊迫，卻沒有因為生產力提高而產生任何滿足感。1960年代嬉皮文化流行的那句「啟動內在，和諧互動，拋開桎梏」（turn on, tune in, and drop out）套用於現在似乎有了不同的意義，我們啟動螢幕後忙著與世界互動，卻拋開了自我。長時間下來，這樣的行為只會讓我們焦慮、孤單、充滿壓力。（註23）大家都知道，壓力不是什麼好東西。它會對大腦造成許多傷害，包括「海馬迴」（hippocampus）縮小（註24）、以及完全不可逆的失智症（註25）。當然了，我們仍會繼續使用科技，理想上是讓科技帶來的好處多過於壞處，但一些低科技的選項似乎也應該納入我們的考慮。

一次一件事

　　請撥點時間進入下面這個塗鴉區。就讓你瘋狂轉動的大腦，在這裡享受愉悅的休息吧。你可以利用這項練習嘗試篇幅較大的基本塗鴉，就像在冥想一樣。這個塗鴉區能讓你平靜下來，帶你走上一趟沒有目的地的旅程。當你回頭觀察這趟旅程走向何方，你可能會對這次的體驗感到驚奇。在塗鴉區，你的呼吸會平緩下來，心跳漸漸放慢，頭腦隨之放鬆，注意力則變得敏銳。你發現自己彷彿瞬間變成熙熙攘攘世界中的一幅靜物畫，全然心平氣和[註26]。你也會驚訝地發現，這項看似微不足道的練習，竟然能激發出先前未有的洞察力。所以請把握此時此刻，透過本書的這項練習好好地放鬆頭腦、收斂心神。你可以一邊聽音樂一邊塗鴉，也可以邊畫邊哼歌。拿起筆吧，反正也沒什麼可損失的。

歡迎自由漫步 **塗鴉區**

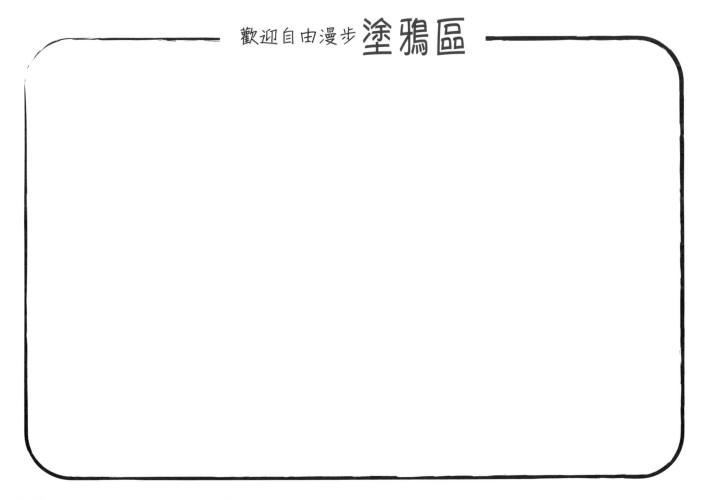

可能性

稍早我曾邀請讀者們打破偏見，用新的角度來理解塗鴉革命；現在我要請各位再次比照辦理。我們不妨來想想塗鴉能帶來哪些可能性吧。從我的個人經驗、其他人的故事、以及越來越多的神經學研究證實，讓我相信了一件你們應該也會有興趣知道的事實。準備好聽我說了嗎？

我相信
我們對於自己的生活方向與最終結果所能發揮的影響力，
遠高過我們的想像。

我相信，我們對於自己所面臨現況要負起的責任，多過我們願意接受的程度。我也相信，透過塗鴉所做的視覺化可以點亮大腦的「有知」網絡[註27]，是我們主動影響正在發生、或即將發生事物的一個重要方法。

雖然聽起來很奇怪，但如果你思考以下幾點，就會發現藉助視覺化來扭轉我們所面臨的現實一點也不誇張：

· 一直以來，專業運動員都懂得運用視覺化的技巧來打造致勝優勢。我最喜歡的例子包括綜合格鬥天王喬治·聖皮耶（Georges St. Pierre）[註28]、籃球之神麥可·喬丹（Michael Jordan）、綽號「飛魚」的美國泳將麥可·菲爾普斯（Michael Phelps）[註29]、以及贏得多次空手道世界冠軍，之後轉戰好萊塢的老牌影星查克·諾瑞斯（Chuck Norris）。他們迄今仍利用視覺化來讓自己保持在巔峰狀態。

查克·諾瑞斯現在已經成了網路紅人，在此之前他是美國第一批接受視覺化訓練的運動員之一，他自稱那是「正面心態」練習：「我總是在腦海裡模擬自己贏得勝利的樣子。我會想像賽事中的打鬥場景，看著我的對手如何攻防，然後分析他們的弱點，接著便想像自己如何加以反擊。」他接著表示：「無論我為自己設定什麼目標，我都會在腦海裡將那項目標化為具體形象。」這篇文章的作者馬庫斯·韋恩（Marcus Wynne）詳細描述了武術訓練為什麼要採用視覺化練習。他寫道：「勤加訓練你的人腦建構、牢記正面的自我形象，這種視覺化過程就能讓你成為自己所想像的樣子。」[註30]

· 各類傷患也會藉助視覺化的力量來控制症狀、甚至自我療癒。[註31]

· 面臨可怕遭遇的人會透過視覺化來讓自己鎮定、保持頭腦清楚、甚至懷抱希望。有時候這麼做可幫助人撐過長達數年的煎熬。[註32]

我想把自己（雖然有點好笑）跟歌后席琳狄翁（Celine Dion）和動作巨星阿諾史瓦辛格（Arnold Schwarzenegger）歸為同一類。我們有個共同點：我們都從小就開始幻想自己終有一天成功的模樣。席琳狄翁認為她的許多成就來自於她經常幻想、在腦海裡排演為大批熱情歌迷表演的場景。史瓦辛格則不斷幻想自己成為健美比賽冠軍、出色的演員。至於我呢，我並沒有明確的角色想扮演，譬如演員或歌手；但我小時候有好幾年的時間幻想著脫離貧窮生活。我幻想自己有較高的學歷、環遊世界各地、認識有趣的人、逮到機會就往上爬。以下這個例子，說明了近年來我的想像技巧如何漸臻成熟：我常想像、或塗鴉自己站在加州長灘的 TED 大會講台上的模樣。我把這個想像當成五年計畫擺在心裡，但從我開始如此想像的一年後，TED 大會的執行製作人茱柯恩（June Cohen）邀我跟她談談。所以我是在鼓吹各位可以天馬行空地想像，最終都一定會成真嗎？當然不是。以創造性幻想見長的喜劇演員金凱瑞（Jim Carrey）曾說：「你不能光是幻想 [自己想要得到的事物]，然後就走開，跑去吃三明治什麼的。」[註33] 我們需要能夠激勵自己的想像，然後採取必要的策略性步驟來落實這些想像。該做的事還是得動身去做。但在這過程中，塗鴉可帶來不少幫助。不相信的話，你可以問問歐普拉。

· 把我們想要的透過視覺化加以想像、臨摹（當然了，還得加上相信與追求），造就了許多成功的事業。

· 幾乎每個人都可以光靠著想像自己在鍛鍊肌肉，就實際地增加了肌肉量。[註34]

行文至此，希望你已經掃除了心裡的疑慮，開始覺得我說的這些都是正確的。你和我都本能地知道，古羅馬詩人維吉爾（Virgil）在兩千年前寫下的這句話是對的：心靈決定物質。要解釋得更明白些，容我這麼說吧：你的腦袋裝進什麼內容，在很大程度上決定了它會看到什麼[註35]，也決定了它會有什麼經驗；而大腦的經驗又決定了它知道些什麼事，進而對種種可能做出改變[註36]。我們不妨以下一頁的流程圖來做進一步的說明。[註37]

這張流程圖有助於解釋上述現象是如何形成。不斷在心裡想像我們渴望的結果，確實能讓我們朝夢想成真的方向前進。[註38]

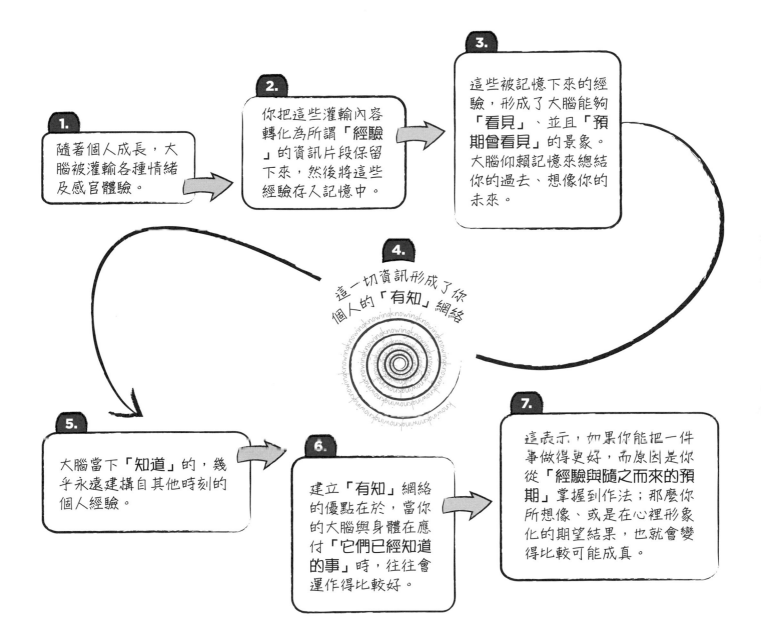

1.
隨著個人成長，大腦被灌輸各種情緒及感官體驗。

2.
你把這些灌輸內容轉化為所謂「經驗」的資訊片段保留下來，然後將這些經驗存入記憶中。

3.
這些被記憶下來的經驗，形成了大腦能夠「看見」、並且「預期會看見」的景象。大腦仰賴記憶來總結你的過去、想像你的未來。

4.
這一切資訊形成了你個人的「有知」網絡

5.
大腦當下「知道」的，幾乎永遠建構自其他時刻的個人經驗。

6.
建立「有知」網絡的優點在於，當你的大腦與身體在應付「它們已經知道的事」時，往往會運作得比較好。

7.
這表示，如果你能把一件事做得更好，而原因是你從「經驗與隨之而來的預期」掌握到作法；那麼你所想像、或是在心裡形象化的期望結果，也就會變得比較可能成真。

接下來的問題是，這要如何辦到？首先，視覺化如何能讓我們朝渴望的結果前進？[註39]其次，身為塗鴉者，我們如何運用自己對視覺語言的瞭解來達到這一點？要回答第一個問題，我們來談談先前提到的「有知」網絡吧。

大腦內有個神經元組成的生物電路網，這些神經元會互相聯繫、發揮特定功能。你可以把它看成一種電化學資訊高速公路，可連結腦內負責各個功能的不同區域。大腦網絡之所以重要，在於它們能促發特定的行為。舉例來說，假如我想唱首歌，我會啟動聽覺網絡。[註40]若我想設計一項產品，我會啟動執行與想像的網絡。[註41]做白日夢的時候，我就轉回預設網絡。[註42]這些網絡所做的，就是當我想啟動特定動作時，為我召喚、連結相關的大腦區域及部位。

你可能會懷疑，我們的「有知」網絡，莫非就是大腦內有某些神經元電路連結的功能部位，讓我們覺

我見，故我能

得自己知道某些事。為了達成任務，這種網絡會聯繫負責記憶、語言、想法、情緒、和更高層次意義的區域，而這些都是構成「知道」的必要元素。[註43]所以塗鴉者必須了解，對於我們希望成真的現實，我們可以預先強化涉及這些現實的「有知」網絡，進而直接影響這些現實成真的可能程度。基本上，塗鴉能創造出更高的可能性，因為大腦對視覺所接收的訊息幾乎照單全收。[註44]

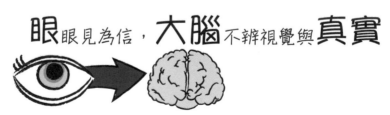

塗鴉是一種需要投入聰明才智、創意與身體動作的活動，得同時用上許多各司其職的神經網絡。因此，塗鴉可成為帶來改變的強大力量，也可為想像與創造理想中的現實開啟一扇門。若把將這麼好用的工具晾在一邊，未免也太傻了。

接下來我們來看看第二個問題，塗鴉者如何透過我們對視覺語言的瞭解來提高夢想成真的可能性？這個過程看起來大致像下頁的圖。

#1號門　　#2號門　　#3號門　　#4號門

塗鴉者如何改變未來的可能性

1.
運用情緒和視覺化來想像一個**你希望可能發生的事物**。

2.
用塗鴉方式畫出那個可能事物。 這表示你得將它從腦海移到面前，成為眼睛看得到的具體影像。別擔心你畫出來的、跟腦子裡想的頗有差異，也別擔心你的塗鴉看起來太抽象。對於可能性的想像本來就不必然是明確清晰的，重點在於你必須將它們用雙眼可見的方式表現出來。你可以用文字，也可選擇圖像。

3.
讓你的想像變得更精鍊（在心裡琢磨、然後畫到紙上），直到它能確實呼應你所追求的可能。當你做這項練習時，你同時也是在強化你的「有知」網絡。這表示你的大腦會開始「知道」你的塗鴉，將它當成潛在的現實。

4.
經常回頭觀看、或重畫你的想像。這麼做是在教導大腦，把它所看見的當作真實。你應該一步步朝自己希望發生的可能性前進，無論這步伐是否看似微不足道。然後，請好好恭賀自己，你已經藉助塗鴉創造出你期望看見的改變。

換句話說…

當你 塗鴉時…

…然後 你知道…

…假如你 這麼做…

…你就比較可能 成功。

聽我說，塗鴉革命家們。我知道上述假設聽起來很離奇，我知道這實在令人難以相信。我們已經走到神經科學與行為心理學的最前沿。有些人會覺得我們瘋了，但我們只不過是提出爆炸性的看法與信念，而這正是革命之所以為革命。

本段即將進入尾聲，若我們考慮到塗鴉帶來的第三個 P，即樂趣的保證；你要如何信心滿滿地告訴同事塗鴉可為職場、學校、生活帶來哪些潛在好處呢？

你可以這麼說：視覺化可為成效與表現帶來明確具體的正面影響，而塗鴉就是一種視覺化的動作。(註45) 因此，塗鴉也可以為成效與表現帶來明確具體的正面影響。我無法承諾塗鴉可讓你一路順風到達目的地，但它確實能助你一臂之力，所以是值得你投入心力來培養的技巧。這是塗鴉革命最有力、造福範圍最廣的承諾之一。(註46)

塗鴉空間 （把你在本章所學的做個總結）

第 3 章

塗鴉大學：
探索視覺語言的根基

組成革命大軍：塗鴉者與資訊塗鴉者

從某方面來說，其實各位已經是塗鴉者。（若有疑惑，請重溫第一章「抱歉，你剛剛是說「塗鴉」嗎？」這一段）而既然各位已經是塗鴉者，這表示和你生活在一起的人、你的鄰居、住戶管理委員會的那位女士、你的老闆（會不會太過份啊）也是塗鴉者。我可沒誇張，這表示數十億地球居民早就是塗鴉革命的重要份子。從現在起，你應該會覺得好過多了。

塗鴉的世界有兩支隊伍，其一是塗鴉者（你已經列位其中）、另一支則是資訊塗鴉者（你即將擔綱要角）。稍後我們會進一步探討，資訊塗鴉者的旗下志士又可分為三類：個人型、展演型、以及團體型。清楚掌握塗鴉的基本原則後，我們將特別針對這三類之間的差異進行闡述。雖然我們知道各位已經是塗鴉者（即使你在這方面的潛能還有待開發），但我們仍得從塗鴉的基本功談起，因為唯有如此你才能銜接上超級強大的資訊塗鴉、以及它旗下的三支勁旅。

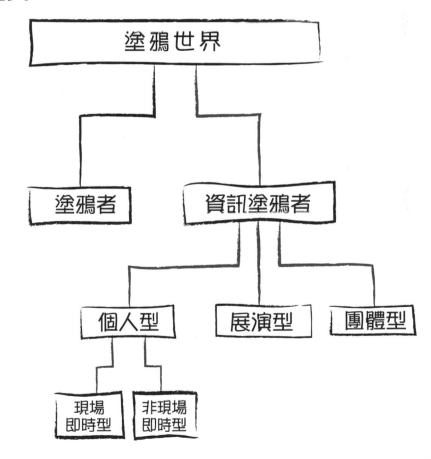

基本塗鴉

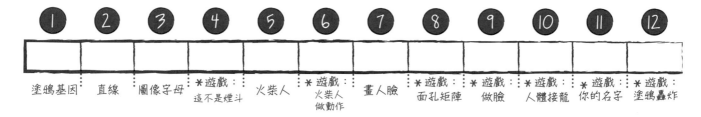

1	2	3	4	5	6	7	8	9	10	11	12
塗鴉基因	直線	圖像字母	＊遊戲：這不是煙斗	火柴人	＊遊戲：火柴人做動作	畫人臉	＊遊戲：面孔矩陣	＊遊戲：做臉	＊遊戲：人體接龍	＊遊戲：你的名字	＊遊戲：塗鴉蟲炸

　　在倡導塗鴉革命的一路上，我遇到來自各行各業的塗鴉者。他們當中有些人很害羞，有些人表現得挺搶眼。有些人對塗鴉很熱衷，有些人對塗鴉只有不愉快的回憶。有些人塗鴉是為了簡單的目的，譬如放鬆一下心情；有些人卻已經培養出熟練的技巧。我深入觀察最基本的塗鴉，也就是當大家坐著、眼前放著紙跟筆、聽某個人講話時的塗鴉，我發現五種持續浮現的塗鴉「類型」，稱之為「塗鴉者基因」。建議你花點時間了解自己屬於其中哪一種類型，因為這可能成為你打造資訊塗鴉技巧的基礎。本章稍後會有一份「基本塗鴉評量表」，不過在做這份評量之前，我們不妨先來探索你的天賦塗鴉基因吧。

塗鴉進程表

既然各位讀者們的視覺敏感度已受到啟發了，你應該有注意到本頁最上方的進程表。接下來你也會在其他章節看到這張表。這可說是一種低傳真遊戲，目的是讓各位知道自己進展到哪些學習單元、同時瞭解自己的進步程度。完成每個單元後，請在進程表中對應的號碼下方空格塗鴉，你可以畫張笑臉、或簡單打勾。小小的成功可促使大腦分泌帶來愉悅感的多巴胺，進而推升繼續前進的動力（在此同時，進程表也能鼓勵你繼續塗鴉）。

塗鴉遊戲：發掘你的塗鴉基因

或許你對自己的塗鴉基因已經有了概念，不過你可能好一陣子沒再去檢視它了。所以，接下來你有兩個選擇：打開談話性廣播節目、或播放音樂（不能開電視，因為你到最後一定會盯著電視看）。準備好紙和筆，然後邊聽邊塗鴉。別太注意自己畫些什麼，也別以為你最先畫的東西就代表你的塗鴉基因。有時候你的筆觸一開始會有些生疏，所以你需要花點時間來暖身。五到十分鐘之後，或者你需要更長的時間，你會逐漸進入放鬆狀態。這時再來端詳你的創作。你畫了垂直線條、棋盤格、或一張臉嗎？有沒有看起來眼熟的東西，是你以前塗鴉過的圖案或物件？閉上眼睛，回想你經常塗鴉的東西。你記得哪些？你看到了什麼？對頁有五種塗鴉類型，你屬於哪一種？（提醒各位，你也可以是多種類型的綜合。）

文字塗鴉者

切記：這一類的塗鴉者，會寫下文字、然後反覆描繪。文字塗鴉者還可細分為字體塗鴉者和字母畫塗鴉者。甘迺迪總統留下了許多文字塗鴉，其中一份手稿已出現於本書第二章。

抽象塗鴉者

這一類的塗鴉者會畫幾何圖案，讓人聯想到荷蘭風格派運動，創作呈現出無法明確辨識的物體或形狀。美國的尼克森與華盛頓總統便屬於抽象塗鴉者。

圖像塗鴉者

圖像塗鴉者會畫出視覺可辨識的物體，譬如潛水艇或椰頭，糖果或玉米，老鼠與男人。這一類的人對於近乎繪畫的塗鴉感到相當自在，艾森豪總統就是著名的圖像塗鴉者，畫過斷裂的手指和鉛筆、以及誤擊目標的導彈（思考這些陽具象徵的背後意涵應該會很有趣，但我們還是回到正題吧）。

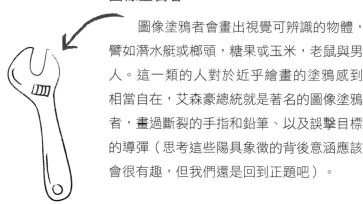

自然與風景塗鴉者

自然與風景塗鴉者一心只有大自然，會由衷畫出樹木、花朵、山巔、或任何描繪戶外世界之美的事物。

人物與臉孔塗鴉者

這類塗鴉者對人物與臉孔特別感興趣。雷根總統在坐上大位前，曾經夢想著成為漫畫家。他畫過許多寫實的人物與臉孔，通常伴隨著他寫給妻子南茜的情書（他給南茜的暱稱是「臭寶」）。詹森總統也愛畫人物與臉孔，但他畫得比較超現實，簡直有如外星生物；有些則頗為滑稽、或教人看了很不舒服（關於這一點我不予置評）。

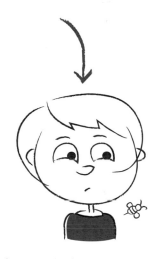

現在你知道自己的塗鴉基因屬於哪一類了，而且你也知道：每個人都有獨特的視覺語言印記，就像簽名或指紋一樣。這些印記專屬於你本人。你可以由此出發，重新打磨在各種語境中詮釋、創造視覺語言的天賦能力。凡事總是要有個起點，而你的塗鴉天賦源頭就是最好的起點。

基本塗鴉評量表

接下來的活動，要請各位仔細想想你們是從哪些地方累積基本塗鴉技巧。下方的基本塗鴉評量表不涉及心理學上的分析。它只是個簡單快速的評估，讓你知道哪些基本塗鴉技巧是你已經擁有、哪些則是你需要加強的。至於資訊塗鴉評量表，你會在本書第四章看到。準備好了嗎？開始吧。

基本塗鴉評量表	絕對不可能	寧可不要	找辦得到	我還挺有興趣	我超愛的
。停止批判塗鴉 拋開個人與文化成見，用心探索這項工具。					
。不再批評自己的塗鴉風格 不用多解釋了，你知道這是什麼意思。					
。畫出直線 只要旁觀者不覺得像曲線就行了。					
。基本塗鴉 畫出可辨識的形狀，譬如圓圈、矩形、三角形等等。					
。畫出臉孔及表情 能夠呈現各種人類情緒。					
。畫出基本形體 創作最簡單的人物或動物外形。					
。看到物體的輪廓與結構 憑想像在腦海裡解構外形。					
。與他人分享創作 追求成長學習，毋須擔心他人看法。					

好啦，上頁的評量結果如何？若要我猜猜看，我會猜大部分的人都覺得畫直線很難；對於畫出面部表情與形體頗為躊躇（別擔心，我也是）；說不定還認為自己根本沒希望培養出什麼畫畫才能。關於最後一點，以下是塗鴉革命領袖的苦心指導。

平息內心的批判聲音

我從教學經驗中體會到，告訴大家「請試著停止評斷自己的創作」、或建議各位「學習過程中要對自己保持耐性」其實完全無濟於事。說出建議從來都不管用，這是因為言語訴諸於理性，而停止評斷自己卻並不屬於理性的範疇。它是感性的，需要一再重複具體經驗才能成真，尤其是涉及視覺化作品時。在視覺化領域，我們都覺得自己能力不足，所以也對自己特別嚴苛。世界各地一再出現這個現象：當我們試著透過視覺化呈現某些東西，尤其是與團體共事時，我們常頻頻道歉、而且輕易地就放棄了。為了協助大家克服這種可以理解、但妨礙達成目標的行為，身為指導者的我不得不親自下海。我得示範給學習者看，怎樣算是當場原諒自己；然後才能要他們依樣仿效。這比用陳腔濫調來安慰他們有效得多了，因為本人在藝術方面毫無天分[註1]，所以從這個角度來說，我跟許多學員稱得上難兄難弟。[註2] 為了凸顯真正的藝術天分在塗鴉革命中根本無關緊要（明辨這一點非常重要），我和研習營的學員一起做了右邊這項練習：

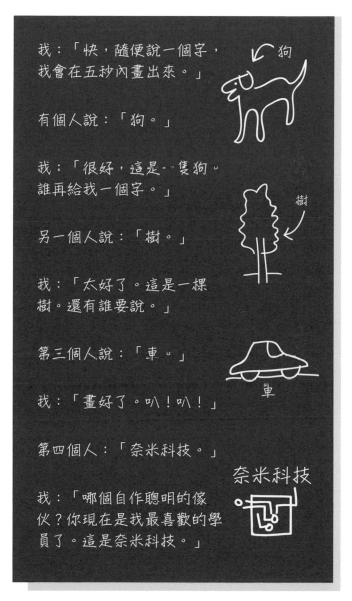

我：「快，隨便說一個字，我會在五秒內畫出來。」

有個人說：「狗。」

我：「很好，這是一隻狗。誰再給我一個字。」

另一個人說：「樹。」

我：「太好了。這是一棵樹。還有誰要說。」

第三個人說：「車。」

我：「畫好了。叭！叭！」

第四個人：「奈米科技。」

我：「哪個自作聰明的傢伙？你現在是我最喜歡的學員了。這是奈米科技。」

當然了，這項練習所要灌輸的遠不止表面所見，我們將在下一章深入說明它背後蘊含的觀念。不過課堂上的學員當場就能學到三件事：

1. 我們的指導者實在不太會畫畫。

2. 她自己似乎不怎麼在意。

3. 她要我們擺脫「我不會畫畫」的魔咒，以免這句話成為學習障礙。

經過一番思索，學員們有了更深刻的看法。

4. 我們的指導者不在意自己畫得不好，是因為有效的資訊塗鴉與視覺化思考無關乎繪畫技巧，重點在於思考能力！

5. 將言語及觀念做快速的視覺化呈現，是這項工作的基礎技巧。由於時間限制，我們真正需要的是簡化的功力，就算線條潦草也無所謂！

6. 文字與圖畫可以相輔相成，所以我不需要知道奈米科技究竟長什麼樣子。我只需要加上圖說、盡量畫得像就成了。

他們的觀察從各個角度來看都十分正確，而且這些觀察對九成五以上的研習營學員來說都是顛覆性的思考。正如我們稍早在本書所討論，我們的文化對視覺語言有不少嚴重誤解，而這些行之數百年的誤解非但無所不在、並且難以斬除。好消息是：我們可以率先遏止誤解繼續流傳。我們已經打破了塗鴉的迷思，在本書下一章我們將消滅視覺語言等於藝術的錯誤觀念。所以，從現在直到永遠（雖然光是嘴上說說不見得能改變現實），請停止你內心的批判。當那個跛腳巨人安睡時，快把握良機進入基本塗鴉世界，就從畫直線與圖像字母開始吧。

畫出直線

若你相信自己畫直線就跟吃飯走路一樣簡單，那麼請跳過這一段，直接前進至圖像字母的部分。但如果你聽到自己內心在吶喊：「我連直線都畫不好」，就請好好消化這簡短的一課。

你不是唯一一個連直線都畫不好的塗鴉者。這其實是個挺普遍的問題，卻相當容易解決。

秘訣在此：很快地畫過去，動作像閃電一樣。筆尖落到紙上後，飛快地畫過頁面。就跟我們小時候玩 B.A.S.H. 戰爭遊戲[註3]一樣使勁拋出去。我們之所以畫不成直線，是因為大家經常把動作慢下來。我們以為只要慢慢來，就有機會把直線畫好。但事實正相反，一旦我們慢下來，手部肌肉就開始發抖，目標也變得搖搖擺擺。而且如果你速度夠慢，你還會看到心跳反映在線條上。除非你想要的就是這種效果，否則請鼓足自信、讓筆尖飛馳而過。你不妨先在紙上找到一個目標點，然後讓你的直線朝那目標射過去。倘若你想好好鍛鍊肌肉，你可以找個掛圖站立練習畫直線。無論你是坐著或站著，下筆速度都不要慢下來。只要一鼓作氣，你就可以看到自己竟然畫出超正的直線，簡直跟教堂裡的柱子一樣正。

圖像字母

我的朋友戴夫・葛雷（Dave Gray）也和我共同寫了《Gamestorming：創新、變革＆非凡思維訓練》這本書。他也是視覺思考的魔術師，涉足相關知識與體驗的深入程度令人既欽佩又羨慕（至少對有興趣的人是如此

戴夫的個子也高得離譜。
他得跟姚明站在一起
才會顯得正常。

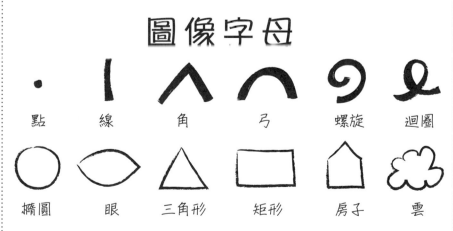

圖像字母

| 點 | 線 | 角 | 弓 | 螺旋 | 迴圈 |
| 橢圓 | 眼 | 三角形 | 矩形 | 房子 | 雲 |

啦）。當我們開始著手寫共同創作的第一本書時，他發想出他稱之為「圖像字母」[註4]的概念，即一套總共十二個字母的系統，可讓最沒藝術細胞的人稍加練習就能畫出任何東西。現在我想將這份禮物呈獻給各位。在你們成為資訊塗鴉大師的路上，你們將需要這套系統的加持。請看左邊，圖像字母來了。

你可以看到，這套系統由十二個「字母」組成。我們稱之為「字母」，是因為它們的功能相當於視覺化的英文字母。[註5] 其中六個屬於「賦形」字母，它們無法獨立存在，必須經過設計組合才能構成完整圖案。[註6] 另外六個屬於「場域」字母，意即它們自身便曲折成形，構成了封閉的視覺場域。

現在請利用下方的空白，將十二個圖像字母重畫一次。然後在每個圖像字母的下方，寫出對應的圖說。

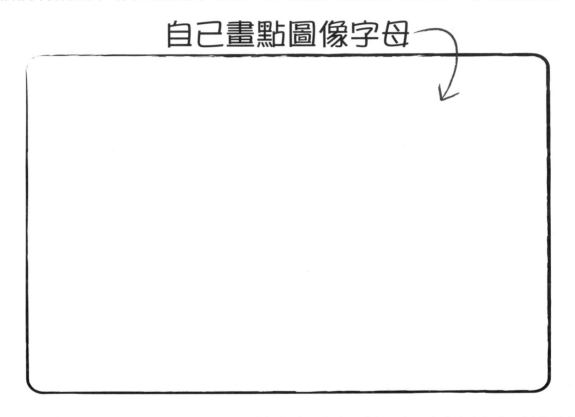

自己畫點圖像字母

這套圖像字母實在再簡單不過了，倘若還有人跟我說他畫不出來，我倒很想親自會會這個人。以碰到畫畫就腦袋一片空白當理由，連根手指頭都舉不起來；這些自認為畫不出圖像字母的人讓我很想見上一面。我不相信有這種人存在，既然我們都會用手、用腳、甚至用嘴持筆塗鴉。畫畫不需要聲音或影像。絕大多數的人甚至可以憑空想像出這些圖像字母，而這一點實在令人欣慰，因為圖像字母就跟英文字母一樣深具價值。當我們從記憶深處挖出這些圖像字母來運用，我們與他人的交流會瞬間爆發無數的可能性。接下來，讓我們透過下一張圖片來看看圖像字母的精髓所在吧。

　　這張圖片的含意是：「看起來像咖啡杯的，其實不是咖啡杯。」就像比利時超現實主義畫家馬格利特的名畫《這不是煙斗》（Ceci n'est pas une pipe），你懂吧。(註7) 紙上畫的咖啡杯，其實只是圖像字母系統中一些「賦形」與「場域」的組合。將畫中之物解釋為咖啡杯的，其實是我們的心智。我們以前看過咖啡杯（說不定你現在手中正拿著一個），所以我們立刻認出它來，因為它符合我們腦海中的既定圖像。但這可不是咖啡杯，親愛的。這只是我們的聰明腦袋創造出來的咖啡杯幻象。透過圖像字母系統，我們不只能解構咖啡杯，也可以解構任何物體、型態、或人物。讚美上帝！現在來試試塗鴉遊戲吧。

塗鴉遊戲：

這不是煙斗

　　請運用圖像字母和下一頁的空間，解構還原五件生活周遭常見物體(註8)，任何你眼前看得到的東西都行：椅子、桌子、植物、檯燈、寵物、筆記型電腦、花生醬。在你畫出這些東西之前，請試著以圖像字母來建構它們的外形；譬如地毯是四條線組成，狗坐著的樣子是三角形、橢圓形、或一條線。你得先剝除這些物體神秘的複雜性，將它們分解成幾個組成部位，然後再重新組合、畫到紙上。(註9) 需要的話，你可以將同一件物體重複畫許多次，直到你覺得看起來對勁為止。完成之後，請別再跟我說你沒辦法兜出一樣東西的外形，因為我打從心底就無法相信這件事。

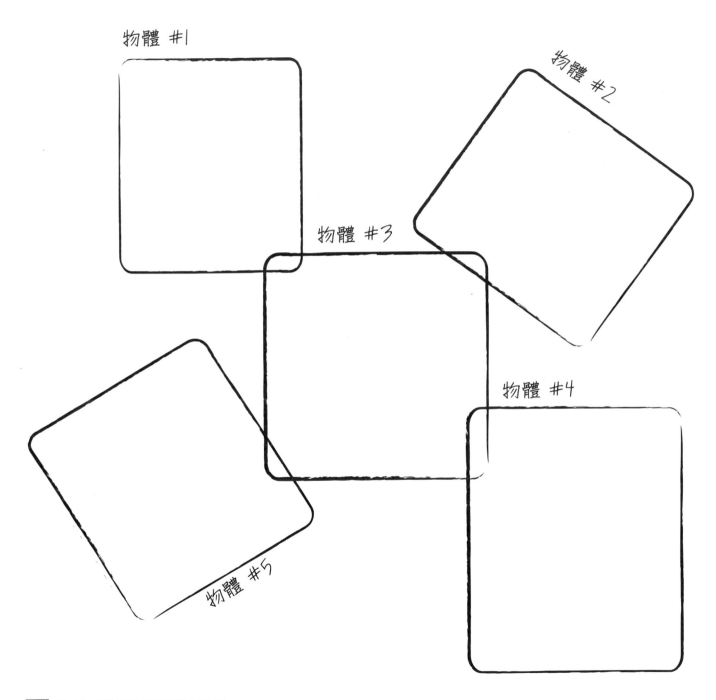

物體 #1

物體 #2

物體 #3

物體 #4

物體 #5

經過那次經驗後，我進一步設想到可能會面臨的抗拒，譬如有人會說：「我畫得不好看，連五歲兒子都比我還行」；或者說：「假如眼前沒有我要畫的物體呢？我沒辦法憑空想像海豚，然後把牠畫下來。我記不得驢子的尾巴究竟長在哪裡。」觀察力較敏銳的人會說：我們必須能夠將圖像字母「排列」成物體的外觀。我的狗在這張圖中，看起來簡直像電影《星際大戰》的伊沃克族。

沒錯，這些擔心都有道理。但我得端出嚴師架勢：各位是怎樣學會「閱讀」的？透過練習。各位是怎樣學會「書寫」的？一再嘗試。在幼稚園讀的短篇故事，和文豪海明威作品差了十萬八千里。你得持續發展這方面的能力。學習使用圖像字母也是同樣道理。這套字母系統，是讓你的視覺表達變得更純熟的基礎工具。它不會自然而然就潛移默化、烙印在你的大腦。它是經過特意鍛鍊才會長出的肌肉。你得付出注意力與精力才能熟練這套字母，但這番工夫絕對值回票價。對學習者來說，圖像字母比標準字母友善得多了。以下兩點區別或許能讓你寬心一些：

（1）**圖像字母的學習過程要有趣得多。**

塗鴉伊沃克族總是比寫字來得更有意思、更有滿足感吧。身為成年人，當你寫「伊沃克」這三個字時，你不會興沖沖地把它拿給別人看，因為沒人會把它當回事。但如果你畫了張伊沃克的圖，大家至少會多看幾眼，然後說「好酷喔」。這兩種反應，哪一種會讓你想再試一次？

（2）**要在視覺思考主導的世界湊和著應付，你的圖像字母程度不需要像書寫或語言字母那麼流利。**

只要稍微增強這方面的能力，你就能在塗鴉和資訊塗鴉上游刃有餘、甚至表現優異。

畫個火柴人

既然現在你已經有了圖像字母這項利器，接下來我們的腳步可以加快許多了。我知道有些人還是坐立不安，但請你們按捺住想跳過這項練習的衝動，好嗎？至少把這些基本練習全部做過一輪，以便為資訊塗鴉建立穩固的基礎。現在，讓我們來畫平時最容易看到的重要造型：人物。大家都認為人物是最難畫的。當我剛開始在資訊塗鴉空間作畫時，一想到要畫人物我就嚇得快尿褲子。我這輩子都沒搞清楚過一個人在從事園藝、吃東西、或甚至坐在椅子上時，身體和四肢究竟擺成什麼樣子。我唯一能安心畫的，是他站得直挺挺的樣子。基本上，我會畫成像右邊這樣。

但假如我想讓這個人看起來在思考、購物或逃命，那根本是痴心妄想。你還不如叫我用苗族語背誦荷馬史詩《伊利亞德》算了。我連一個人打棒球是什麼樣子都想像不出來，更別提要畫出大家看得懂的圖。既然現實如此殘酷，我是如何克服自己對畫人物的抗拒之情呢？秘訣在此：我把畫人物的門檻降到低得不能再低，使出渾身解數畫出最靈活的火柴人。我的人物簡單到不行，畢竟畫出逼真人像的能力，與塗鴉革命的目標根本毫不相關；後者是要大家學會善用視覺語言來提升思考能力。能畫出逼真寫實的人物是很不錯，但這並非我們的目標。我們的目標是要把圖像識讀能力強化到足夠解決問題即可。所以我只要能畫出各種姿勢的火柴人就行了。這項原則適用於每個人，所以就讓我們好好地畫傻氣的火柴人，學著如何讓它們做出各種動作吧。運用資訊塗鴉來解決複雜問題時，這項練習將會十分有用，因為屆時你需要向顧客、客戶、或股東展示產品與服務，或是指出你可以改進哪些體驗。

以下的火柴人範例，來自三名我最喜歡的藝術家與塗鴉者：

湯姆·古爾德
Tom Gould（註10）

艾德·安柏利
Ed Emberley（註11）

戴夫·葛雷
Dave Gray（註12）

請各位想想，這幾個火柴人有哪些共通之處（我很期待大家的答案）。不過在我提出自己的答案前，請你們在下方寫出你們的三項觀察。倘若你們沒寫出我期望中的答案（但你們的答案鐵定都很不錯），我會告訴各位我的答案是什麼，因為我實在忍不住要跟大家分享。

對於火柴人的觀察

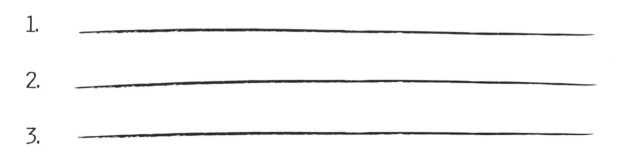

1.

2.

3.

你可能已經發現，對於這些造型簡單的火柴人，你觀察到的竟遠多於原先自己的想像。假如你的答案是「任何人都畫得出來」，那麼就恭喜你啦。你已經靠自己的推理得出跟我一樣的結論。

火柴人作為視覺思考工具最棒的地方在於，它們根本不需要藝術才華。確實，本章所舉例的火柴人全出自藝術家手筆。他們都接受過藝術教育，豐富的人體的知識有助於他們畫出活靈活現的火柴人。但各位千萬別氣餒，為了思考問題而畫的火柴人，就算得表現出有說服力的動作，也不需要藝術學位的加持。我明白這一點，是因為本人就沒接受過藝術教育（我這輩子只修過一次難忘的藝術課，高二那年有個德裔的美術老師，但名字我不記得了），而且我總是靠著畫火柴人來解決問題。

你的塗鴉包含三部分：運用圖像字母、設法讓自己能夠回想動作（找張參考照片、發揮想像力、自己或找別人來擺姿勢），然後記住以下這些一般性指導原則。[註13]

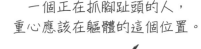

一個正在抓腳趾頭的人，重心應該在軀體的這個位置。

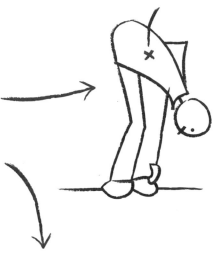

（1）**從大處著眼**。建議你先抓出一個人物的整體重心（根據該人物當時的姿態而定），然後標出人物在動作當下的重心點。舉例來說，人類的軀體是最大的重心，接著才是腿和手。所以假如有個人正在抓他的腳趾頭，他的重心應該像右邊這張圖。

以大象來說，最大的重心應該在身體，然後才是頭部。所以假如有隻大象在追逐馬戲團小丑，畫面看起來應該是這樣。

若你一時之間看不出重心應該擺在哪裡，就請多費些心思揣摩吧（我個人會親自擺動作，感覺一下重心在什麼地方）。當你尋找重心時，其他無關緊要的細節會自動消失，而這有助於你更掌握一個物體的精髓。從一段距離之外觀察物體也會有同樣效果，你可以更加看清整體結構，而不會陷入枝枝節節當中。所以我建議你從大處著眼、放掉細節。

一隻往前衝的大象，重心應該在軀體的這個位置。

接下來換你為小丑標出重心位置了，好嗎？

此外，請各位注意：人類軀體與頭部的形狀可不拘一格，要用橢圓形、矩形、三角形、甚至歪歪扭扭的曲線都行。看看卡通《蓋酷家庭》（Family Guy，小寶寶史杜伊的頭根本是顆橄欖球）、《辛普森家庭》（The Simpsons）和《少年駭客》（Ben 10）就知道了。你想用什麼形狀都行，重點是線條要簡單（我們做資訊塗鴉時很少著墨於細節）。你會找到專屬於自己的風格，就這麼保持下去吧。

（2）**別在意線條交叉。**一般人在畫人像或物體時，經常過份看重筆下的線條。其實你不必擔心線條互相交叉會不好看。做資訊塗鴉的時候，唯一覺得線條交叉很礙眼的人是你自己。所以下筆最好快些，讓筆觸保持在持續流動狀態，就算線條在「不符合真正藝術」的地方交叉也無所謂。

學習者通常想畫出這樣的線條。

但就算鼻子、耳朵、脖子的線條穿出來，其實也沒什麼大礙。

這樣畫比較快，而且也能完成任務！

（3）**拉出地平線。**有了這條線，你就能抓到垂直面及水平面，讓整個空間看起來較為真實具體。先拉出地平線的好處是，這樣可為你的火柴人創造空間定點。左頁的示範圖就畫出了地平線，所以你會覺得畫中的人物顯得四平八穩。而本頁右上方指導原則的示範圖，看起來就像一顆懸空的頭。建議你練習用這條地平線來連結火柴人與真實世界，尤其是當這麼做能為你的表達加分時。

（4）**兒童的頭部比例，應大於成年人。**兒童的腦袋瓜大小與身體不成比例。倘若問題的主角是小孩子，那麼你的火柴人得畫成大頭娃娃，大家才看得出你在畫小孩子。身高當然也是一項評斷依據，但如果畫裡沒有成年人來對照，把腦袋瓜畫得大些是最保險的作法。

（5）注意鼻子的方向。有些動作的區別不甚明顯（譬如站著想事情、和站著四處張望），所以用鼻子來暗示動作與方向是最快、最簡單的方法，可讓別人一看就明白你畫的人在做什麼。請參考右邊這三個人物。說不定他們會讓你會好奇，難不成鼻子才是靈魂之窗。

（6）假如一開始沒成功……你知道該怎麼做。若你打算畫一個正在爬行的火柴人，但最後畫出來的很像在嘔吐，那麼就重畫吧。火柴人畫起來很快，所以你大可一再重畫，直到動作夠像為止。對我個人來說，跳舞是最難一開始就畫對的動作。我筆下的舞者看起來不是手腳都骨折了，就是正在暴跳如雷。所以我得一直重畫到他們真的像在跳舞為止。然後我會盡量反覆練習畫這些動作。唯有反覆練習，你才能琢磨出派得上用場的塗鴉。幸好資訊塗鴉不常涉及舞蹈，所以我還不需要一口氣畫出成群跳舞的小火柴人。

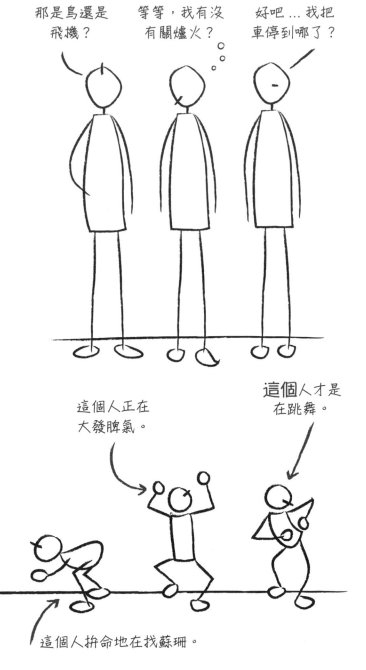

那是鳥還是飛機？

等等，我有沒有關爐火？

好吧...找把車停到哪了？

這個人正打算跳過一座燭台。

這個人正在大發脾氣。

這個人才是在跳舞。

這個人拚命地在找蘇珊。

現在輪到你簡單畫幾個火柴人了。初次嘗試，你或許沒辦法把每個人都畫對（但如果你都畫對，那麼你就不需要練習囉），然而用簡單線條來創作人形應該是個頗有娛樂效果的體驗。你可能會驚訝地發現，簡單的線條變化就能大幅改變人物動作（你也應該會驚訝地發現，大腦視覺皮質偵測動作的能力到了明察秋毫的程度，我們根本無法騙倒它）。

塗鴉遊戲：火柴人做動作

下面有六個空格，請試著畫出空格上方提示的動作。若你需要更多空間或重複多畫幾次（如果你畫人物的功力跟我一樣蹩腳，你會需要的），你可以另外拿紙或其他文具來練習作畫。想要的話，你也可以多畫幾種其他動作，甚至讓火柴人拿著手機或麥克風之類的道具。我稍早說過，若要進入到資訊塗鴉，你得先做這些基本練習，因為顧客及客戶會常常在包含資訊塗鴉的場合中露面。

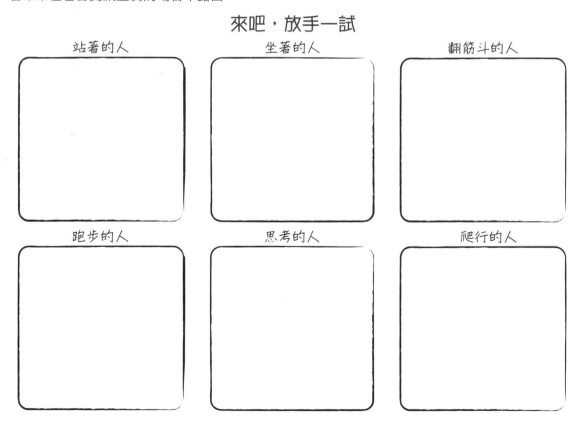

我希望這個單元有助於打破一般人認為畫人物很難的迷思。用最簡單的方式描繪人物與動物，可讓我們加快視覺思考，同時擺脫我們對細節、完美、準確的執著。後者常阻礙我們展開資訊塗鴉，而且也絕非我們追求的目標。所以別再拿自己跟達文西或米開朗基羅這些人像大師相比了，不如向《史努比》創作者查爾斯·舒茲（Charles Schulz）看齊吧。[註14] 讓我們鼓足勇氣，把自己的檔次往下調整，而且千萬別覺得抱歉。我們可是視覺思考的領航先驅！根本就沒什麼好慚愧的。

畫臉

你已經知道怎麼畫人了，現在來為他們加上一張臉吧。你不必畫得維妙維肖，但還是得學會畫出各種表情。舉例來說，如果你現在要處理跟顧客或員工滿意度有關的問題、或者當你在設計使用者體驗，需要打造一個善解人意的角色時，畫表情就成了相當好用的技巧。假如你非得拿老闆開玩笑才能出口怨氣（當然是私底下），這項技巧也可以讓你抒發心情。

塗鴉遊戲：面孔矩陣
The Face Matrix

「面孔矩陣」是我最喜歡的臉部表情創作工具之一。[註15] 和目前為止我們用過的其他工具一樣，這項工具對使用者極為友善，而且能讓你從一開始的抓瞎、跨越至認為自己在某方面表現得挺不錯。現在就按照數字下方的指示來依序（頭一次？）畫臉吧。若你一時不知如何著手，右側有些已經畫好的小圖供你參考。

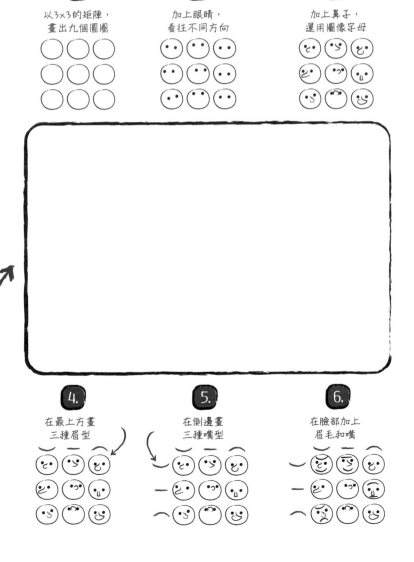

1. 以3×3的矩陣，畫出九個圈圈

2. 加上眼睛，看往不同方向

3. 加上鼻子，運用圖像字母

4. 在最上方畫三種眉型

5. 在側邊畫三種嘴型

6. 在臉部加上眉毛和嘴

完成面孔矩陣後，請為你畫的每個表情加上圖說。當中是否有任何表情，同時呈現出多種情緒？一張臉能表現出多少種情緒？完成這項遊戲之後，希望各位能從中學到畫表情是多麼容易。你根本不需要刻苦練習，簡單幾筆線條就能表達出喜悅或惡作劇等等不同神情了。雖然把面孔矩陣畫得精熟，並不表示你就能畫出幽微細膩的情緒（譬如揉合了喜悅與寬慰之情），但你現在至少畫得出九種表情了。你可以由此出發，在未來從事資訊塗鴉時發展出更複雜的表情。

我想特別提醒那些對自己畫的臉感到不滿意的人，當你們與其他人共事時，你們可能會驚訝地發現大家其實都很能諒解。就算你畫的臉跟真人差了十萬八千里也沒關係，因為人腦的臉部辨識功能太強大了。人類天生就會主動搜尋、辨識臉孔，就連並非真實存在的臉孔也不放過(註16)。或許這是因為以為叢林中出現了一張臉，總好過因為沒看到對方臉孔而被吃掉。也可能是因為我們必須精於辨識臉部特徵，才不至於和許久不見的手足同居生子。無論原因究竟是什麼，臉部的評估與辨識都深植於我們的大腦。我們知道月球表面有一張臉，或許也都曾在雲朵中、樹幹上、甚至影子裡看到不存在的臉。前幾天我甚至在枕頭套上看到一張臉。

想必各位在我的枕頭套看到一張臉了。
你不想看到也不行，
因為大腦天生就會搜尋面孔。

就跟我們相信體型可以有多種可能性一樣，我們對臉型也有相當寬廣的接受度。倘若你不太喜歡圓臉，而比較偏好心形臉的話，就隨自己的意畫心形臉吧。你可以把它當成自己的標準臉型，別擔心旁人會認不出來。為了強化大腦辨識人臉的絕佳彈性，我想向各位介紹另一個稱之為「做臉」的遊戲。

塗鴉遊戲：做臉

這個遊戲是這樣玩的：準備好紙跟筆。閉上眼睛，隨意在紙上畫出大大的線條，但這線條必須至少轉換過一次方向（換句話說，不要畫成一個點、或一條直線就對了。你可以畫得彎彎曲曲、呈現圓形或波浪狀）。睜開眼睛，看看自己創造出什麼樣的線條，然後將它畫成一張臉。你會發現，無論你的線條長成什麼樣子，你幾乎都有可能將它變成一張臉。將這個遊戲重複多做幾次，你就知道要避免將它看成一張臉簡直是不可能的事。接下來你再畫一次線條，但這回請你的朋友來將它畫成一張臉。你應該也找不到無法做到這件事的朋友。不相信我嗎？下面是我閉著眼睛（我發誓！）隨興畫出的三個線條，我把它們都變成了一般人認得出來的臉（但我可沒說我會畫得很漂亮）。

你可以從這項遊戲中學到，我們的生活周遭隨處有臉孔出現。或許你無意深究臉部蘊藏的意義或外在表情，因為你知道能夠辨識幾種基本表情便已足夠：快樂、傷心、憤怒、疑惑、擔憂、恐懼、滿足。這些是客戶及股東會有的標準情緒。當你著手調查產品、服務、或企業帶給他們的體驗，掌握這些情緒就能夠為你開啟溝通的大門。所以，請為你的火柴人加上臉孔，這可讓你和其他團隊成員頓時對客戶及股東產生理解與感同身受。本書最後兩章將進一步闡明這種作法的價值。

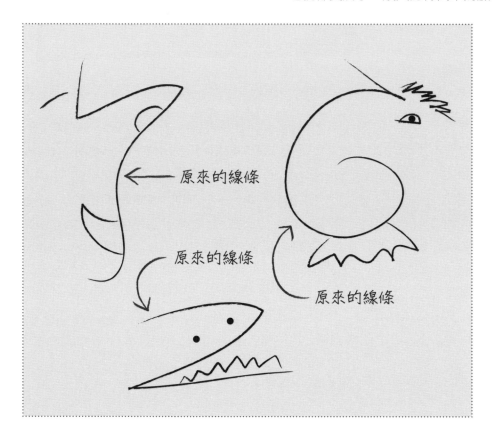

原來的線條

原來的線條

原來的線條

與他人分享作品

基本塗鴉評量表的最後一項技巧，涉及了與其他人分享你的作品。我知道分享作品聽起來算不上什麼技巧，但你會發現對許多人來說，這樣做簡直難如登天。觀眾的回應可能會很殘酷，或至少粗魯無禮；而一次難堪的經歷就足以讓塗鴉者羞愧得想鑽個地洞躲進去。所以我要特別提醒各位，絕對別讓任何人瓦解我們的分享力量。為什麼我們得冒著尷尬、失望、或社會地位降低的風險，將自己的作品與他人分享呢？這麼做能得到什麼回報？請各位現在就花十秒鐘思索答案，然後我再告訴你，我本人從中得到什麼收穫。

過去幾年來，外子看過我塗鴉、或聽過我大聲說出來的點子已經多到數不清。他的回應，包括我的製作人、編輯群、實體與數位觀眾等人的回應，都是無價的至寶。有了其他人眼球與頭腦的助陣，種種機會突然間向我敞開大門：

·強化作品與概念的機會·

他們的貢獻讓我免於研究失當、假設錯誤、笑話太冷、視覺設計差勁等等洋相。每個人都有自己的盲點，所以光靠個人來評估自己的作品不容易客觀。若有別人來關注我們的創作，便可磨亮我們的工具、柔化我們的稜角。這可是相當寶貴的禮物。

·增厚臉皮、學會應付拒絕的機會·

請試著這樣想：拒絕可能不是針對你個人，而且你也不該受制於它。就把它看成類似瓊斯媽媽（Mother Jones）[註17]的低劑量毒藥，會讓你的體質變得越來越堅強。接著，你不知不覺地開始在網路分享創作，邀請所有人提供回饋，而且不再為一些小事庸人自擾。他人回應成了你改進作品的利器（若外界批評既無同理心、也缺乏探究精神，那麼這些批評呼應的與其說是你的作品，不如說是他們自身的人格心態）。

·推廣心目中重要事物的機會·

倘若我不分享作品，別人便無法獲得我所做的貢獻。就算不是每件作品都能發揮影響力，我偶爾還是能說服幾個人。我將概念視覺化，拓展了他們的眼界，改變了一些法則，扭轉了既定看法。這是我送給他們的禮物。你分享自己的作品，就等於送禮給別人。所以請勿藏私，因為這等於拒絕給予別人成長的機會。為了保護自己不受言語攻擊而藏私，這筆帳其實並不合算。

歡迎來到資訊塗鴉邊境

　　信不信由你，革命軍們，關於基本塗鴉所有該知道的一切，本章都已經傾囊相授了：圖像字母（這套工具可說是用途廣泛、創造力大解放，對吧？）、如何畫出超簡單火柴人、以及充滿表情的面孔矩陣。但我敢說，你的基因裡早就備妥了這些技巧。基本塗鴉是資訊塗鴉的基石，而資訊塗鴉才是你要努力習得的前段班技巧。

進階前的三道遊戲

塗鴉遊戲

人體接龍

我把「人體接龍」稱為「共筆塗鴉」練習（註18）。這類練習通常是找兩人以上輪流作畫，但沒有任何參與者在畫的時候看得到整體是什麼樣子。請拿出一張紙來，折疊數次，然後請第一個塗鴉者畫出身體的某個部位。接著他傳給下一個人，讓每個參與者隨意畫出身體的其他不同部位，直到這張紙畫滿詭異的「斷肢殘軀」再整張打開來看。這項遊戲是相當好的共同視覺創作練習，而這正是集體資訊塗鴉重要的一環。此外，大家也可從這項遊戲中習慣未知，對於無法預期共同創作最後將呈現怎樣的面貌感到自在。

塗鴉遊戲：你的名字

現在來塗鴉你從幼稚園就開始練習寫的幾個字：你的名字。請把它畫得更炫一些，譬如在名字周邊打光，或加上你希望與名字產生聯想的標章。現在就拿起筆，隨意寫上你的名字、為它添加視覺效果吧。請重複多描幾次線條，好好享受這個過程。或許是因為這件事太簡單了，你會感受到異常的平靜。這個遊戲你想重複幾次都行，也可以塗鴉兒女的名字，重點是要仔細咀嚼過程中的體驗。這項簡單的練習可帶來慵懶、純粹的喜悅，時間的腳步彷彿隨之漸行漸緩。

塗鴉遊戲：塗鴉轟炸

你化身為塗鴉炸彈客，任務是綁架一頁雜誌廣告，然後將它炸個面目全非。你可以在超級名模手上畫個電動工具，或者將文案竄改成滑稽好笑的話。總之你得大大顛覆雜誌內容，然後拿去跟朋友分享：「看，嘿嘿嘿。」你會驚訝地發現，這項遊戲挺有助於提升你的塗鴉技巧。你沒有要把它畫好的心理壓力，而且把一樣東西改畫成另一樣東西的過程中，需要你特別仔細觀察。如此一來你的惡搞就大獲成功啦。

第 4 章

塗鴉大學：

精通視覺思考

認識資訊塗鴉：所向無敵的四大思考風格合體

現在我們來到了奔放、美妙的資訊塗鴉世界，也是本書的重頭大戲。資訊塗鴉是各式塗鴉當中最為複雜細膩的一種，它將以熠熠星光領銜主演本書接下來的兩章。資訊塗鴉的空間異常寬廣，其形式與功能類別之多令人咋舌。我們可將資訊塗鴉分成三種，而每一種各有不同的啟發方式。我先前提過，資訊塗鴉可分為「個人型」、「展演型」、以及「團體型」。接下來我會做個簡短解釋，但首先，我想讓各位瞭解資訊塗鴉者的特別之處在哪裡。

資訊塗鴉者的面貌

「資訊塗鴉者」習於將言語、形貌、意象緊密融合，藉此重現以文字或聽覺為主的訊息內容。這些內容可能來自教科書、一張白紙、一份工作表、簡報投影片、某個演講者、或一場團體對話；但如果其中的言語和數字改為視覺化呈現，受眾將更能理解對方要傳遞的訊息。資訊塗鴉者是數據、資訊和對話的改造大師，能隨時運用當下最可行的方式（譬如麥克筆、便利貼、平板電腦、軟體、筆記本、遊戲配件等等，任何你想得到的都行），將它們變成更豐富、更能啟發多種感官的訊息。資訊塗鴉的重要之處在於它能符合各種學習偏好，目標是提升思維能力，無論你需要的是強化理解、記憶、創新、調整、設計、或解決問題。一旦上手，資訊塗鴉將是你的最佳武器，意味著你在「圖像識讀」上躍進了一大步；而這也正是未來世代不可或缺的關鍵能力。現在就讓我們來逐一分析資訊塗鴉的三種類型吧。

個人型資訊塗鴉

對任何想在工作與生活中注入視覺語言元素的人來說，個人型資訊塗鴉往往是最容易入門的起點。這項練習可在小範圍內進行，通常筆記本或素描簿便已足夠；而且這類塗鴉的目的正在於提升個人的思考力。從事個人型資訊塗鴉的時候，你會透過視覺語言的形式來描繪書本上或演講者所傳達的資訊。換句話說，你為文字加上形貌與意象的輔助，讓它們的意涵變得更加豐富。先前提過的維吉妮亞‧史考菲德博士就是運用了這項技巧。當你必須瞭解並記憶複雜資訊時，這項技巧無論在職場或校園中都深具價值。下方照片為個人型資訊塗鴉的一種，是我在大衛‧艾倫（David Allen）的「搞定」（Getting Things Done）時間與行動管理研習營所拍攝。無論是哪一種形式的資訊塗鴉，唯有想像能侷限你的視覺表達。（註1）

個人型資訊塗鴉

未來的資訊塗鴉者中，許多將首先走過這道個人創作的長廊，然後才會前進至資訊塗鴉的另外兩種形式：展演型及團體型。單獨一個人塗鴉，而且只有自己這雙眼睛看到作品，往往能鼓勵我們試驗各種圖示與意象、同時免於視覺語言作品暴露於他人眼光下油然而生的不安。所以這是個很棒的起點。

展演型資訊塗鴉

展演型資訊塗鴉

展演型資訊塗鴉者在會議或演說進行的當下，大篇幅地寫出或畫出他所聽到的內容，將之展示給其他聽眾觀看。這些塗鴉者可能是在環繞室內的巨幅美術紙、珍珠板、或白板上創作，也可能以平板電腦或數位繪圖板結合投影機來分享他們的即時創作內容。資訊塗鴉

者可說是表演藝術家，因為他們的視覺呈現是當下的即興發揮，觀眾親眼目睹了整個創作流程。從聆聽與快速過濾資訊的角度來說，展演型是三種資訊塗鴉當中難度最高的，因為它的目的是要把講者所說的內容，在當下盡可能精確地轉化為視覺呈現。

與個人型資訊塗鴉不同的是，展演型資訊塗鴉者不可將個人見解混入他所聽到的內容。[註2] 所以頂尖的展演型資訊塗鴉者必須強化聆聽能力（本書稍後將會有一小節，略述贏得「聆聽界冠軍」的幾個訣竅），才能對內容的掌握達到幾乎零誤差的程度。

團體型資訊塗鴉

團體型資訊塗鴉是互動性最強的一種塗鴉，它需要眾人的主動參與及全方位投入。這類塗鴉在激發深刻思考之餘，也能帶來莫大的樂趣。

從事團體型資訊塗鴉的時候，成員們在圖像思考過程中解決特定問題；而這個過程為時從三十分鐘至一週不等。這項活動的目標是要透過簡單的視覺化及提問技巧來應付挑戰或問題，全世界已有許多最為創新的公司採用這套超級有效的思考練習。本書稍後將提出一些絕佳的範例。

這種種方式，包含個人型、展演型、以及團體型資訊塗鴉，本書都會有深入的探索與試驗。畢竟塗鴉

革命的目標，就在於運用你已經擁有的技巧來開發所有的可能性。

團體型資訊塗鴉

視覺呈現：不同資訊塗鴉的區別

在此我製作了一份資訊圖表，總結出以上幾種資訊塗鴉彼此之間的區別。閱讀下頁的圖表時，請先思考哪一種資訊塗鴉最吸引你。想想你的生活與工作中，哪些地方可以藉助資訊塗鴉來增強理解、溝通、做決定、以及解決問題。資訊塗鴉有無限可能，你想用什麼方式來探索這些技巧都不成問題。大好機會等待你來把握，只要你願意放手一試。

＊ 資訊塗鴉的區別：類型與特色 ＊

＊非播出中
（非現場或即時）

＊個人型資訊塗鴉

根據書面內容

＊播出中
（現場或即時）

＊個人型資訊塗鴉

根據聆聽內容

聆聽與過濾能力
有明顯差異

當眾「失敗」
的意願
有明顯差異

← 較簡單

1. ：不同步／無時間限制
2. ：以書面內容為主
3. ：畫面小（通常用筆記本）
4. ：不必拘泥於是否如實呈現書面內容
   （可根據目的選擇需要的資訊）
5. ：不必展示給他人看
6. ：不以分享創作為目的
7. ：可被視為一種藝術
8. ：不需要藝術天分
9. ：發展過濾資訊的技巧將有所助益

1. ：同步／有時間限制
2. ：以聆聽內容為主
3. ：畫面小（通常用筆記本）
4. ：不必拘泥於是否如實呈現講者所說內容
   （可根據目的選擇需要的資訊）
5. ：不必展示給他人看
6. ：不以分享創作為目的
7. ：可被視為一種藝術
8. ：不需要藝術天份
9. ：發展聆聽能力與過濾資訊的技巧將有所助益

*播出中

（現場或即時）

* 展演型資訊塗鴉   * 團體型資訊塗鴉

根據聆聽內容

根據聆聽內容

較困難 →

* 每種類型塗鴉都必須整合言語、形貌與圖像 *

* 每種類型塗鴉都必須藉助視覺空間技巧 *

* 各種類型塗鴉均不需要藝術訓練或任何天賦 *

1. ：同步／有時間限制
2. ：以聆聽內容為主
3. ：畫面大（巨幅的美術紙）
4. ：必須如實呈現講者所說的內容
   （精準呈現說話內容為首要任務）
5. ：必須展示給他人看
   （除非講者另有要求）
6. ：以分享創作為目的
7. ：必然被視為是一種藝術
8. ：需要相當程度的藝術天份
9. ：發展過濾資訊的技巧將有所助益
9. ：必須有絕佳的聆聽能力與過濾資訊的技巧

1. ：同步／有時間限制
2. ：以聆聽內容為主
3. ：畫面可大可小
   （巨幅美術紙、便利貼、白板、索引卡、
   掛圖等等皆可）
4. ：必須如實呈現講者所說的內容
   （精準呈現說話內容為首要任務）
5. ：鼓勵參與者展示給他人看
6. ：以解決問題為目的
   （分享很常見，但並非強制性）
7. ：不被視為是一種藝術
8. ：不需要藝術天分
9. ：必須有絕佳的聆聽能力與過濾資訊的技巧

各種類型塗鴉──均不需要藝術訓練或任何天賦

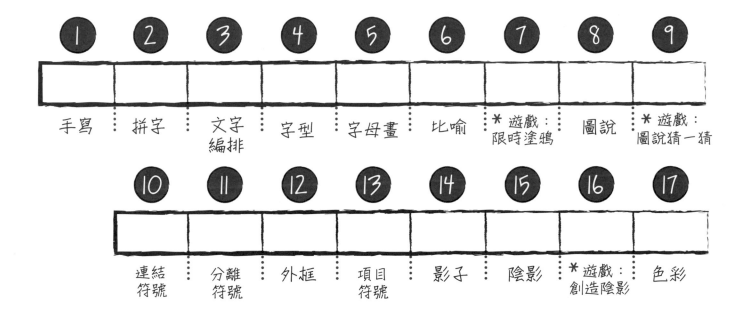

1	2	3	4	5	6	7	8	9
手寫	拼字	文字編排	字型	字母畫	比喻	＊遊戲：限時塗鴉	圖說	＊遊戲：圖說猜一猜

10	11	12	13	14	15	16	17
連結符號	分離符號	外框	項目符號	影子	陰影	＊遊戲：創造陰影	色彩

　　既然你天生就擁有塗鴉才能，本書的最後一章對你來說可能不費吹灰之力。你的進步將會是漸進式的，其間偶爾出現幾次大幅躍進。說不定你還未感受到任何痛苦，就突然間發現自己成了資訊塗鴉專家呢。

　　接下來我們將再做一次評量，藉此確認你對資訊塗鴉的擁抱程度。不過在我們越過這座山、找到各位需要的 12 件利器(註3)之前，我們得先打破三大謊言，請花幾分鐘時間認識認識它們吧。這三大謊言（以及伴隨而來的迷思）皆深具破壞性、徒然製造混亂。我希望大家能看清它們的真面目，絕對不可讓它們橫阻在你的進步道路上。

三大謊言：地球上的破壞性力量

我走遍世界各地推廣塗鴉革命，越來越發現有三大謊言阻礙著我們。在成為聰明而強健的塗鴉革命者過程中，你也會在職場、在學校、在家裡遇到這三個謊言。所以我要預告各位這些謊言是什麼、以及你可以選擇哪些方式來回應。

謊言 #1：
我不可能學會畫畫。
我天生就不是這塊料。

我曾在本書第一章描述過這種成年人普遍罹患的「畫畫無能症」。對於那些把畫畫無能當成基因缺陷、用這種藉口來逃避學習圖像識讀的人，我要說：認為有些人天生遺傳了某些特質的假設是合理的，就像有些人吃進一籮筐的印度鬼椒也辣不死，有些人像狼人似的全身長滿體毛，有些人對花生米嚴重過敏到致命的程度。但沒有任何人是天生就不會畫畫，也絕對沒有任何人因為基因缺陷而罹患塗鴉無能症。我們的大腦就像高大強健、開枝散葉的葡萄樹，可包覆住幾乎任何我們打算學習的技能。不管你從老媽那裡接收了哪些基因缺陷，都無法阻止這棵葡萄樹持續生長茁壯。不過當我聽到有人拿遺傳當藉口時，對方真正要說的通常是謊言二。

謊言 #2：
塗鴉太反智，不適合領導者或嚴肅的思考者。

這個謊言涉及我所謂的「透明偏見」。它之所以透明，是因為大部分人並未意識到他們懷有這種迷思，然而他們的行為與言語對話卻出賣了主人。本書稍早曾提過這一點，但以為塗鴉與畫畫毫無智識成分的誤解實在過於普遍（高等教育和新聞媒體是兩大罪魁禍首），所以我得再次將它解釋清楚，先幫各位打好預防針。新聞界若是拍到全國性或世界性領導人塗鴉，肯定會在報導中夾帶「逮到你了」的暗示，訓斥這些「重要人士」竟然在會議上幹些無關緊要的事。倘若有人質疑你，請你這麼回答：視覺語言，無論其形式是塗鴉、素描、或繪畫，皆有助於促進嚴肅的思考。就算是以最基本的視覺語言來理解或表達，也可刺激大腦的神經傳導路徑，讓我們從新的角度來思考。全球領袖說不定比一般人更需要塗鴉，因為他們經常處於資訊密度甚高的情境。如果有人要求你證明塗鴉如何啟發思考，你可推薦他們看看愛迪生、居禮夫人、前總統柯林頓、達文西、賈伯斯、比爾蓋茲、美國國父華盛頓、諾貝爾物理獎得主理查・費曼（Richard Feynman），以及歷年來幾乎所有對社會進步做出重大貢獻人物的筆記本。塗鴉是智性思考的最佳盟友，無論過去或以後。讓我們一起帶領大家擺脫謊言二的羈絆吧。

達沃斯塗鴉事件

2005年，全球頂尖領袖在瑞士達沃斯（Davos）「世界經濟論壇」齊聚一堂。他們來此討論全球流行病、容易開採的石油已然告罄、以及伊拉克面臨的危機等重大議題。記者會結束後，工作人員開始收拾現場，驚訝地發現了時任英國首相布萊爾（Tony Blair）的一張塗鴉；消息傳開後還引起一陣不小的波瀾。

這張塗鴉曝光後，幾名筆跡鑑定專家對它進行了精神分析，根據上頭的筆跡推測布萊爾的心理狀態。他們從分析斷定布萊爾的性格「具有侵略性」、「不穩定」、「混亂無序」、甚至「自大浮誇」。他受到束縛，執迷於陽具象徵，說不定根本不應該成為國家領導人。

當這些七嘴八舌終於暫告段落，沒人預料到的真相隨之登場。那張塗鴉根本不是布萊爾畫的，它的真正主人恰恰是微軟創辦人暨億萬富翁比爾·蓋茲。這會兒大家當然要回頭看看之前鬼扯的結論，而筆跡學到底算不算是偽科學的老問題也被重新搬上檯面。從本書的角度來說，這個警世故事帶給布萊爾與蓋茲的教訓是：小心你們的塗鴉，紳士們，因為大家正盯著你們看呢。

現下有沒有塗鴉高手常躲著不出櫃呢？或許我們可將這次事件稱為「布萊爾門」。

謊言 #3:
運用視覺語言
屬於「真正」藝術家的專利

你聽過這個謊言，說不定你自己也說過幾次。但要爭論有些人究竟算不算是「真正的」藝術家，就跟辯論政黨政治一樣煩人。老實說，我對這類爭辯一點興趣也沒有，因為我跟塗鴉革命者都無意參與其中。就把這個棘手問題交給藝術學院的研究生吧。塗鴉革命者是來解決問題，並強化我們從事學習、拋掉過去所學、再度重新學習的能力，同時讓好事得以發生。我們根本不打算花時間當什麼藝術家。我們之所以必須這樣做，理由可能會讓你聽了大為光火，但請先冷靜聽我說，因為你有必要明白其中道理。接下來要請各位進行深入思考，這將是塗鴉革命者的轉捩點。

視覺語言
不等於
藝術

沒錯，在下就是要這麼說。視覺語言真的並非藝術的同義詞。在塗鴉革命的世界，區分這兩者至關重要。假如你討厭這個想法，請暫時克制你的反感，容我解釋它的實用性與目的性。我們的大腦得先能夠分隔「視覺語言」及「藝術」的迴路，然後我們才能再回到這兩種迴路重疊的世界；儘管過程可能讓你躊躇不決。現在就讓我們先斷然區分這兩者吧。

視覺語言 ≠ 藝術

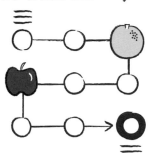

　　視覺語言包含了文字、意象和形貌，用以溝通、理解、以及／或者創新一個觀念。藝術能否也運用文字、意象和形貌做到這一點？當然可以。但把視覺語言和藝術看成同一回事會導致大問題，甚至造成資訊塗鴉完全無法進行。若我們認為視覺語言等同於藝術，我們將突然陷入關於藝術的種種信念，使得我們在投入資訊塗鴉前便縮手不前、或是對它的目的感到迷惑。假如大家都相信塗鴉或畫畫必須夠吸引人、或是展現出某種有價值的才華，那麼塗鴉革命現在就可以偃旗息鼓了。

　　為了進一步解釋清楚，我想簡單地探討大家對藝術抱持著哪些信念，然後再讓這些信念與資訊塗鴉完全脫鉤。

貽誤信念 #1:
藝術是奢侈品。
對應觀點：視覺語言並非奢侈品。

　　預算不夠的時候，首先被剔除的是什麼？藝術。父母最不希望孩子成為什麼人？藝術家。在可預見的未來，公司預算表的借貸項中絕對不會出現的是什麼？藝術。你看出我的意思了吧。假如大家認為視覺語言就是藝術，那麼前者就永無出頭的一日了，既不會出現在學校裡，也不會出現在政府辦公室或企業之內。許多將組織機構運作得十分有效率的人，認為藝術至多就是奢侈的消耗品，有時甚至根本是膚淺無聊的玩意兒；無論他們有沒有說出這些真心話。首席執行長不會冒著被董事會炒魷魚的風險，堅持為辦公室注入藝術氣息。對非社會型的企業領袖來說，透過藝術形式表現的創意對經營公司這項苦差事派不上什麼用場。

　　有鑑於上述現實，塗鴉革命者不會將視覺語言等同於藝術。否則我們的創作都得跟其他奢侈的藝術消耗品一起人間蒸發了，就因為大家認定它們除了用來裝飾大廳，在職場上毫無用處。絕對不可拿視覺語言與藝術互相比較，因為資訊塗鴉與圖像思考都不是奢侈品。它們是任何需要思考的情境都應該具備的必須技巧，組織甚至應該為之編列預算。

貽誤信念 #2:
藝術屬於「真正的」藝術家。
對應觀點：視覺語言屬於每個人。

　　太多人拿這項信念來質疑我了，但沒有冒險哪來的革命？我們得設法繞過這項信念造成的巨大阻礙，否則我們的圖像識別之路永無達成目標的一天。

世界各地有許多人相信「藝術」及「藝術家」的名號，應該特別保留給那些努力贏得這項頭銜的人。我不時聽到有人說某某某並非「真正的」藝術家，充其量不過是個山寨藝術家。我們往往吝於給予別人「藝術家」的評價，即使我們大可從眾多「藝術家」標準中挑出任何一個來套用在對方身上。

美國極簡主義雕塑家理察‧塞拉（Richard Serra）甚至曾對知名建築師法蘭克‧蓋瑞（Frank Gehry，古根漢美術館的設計者）說，他認為建築是水電工程，不算是藝術。嘖嘖嘖，我們這些卑微的奴隸竟然也想用兒童美術用品表達自我？情況擺明了，我們絕對無法與藝術家媲美，所以我們最好收拾收拾數字彩繪本打包回家吧。千萬別聽信這種話！我們的革命目標就是要鼓勵大家塗鴉、素描、描繪雛形、畫畫，絕不容許任何趾高氣昂的藝術菁英喝止他們認為作品不夠優秀的人。藝術世界，你們聽好了！塗鴉革命者不需要得到你們的准許，也用不著做出絕妙、美麗或甚至像樣的作品。我們需要的是凌亂潦草、有助於強化思考的塗鴉。無論你們再怎麼嗤之以鼻，都不會改變這項事實。

雖然我沒辦法扭轉藝術專屬於菁英這個普遍流行的看法，但我絕對能帶領革命者擺脫這種觀念的束縛。在塗鴉革命的領域，視覺語言屬於全體大眾，任何人皆可享用，包括那些怎樣都算不上是藝術家的人。

貽誤信念 #3:
藝術是繆思女神賜予靈感的結晶。

對應觀點：視覺語言是辛勤工作的結晶。

我們深深相信藝術創作能力是上天的贈予，就像我們深深相信靈感是腦海內突如其來的一道閃光。藝術與創意被我們看成神秘的野獸、或神話中的繆思。但這兩種看法都是錯的。創意與藝術就和其他有價值的事物一樣，需要我們投入辛勤工作。我們吸收資訊、把這些資訊在腦海裡鼓搗一番，將之重新混和、加以轉換、創造出驚奇；而創意與藝術就在這個持續進行的過程中逐漸浮現。倘若你相信藝術來自神靈指點，你當然就不會為它付出什麼努力了。回過頭來說，如果你也認為視覺語言等同於藝術，那麼上述想法便顯得更加有害。當藝術是天外飛來的靈感、而視覺語言等同於藝術，誰還願意努力嘗試、認真學習呢？既然上帝沒在我們耳邊低語，看來我們還是當個會計人員就好，把塗鴉、素描這種事留給神的選民吧。

這種想法完全大錯特錯[註4]，部分原因在於它的理解有誤，另一部份原因是資訊塗鴉與藝術之間有許多特性上的差異。

資訊塗鴉與藝術之間的特性差異
資訊塗鴉的目的不在於表達情感。

資訊塗鴉追求的往往是智識上的開發、以及想像力的開拓。它在職場與學校的實際應用並不是為了激發或處理內在情感。資訊塗鴉者協助我們理解並非由我們自己所選擇的內容，所以涉及內在情感的機會其

實相當低。

個人型與展演型資訊塗鴉者吸收資訊後，將之轉化為容易記憶、理路清晰的圖像呈現。團體型資訊塗鴉者的任務則在於協助推展團隊目標。倘若這三種塗鴉者要處理的內容皆帶有情感色彩，那麼他們確實可以表現出情緒。但他們的目的通常不在於釋放、激發、或挖掘情緒性資訊，而是捕捉資訊精髓、並將它展現出來。他們要學習與教導，而非表現情感。

資訊塗鴉不以個人的自我表達為重心。

多虧了神奇的網際網路，我們現在可以親眼看到大批資訊塗鴉者活躍於人群之中。任何結合了文字、形貌和意象的人都可被稱為資訊塗鴉者，但我想特別指出革命隊伍中的閃耀明星。塗鴉革命者會在學校、政府機構、商務場合中，將這些機構的目標與價值之相關內容做視覺化呈現，因而為塗鴉建立了正當性。資訊塗鴉者在工作與學習場所中發揮功能，為自己與其他身處其中的人提供服務。資訊塗鴉者磨練技巧不是為了創造自我表達的作品、或呈現只對自己有意義的資訊，雖然這項主張也並非絕對不變。譬如有些人會透過資訊塗鴉的方式呈現家族史；這項工作對他自己來說很重要，而且可能只有他自己看得懂。學校、商場、或政府當局通常對個人的自我表達沒興趣，除非它背後有更大的目標與策略。所以塗鴉革命將重心從自我表達、轉移至群體利益，正是因為這麼做可提升我們在體制中的價值，使我們與更多觀眾產生情境上的關連，同時讓塗鴉大軍的陣容日益茁壯。

資訊塗鴉不提供模稜兩可、任由觀眾解讀的開放詮釋空間

資訊塗鴉者的主要目標，是將討論內容做出為明確清晰的呈現。你必須一直畫到自己與團隊成員把想要瞭解的都弄清楚為止，讓每個人腦子裡的燈泡點亮，一切突然間變得有其道理。我們希望把利益共享者拉到同一邊，將彼此的想法調校至同步，如此一來數據變得清晰、行動得以落實、決策也能浮上檯面。和許多藝術作品相反，資訊塗鴉者並不希望他們的創作有開放性的詮釋空間。個人對藝術的主觀見解可天馬行空地馳騁在開闊空間，但資訊塗鴉希望它所呈現的事實，能夠以盡量貼近原意的方式被觀眾理解。

資訊塗鴉旨不在於創造美麗或典範事物

資訊塗鴉是可以產生令人讚嘆的作品，但美感通常只是額外紅利。資訊塗鴉真正的重點在於催生成果、驅策眾人朝目標前進、革新產品及服務、協助大家理解與思考。這些都與藝術的傳統目的截然不同。資訊塗鴉雖然能產生讓人驚艷、甚至愉悅的作品，但如果塗鴉者絕對不可捨本逐末，為了視覺美感而忘卻這項重點：無論畫得有多醜，能夠達成目的就是好的資訊塗鴉。

貽誤信念 #4：
藝術與痛苦是孿生兄弟，藝術家免不了有精神病、毒癮、飢餓、以及/或者破碎的人際關係。

對應觀點：視覺語言不會傷害任何人。

　　小說家伊莉莎白‧吉兒伯特（Elizabeth Gilbert）在 2009 年的 TED 大會演說中指出，她發現「藝術等同於磨難」的迷思有個糟糕透頂的地方：「這種觀念在過去五百年來，扼殺了我們的藝術家。」吉兒伯特說道：「我們全都徹底內化了這個觀念，深信創造力與磨難天生就是孿生兄弟，所以藝術終究會導致絕大痛苦。」她說到這裡停了一下，稍微醞釀氣氛，然後問現場觀眾：「這種想法你們都能夠接受嗎？」

　　我希望塗鴉革命者對她的問題大聲說不。上述偏見硬生生地阻礙了圖像識讀在文化上的接受度。假如大家把視覺語言和藝術看成是同一掛的，那麼許多人也會認為視覺語言將導致痛苦、或是從痛苦中產生；甚至覺得視覺語言過於戲劇化，不是要搞得很苦惱、就是得表現出狂喜。這些想像都無助於鼓勵大家將視覺語言運用在職場或一般課堂上。無論你喜不喜歡、或這件事有沒有道理，假如資訊塗鴉和藝術被牽扯得太近，大家就會掉頭離去。所以我要最後一次強調，為了追求圖像識讀能力，請切記——

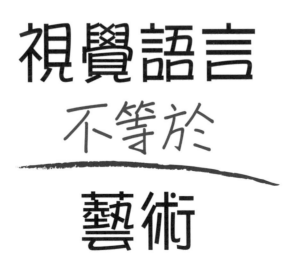

資訊塗鴉評量表

下方有個類似本書第三章的表格。既然各位已透過上述說明稍微扭轉了自己的觀念（就算還沒做到也沒關係），接下來不妨花幾分鐘時間來轉移你的注意力、完成下方的評量表吧。假如表中有任何類別或技巧你不太明白，可以先空著別填，等到你讀完本章後面的內容再回過頭來勾選。我們的目標是要讓各位掌握自己的學習進度，所以本章將灌輸資訊塗鴉的基礎，好讓你們能學會如何將它實際運用。準備好了嗎？開始吧。

資訊塗鴉評量表	絕對不可能	寧可不要	我辦得到	我還挺有興趣	我超愛的
擅長寫潦草的字 字跡只要能看得出在寫什麼就行了。					
原諒自己的字詞錯誤 一笑置之，繼續進行，並且理解到沒有人是國字天才。					
相信資訊塗鴉不等於藝術 你知道資訊塗鴉根本不需要「藝術」加持。					
善用字型排列 為增進溝通而巧用字型。					
用文字畫塗鴉 用圖像來創作文字。					
以想像的比喻來展示觀念 靠著你的想像來找出雙方都能理解的詮釋概念方式。					

（接下頁）

（接上頁）

資訊塗鴉 評量表	絕對 不可能	寧可 不要	我辦 得到	我還挺 有興趣	我超 愛的
○ 畫出陰影與明暗 為物體勾勒出數量與規模。					
○ 適當地運用顏色 透過顏色來強調重點與意義。					
○ 呈現不同資訊間的關係 鋪陳互動與相互指涉關係的 類型。					
○ 辨別重要內容 篩除冗言贅字、鎖定真正重 要的。					
○ 即時從口語內容中擷取精華* 當場將對談內容的核心做成 正確無誤的筆記。					

* 這一項與非現場的個人型資訊塗鴉無關。

　　在你被它們的難度嚇到之前，請記得這每一項技巧都是學得來的，無論你現在自認為能力有多差。我自己就是從菜鳥起步，所以我知道各位大有發展潛力的空間。我也知道如果你繼續努力下去，肯定會被自己的進步嚇一大跳。

　　在各位繼續往下讀之前，我想先強調學習資訊塗鴉的理由。為什麼我希望你們學會如何將言語和數字做視覺化呈現？為什麼不能按照慣例列張清單，在課堂上或會議中隨便做個筆記就行了？（大家的筆記都做得不怎麼樣，不是只有你做得很爛。）

條列清單與一般筆記：
為什麼他們當不了塗鴉革命者？

請告訴我，下面這張圖有什麼問題

請寫出你的五項觀察，說明這種筆記有哪些不夠好的地方。請將你的看法寫在下方（列個清單吧！我最喜歡反諷法了）然後我們再一起討論。

對爛筆記的五項觀察

1. _____

2. _____

3. _____

4. _____

5. _____

塗鴉革命者不喜歡這種筆記，而我也不打算讓你們留在原地抓瞎。所以我們先來大致看看，九成五的一般筆記是怎樣共謀把大家的腦子弄迷糊吧。我敢說一般筆記應該「期待」它們有以下特質：(註5)

1. 不只一種顏色。「單色調」（monotone）的英文字源來自「千篇一律」（monotonous），意思等同於「無聊得令人毫無印象」。

2. 可辨識的圖像。前頁的例子一棵樹也沒有，只有密密麻麻的文字森林。

3. 圖示與意象。以剛剛的樹為例。

4. 字體塗鴉、字母畫塗鴉。文字也可以改造成令人記憶深刻的圖像。

5. 凸顯相對重要性及應予強調之處。在上述文字中哪些是最重要的？要怎樣才能讓大家一眼就看明白？

6. 空間與關係上的聯繫。不用金字塔該如何呈現上下階級？要描述源頭分支還有比樹狀圖更好用的嗎？凡事都與其他事物有某種相互關連。

7. 創造三度空間。紙上可躍出一個世界，在我們敞開心時抓住我們的注意力。

8. 想像的內容可支持、強化分析性內容。一個點子會激發另一個點子。靈感來的時候，何不讓創意想法激發其他想法？

9. 完整或完形。事物全貌會淹沒在要命的細節中。

10. 效率。倘若你要找特定答案，一般筆記會讓你找到地老天荒。這對任何人來說都是浪費時間，尤其是忙碌的雇員或學生。

11. 配合大腦結構。我們的大腦在接觸單調的線性內容時會進入半催眠狀態。視覺化筆記有彩色的多樣呈現，不但吻合大腦的生理結構，也可讓大腦從昏睡中醒過來。

我敢說你並非以上每一項都同意。倘若筆記多少有些用處，或許我們就不需要如此執著於學習資訊塗鴉技巧了。但我們現在為了學習而擷取、呈現資訊的方式實在太不牢靠，甚至還造成恍神。各位有沒有聽說過，東尼‧博贊（Tony Buzan）研究過世界各地的學生，詢問他們做筆記讓他們聯想到什麼詞彙，而以下是他得到的回答？(註6)

無聊
懲罰
沮喪
害怕
浪費時間
僵化
失敗

唉呀，快打電話給塗鴉革命者！我們需要向前跨越一大步，首站就從手寫字出發吧。

擅長寫潦草的手寫字

　　無論我在什麼地方教導資訊塗鴉，總是會有人擔心他們寫的字太醜或太潦草。他們不只擔心團隊成員看不懂他們的字，許多人就連自己的筆記在寫什麼都看不懂。所以你可以想像，他們會有這種焦慮也是理所當然。畢竟，假如你的任務是要展示、分享資訊，那麼別人一定要看得懂才行。以下幾個訣竅教你如何寫出旁人可解的潦草字：

#1 慢 ..... 下 .... 來

　　寫的時候，不要想跟上講者說話的速度。這根本是人力不可及的任務，還會讓你的字跡變成鬼畫符。建議你先深呼吸幾口氣，然後從演說內容中抓重點。你應該掌握講者要強調的內容，而不是把對方說的每個字都聽進去；否則你會急出一身汗，而且還覺得自己很笨。就容許自己放掉五成左右的內容吧，態度從容些。寫字的速度放慢，字跡自然會變得比較清晰。

#2 站起來，字型寫得大一些

　　在掛圖或白板前站著寫字，會運用到比較多的肩膀、手腕、以及雙手肌肉。如此一來，我們將可創造更多肌肉記憶。不妨練習用更多身體部位來寫一個好看的「A」，你的肌肉會記住它的樣子。一旦這個記憶被肌肉記錄下來，你就可以將它縮小比例寫在紙上。以較大的字型來塗鴉能夠提高可見性和控制力。我開始站著寫字後，字跡就有了長足的進步。假如你問任何經常使用黑板或白板（或互動式電子白板）的老師，他們的字跡是否因此而變得更清晰，我敢說答案必然是肯定的。這是因為鍛鍊細部肌肉控制能夠、也確實帶來回報。

#3 依照 特定 字體來練習寫字

　　以英文字母來說，你可以試試 Helvetica 或 Garamond 這兩種字體。若你覺得字型太小，感覺不太對勁，那麼就把這種字體的英文字母放大影印，直到這些字母看起來像圖片。人類大腦會把字母看成圖案，所以如果放大來看，你會開始看到一個字的外形，大腦的視覺區同時也會對它的樣子形成記憶。這麼做可提升你對字母外形的控制程度，既然你可能沒什麼時間精雕細琢你的手寫筆跡（誰有這閒工夫呢？）光是多花點心思，你就一定能看到自己的字跡大有長進。只要稍加練習，依照特定字體來寫字就像練習高爾夫球揮杆動作，在良好基礎上（譬如 Times New Roman 字體）一再重複便能增加功力。

#4 STOP 停止嘗試

假如你已經試驗過上述三個訣竅，到最後仍相信自己的一手鬼畫符已經無可救藥，那麼請停止嘗試吧。停留在那裡就行了。你不可能什麼事都做得好，而且你也可以把重心放在其他有助於資訊塗鴉的層面，譬如什麼呢？字體、字母畫、形貌、圖示、意象、圖解，這些都會派上用場。再說，別忘了資訊塗鴉常常是集體創作，對自己的能力極限有自知之明才可讓你在需要時向他人求援（例如請別人來負責寫字）。你大可用其他方面的天分來贏得讚嘆。

拼字錯誤：
塗鴉革命者毋須為此恐慌

跟手寫字恐懼症一樣，拼字恐懼症也會發生在資訊塗鴉中。不少人受邀參與示意圖和圖解的共同創作時退避三舍，怕的就是他們的英文拼字能力見光死。所以，繪製展演型塗鴉的時候，以下是三項你應該牢記的告誡：

告誡 #1：其他人也不是拼字天才
（尤其在英文方面）。（註7）

這年頭能正確拼字的人似乎越來越少了。千禧年世代似乎不再需要說出完整的詞彙或句子，取而代之的是 "No1s hm l8r? WDYMBT"（待會兒沒人在家？你這話什麼意思）這種縮寫。（註8）嘻哈文化則把子音當作感染了病毒似的（註9）。這使得拼字自動校正功能大行其道，母音在網路世代被輕忽到彷彿路邊發臭的乞丐。所以囉，假如你沒辦法在第一次就把每個字都拼對（或

甚至每次都拼錯），也用不著跟自己過不去。你要相信我說的，觀眾本身亦非拼字高手，有些人則是拿不出勇氣在眾人面前獻醜。進行資訊塗鴉的時候，你有兩個方式來處理拼字問題：

1. 想不出某個字怎麼拼的時候，不妨直接問問身邊的人。既然你很有可能是和其他人一起做資訊塗鴉，你大可傾身一問：「暴躁好鬥（cantankerous）的英文字怎麼拼？」假如對方幫得上忙，他也會為自己感到高興。

2. 遇到拼不出來的字，先寫出開頭的兩三個字母，然後上網查詢。你或身邊的人應該會有智慧型手機，所以你不妨上「讓我幫您 Google 您要的那樣東西」（lmgtfy.com）搜尋網站。（註10）製作資訊塗鴉時，你不需要記錄現場完整的對話內容，只要給自己一個文本提示、方便稍後再回頭就行了（你也可以用小圖來當視覺提示，讓自己對某個字建立記憶）。查詢過那個字之後（或像我一樣重複寫個幾次，直到看起來對

勁為止），就回來把那個字寫在資訊塗鴉圖上，完成你的任務。這麼做就沒人會因為一個字拼不出來而當場昏倒。

告誡 #2：說母語的人辨識能力勝過你的想像。

說母語的人對拼錯的字詞或用語，即使錯得一塌糊塗，理解能力仍往往超乎意外的好。這是因為我們透過上下文來推測真正的含意，而且大腦天生就有抓重點的能力，只要文法結構和字母順序不至於太離譜。總而言之你的拼字不必完美無誤，大家還是有可能看得懂。

告誡 #3：拼字能力與智力無關

換個方式來說，拼字才華與智商之間沒有可預測的關連。[註11] 拼字能力（或無能）和任何一般心智能力都沒有太大關係。倘若有任何人跟你說它們是相關的（相信我，你一定會遇到提出這種暗示的人），請立刻叫這個人來找我。他們根本不知道自己在胡說什麼。

如果你對於在團體中展現拼字技巧感到不自在（對，因為他們會糾正你、揶揄你、或產生具優越感的想法），請回顧以上三項告誡。然後做個深呼吸，接受塗鴉革命必然得經歷許多挑戰的現實，但拼錯字絕對算不上是什麼大問題。

進入資訊塗鴉世界：
革命性視覺化呈現的 12 項基礎利器

利器 #1、#2、#3：文字編排、字型、字母畫

各位藝術門外漢，請不要看到「文字編排」就嚇壞了。雖然它聽起來好像很偉大，但我無意在塗鴉革命鼓吹大家接受專業級的視覺設計教育。我們會簡化這些設計，直到它看起來簡直像小孩子塗鴉。既然任何資訊塗鴉都會牽涉到文字，我們何不試著發掘文字編排、字型和字母畫的可能性，藉此為你的作品添加視覺化元素。你可能會驚訝地發現，有些沒法把字跡寫清楚的人卻很擅長上述三種設計，因為他們得以展現出其他的技巧。不過，在各位深入探索資訊塗鴉的這些元素之前，我們不妨先為它們下個定義吧。

設計 #1: 文字編排

文字編排涉及文字在空間中的安排，藉此影響觀者的視覺感受與表達意涵。所以文字編排要考慮到的有字體選擇、字型大小、每行長度、行距[註12]、特定字母的合宜距離[註13]、以及每個字母之間的平均距離[註14]。你可以透過控制這些組成元素來影響觀者如何詮釋、接受你的訊息。即使欠缺視覺意象的有效輔助，文字本身仍可為你提供許多強化資訊塗鴉的選擇。

以下是如何「僅憑文字編排來改變意義、重點、以及情緒的範例。」你可以從中看出，光是變化字母的排列就足以讓觀者聯想到字詞的真正意義。即使不用任何圖示或意象，資訊也能因此變得更具認知上的深度。

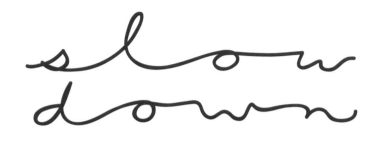

慢下來

壓垮 競爭對手

這項訊息 亂七八糟

我要建議對自己字跡不滿意的人，練習文字編排時不妨試試先前學過的幾招：站起來，放慢速度、字寫得大些。這些技巧也有助於你體會加大動作如何使你的字跡變得更清晰。

　　無論你喜歡動手寫字與否，這段章節的目標是希望讓每個學習者瞭解，僅僅改變字母的編排便可讓更多有意義的資訊得到吸收。資訊塗鴉在這方面提供了無窮的機會，我們不妨稱之為字裡行間的閱讀吧。接下來請你親自試試，下方的空欄內有四個句子，要請你加上文字編排。你可以先從距離變化著手，看看字母距離如何影響意義。

I feel two inches tall.
我覺得被貶低。

Togetherness is beautiful.
能在一起感覺真美好。

別煩我。
Leave me alone.

她有個大大的夢想。
Her dream is expansive.

我希望這對你來説不會太棘手。文字編排或許不是全世界最容易上手的技巧，尤其當你比較熱衷於品質保障或數據分析時。但至少現在你多了一項工具，需要時可隨時運用。在你的未來，這項技巧絕對會有派上用場的時候。

設計 #2：字型

FONTS
FONTS
FONTS
FONTS
FONTS

字型和字體的意義差不多，是文字編排研究下的一門分類，皆代表擁有共同設計特色的一套字母。現存的字型已有成千上萬種，而且每天都還有新的設計問世。字型的美妙之處在於它們提供了許多選擇，可為你的資訊塗鴉添增光彩及風味。它們也救了那些對學習繪畫不那麼感興趣的人，即使他們大可用最簡單的方式來畫。這是因為字型可為枯燥的字注入豐富意義，而塗鴉者也不必再為了展現「優秀」畫作或字跡而飽受心理掙扎。

你可能會問，字型要如何傳達意義？這麼説吧，意義有個巧門：我們會自動在任何地方找到它。人類是意義製造機，會不斷在生活中尋找、發掘意義。我們為所有的訊號，包括視覺訊號，都注入某種意義。所以千變萬化的字型正可以作為承載意義的工具，既然我們能夠為字型結構添加外形、尺度、色彩、材質、以及意象，展現出任何我們想傳達的訊息。為了闡明這一點，以下提供幾個範例。

戰爭 WAR

lovely lady 窈窕淑女

機器人 ROBOT

挑戰性目標 STRETCH GOAL

SHARP MINDS 敏銳頭腦

你可以看到，字型可為觀者創造情緒及隱喻內涵。「戰爭」這兩個字顏色濃黑，字型堅實無彈性，符合我們對印在軍隊制服與裝備上的字之共同印象。「窈窕淑女」則線條柔軟、如波浪般起伏、看起來頗為輕快，引發我們對女性特質的諸多聯想，包括撫慰與柔順的天性。[註15]「機器人」看起來直截了當，很有機械化的感覺，而且讓我們想起數位鐘錶上的數字。「挑戰性目標」看起來像拉長的橡皮筋，具備彈性、可由粗變細，暗示著我們尚未達到目的地。最後一個「敏銳頭腦」字體邊緣如刀刃，有助於我們體會詞義背後的隱喻。這些聯想都是當場就自動發生的，所以你有的是各種字型來設計你的資訊塗鴉。你甚至可以不用到任何圖像，仍讓觀者感覺到他是在「看」，而不是在「讀」。對於沒興趣開發素描或繪畫能力的人來説（雖然，讀完本書後你絕對會衷心擁抱這項能力），好好研究字型的運用及變化將是個不錯的選擇。

雖然我們現在談的是字型，另外有個方面或許也值得一提。目前已有證據顯示所謂的性格字型，亦即足可被視為非標準的特色字型，確實有助於學生的學習。(註16) 在一份針對 220 名美國高中學生的研究中，受測學生必須學習多種科目的資訊（包括英文、物理、歷史、以及化學）。研究結果發現學生複習以「閱讀起來不流暢」字型呈現的資訊，考試成績竟優於「閱讀起來流暢」的字型。

研究者推斷，這是因為非標準字型提供了他們所謂「有益的困難」（desirable difficulty），因而提升了學生的專注力與記憶力。我知道這對你和所有討厭 Comic Sans 字體的人來說恐怕是個壞消息(註17)，但事實就是如此。「性格字型」好處多多，所以請盡情在資訊塗鴉揮灑各種字型吧。講到專注力與記憶力，你展示作品的成年對象就跟高中生沒什麼兩樣。現在就從下面這四句話開始練習吧。

Love is a hurricane.
愛是龍捲風。

That strategy is bonkers.
那項策略太瘋狂了。

目前出現成長趨勢。
The trend is toward growth.

別抗拒你的感覺。
Don't fight the feeling.

設計 #3: 字母畫　Word PICTURES　1977

本書第二章解釋了三種文字塗鴉類型時，已稍微談到「字母畫」。現在我們不妨做更進一步的探討，徹底檢視它們能帶來哪些可能性。還記得先前說過，字母畫就是用圖像、或任何可資辨識的物體來塑造字母？它也可以是用圖像來裝飾，讓整個字詞彷彿一張畫。字母畫與字型的不同之處在於前者若非有裝飾性圖像，就是以特定意象來展示個別字母。字母畫彷如小頑童，可為你的資訊塗鴉帶來不少活力。字母畫的挑戰在於想出哪些字適合做成字母畫，以及決定採用哪些圖像和怎樣的構圖來呈現。除了這些挑戰，字母畫也能為初學者帶來些許寬慰。有些塗鴉菜鳥在字母畫之中尋找安全感，因為它們的作用有如橋樑，兩端銜接了文字與圖像，而且不必費心於怎樣才能畫得夠逼真。對於不欣賞自己筆跡的人來說，字母畫是個友善的工具，可用來創作以核心視覺概念為主、不需要寫一堆字的資訊塗鴉。字母畫也適合還沒準備好認真學畫，但仍希望將視覺元素融入作品中的人。

　　字母畫大部分用於名詞，所以它們自然比較適合以圖像、而非以抽象概念來表達（我們稍後將學習如何做這一類的視覺化）。確實，通常用來構成字母的圖像，會與字義本身有直接關連。譬如：

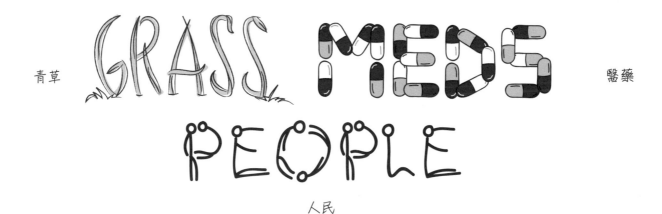

青草　GRASS　MEDS　醫藥

PEOPLE

人民

　　相信各位已經歸納出一個心得，那就是字母畫可以簡單、也可以複雜，而且它們體現了塗鴉革命的本質：文字與圖像的巧妙融合。因此，創作者與觀者對於文字所要表達的內涵有了更全面的體驗。它們在訴說的同時，也讓你用眼睛理解。現在輪到各位來試試了。

咖啡豆
coffee bean
$\longrightarrow$

供應鍊
supply chain
$\longrightarrow$

戰鬥機
fighter jet
$\longrightarrow$

管理
management
$\longrightarrow$

社群媒體
social media
$\longrightarrow$

以「想像的比喻」呈現抽象概念

在我教導資訊塗鴉（無論是個人型、展演型、或團體型）時，總會遇到學員詢問如何將抽象概念視覺化。我記得很清楚，一開始我對於這該怎麼做其實也很迷惑。我們究竟該如何描繪一個無法建立在真實事物上的概念？我們要如何將「公正」、「策略」這些名詞，或「鬆脆」、「頤指氣使」這些形容詞加以形象化？愛、快樂、和平、無窮等抽象概念已經有了專屬圖像，毋須我們再費心，但其他無法直接指涉任何物件或圖像的語詞該如何化為具體意象？一些高度概念化的詞語如「失敗」和「超越性」又該如何視覺化？過去我會使出渾身解數設法回答這個問題，但現在我知道許多學生就跟我當時一樣，不過是在庸人自擾。

還記得本書先前提出的一些想法吧：(1) 臉孔無處不在，(2) 拼錯字無所謂，(3) 意義俯拾皆是。這三個想法可串成一句話：我們天生就想要在事物之間建立關連。我們會在零碎的訊息中尋找相關性，好讓自己覺得我們活在一個能夠辨識、令人安心的世界，而不是在荒野中跟蹌前進，對眼前一無所知、什麼也不懂。我們將曾經有過的經歷編成故事來告訴自己，冀望一切事物的背後都有個道理。正是上述這種人類行為模式，最終讓我們變得擅於將抽象概念加以想像、視覺化。

抽象概念的塗鴉作法如下。請先想像你正在參與集體資訊塗鴉，而你的任務是要將講者正在說的話挑出重點、簡單畫下來，好讓其他團隊成員能夠根據你的塗鴉更有效率地制訂計畫。你已經知道主題是什麼，因為你是團隊的一員，而且你知道現場可能會浮現哪些概念。你任職於公關公司，而這場會議要腦力激盪的是如何針對某位民代進行遊說工作。會議中出現了哪些名詞？「策略」、「選民」、「選舉週期」、「性醜聞」、「募款」。你身為資訊塗鴉者，任務是要將這些概念以視覺結合文本的形式呈現出來，藉此促進會議成效。寫出文本沒有問題，但視覺化部分就需要腦筋急轉彎了。

以「策略」為例，你畫了一個西洋棋的棋子，很好。「選民」挺容易，畫個手持選票的火柴人就行了。至於「選舉週期」？畫一圈箭頭，中間寫個代表選舉的英文字母 "e" 如何？這樣應該也可以。「性醜聞」，嗯……畫個小弟弟，然後在上面加禁止符號呢？在職場這樣做可不成。倘若換成代表醜聞的英文大寫字母 S，用紅色來表示呢？就這麼辦吧！最後，「募款」乾脆直接畫金錢符號吧，多簡單！以資訊塗鴉新鮮人來說，你幹得相當不賴。

你剛剛幹了什麼好事？你成功地透過塗鴉形式來想像、描繪出抽象概念。此外，其他參與者在不知不覺中認可了你畫的象徵語言。他們一方面看著你當場記錄對話訊息，同時也將個別意象連結至正確的字眼。這種時候，你甚至不必加上清晰的文字或圖說，你的塗鴉本身就已經表達得夠明白了。更重要的是，請各位回想一下我們稍早談過的原則：其他參與者本身也希望能從塗鴉中看出個道理。他們不希望自己的理解與別人差異過大，所以一個象徵圖案最好是每個人都有同樣詮釋，如此一來對話才能持續進行下去。從這個角度來看，他們和你是站在同一陣線。倘若你為「策略」這個詞彙畫了一艘戰艦，他們便會理解它代表著策略。但如果你為「選民」畫了一隻鞋，他們會丈二金剛摸不著頭腦（選民要穿鞋走路去投票所呀，懂了吧）。所以，大家對於你的塗鴉能有多少理解，其實是有限度的。若你畫了一個冰箱來代表「性醜聞」，你很可能會招致別人的質疑。不過當你為很難視覺化的概念塗鴉時，你會驚訝地發現其他人的接受度其實彈性相當大。為了強化各位對上述觀念的印象，請試試以下這個塗鴉遊戲。

我保證這個遊戲會很有趣。(註18) 你可以單獨、也可以跟一群人玩，但後者帶有競爭成分，會讓遊戲變得更刺激。團體版的玩法如下：遊戲的領導者隨興選出七至十個詞彙，讓每個人同時一起塗鴉；然後將碼錶設定為倒數十秒（重新玩的時候請記得恢復碼錶設定），告訴大家每一回合有十秒鐘時間，接著宣布他們要畫的第一個字。領導者會看到大家撓頭搔耳，嘻嘻哈哈，拚命想在時限內畫出指派的詞彙。時間到了之後，領導者要大家欣賞彼此創作，讓他們體會一個概念原來可以有那麼多種塗鴉方式來表達。除此之外，領導者指派的詞彙應該由簡而難，譬如從「領帶」和「枕頭」開始，難度逐漸升級到「輕佻」、「曖昧」。當要畫的字變得越來越抽象，遊戲參與者難免要哀嚎一番，但重頭戲這時才上場。最後，領導人在參與者中挑出一名「冠軍」，贈送最佳概念塗鴉獎。若有必要，這個寓教於樂的遊戲可多重複幾次（當我感覺到某個團體頗具幽默感，我會拋出「變態」這類影射性較強的詞彙）。

塗鴉遊戲：
限時

塗鴉

希望各位已瞭解到，針對某個概念所作的塗鴉（以及針對某個塗鴉而認知的概念）是彈性相當大的相互指涉過程。一只咖啡杯的意象可代表許多事：睡醒、警覺、早晨、咖啡因、藥物、工作、產業、農業、假期、放鬆、芳香、習慣、慣例。但顯然上述每個詞彙又可畫成咖啡杯之外的多種塗鴉。俗話說一張圖勝過千言萬語，但你現在知道「一個字也值上千張圖」了。

設計 #4：圖說

各位已經稍微擺脫了相信自己永遠無法描繪抽象概念的恐懼，但我想在此為你們提供另一個安全網：圖說。所謂圖說，就是一小段用來澄清意象的解釋性文字，譬如下方這個例子。

葛麗絲仍遲疑著，不知道是否要上公車。

奧斯卡獎導演暨作家艾洛·莫里斯（Errol Morris）[註19]曾針對圖說提出了有趣的觀察，正可為我的上述論點背書：「沒有圖說，沒有背景脈絡、沒有對某個意象的清楚認知……我完全無法道出一件攝影作品是真是假……沒有圖說的照片形同被剝除背景脈絡，在視覺上是毫無意義的。」或者，說得更簡單些：「沒有文字輔助的圖像可能是完全不具意義的。」[註20]

各位塗鴉革命志士們，這就是我們為何成為資訊塗鴉者的原因之一。這就是為什麼我們會結合文字與圖像，而非僅用文字或圖像。我們並不需要、也不希望全部用圖像來承載所有我們要表達的語意；但我們也無意讓文字來擔綱這一切重擔。只要加上圖說，亦即為圖像輔以簡短的文字說明，我們就能夠消弭模糊及誤解的可能，而各位可能還記得這正是我們的首要目標之一[註21]，也是我們能夠做出貢獻的地方。資訊塗鴉者知道如何將內容視覺化，在觀眾的大腦視覺區留下深刻印象；但我們也知道文字不可偏廢。我們大可兩者皆善加運用，讓它們相輔相成、相得益彰。鍛鍊這些技巧可讓我們將應該凸顯的資訊置於鎂光燈下。

圖說在資訊塗鴉世界究竟如何運作？其實你已經在本書中見證了，所以你知道我用圖說來釐清、進一步解釋我的塗鴉（雖然有時候是為了娛樂大家）。你也會在工作中運用到圖說，到時候你自然知道該怎麼做。一般人往往亟欲澄清己意、避免誤會；所以資訊塗鴉初學者若能善用圖說，他們在試著描繪概念時就會覺得比較有安全感。

朝資訊塗鴉專家努力的一路上，你可能會經常發現畫出來的圖像不如預期。也許你原本是想畫供應鏈，但最後成品看起來像蛇髮女妖梅杜莎的頭髮。你想畫失望的表情，結果卻比較像困惑的樣子。打算要畫的袋熊，成品怎麼看都根本是隻蜜獾。

袋熊
（暫時是這模樣）

遇到這種時候（而且這樣的時刻勢必會發生），你只要向自己或團體成員坦承能力不足就行了，然後再加上圖說。沒人會繼續狐疑你究竟想表達什麼。他們將主動發揮人類最擅長的結合意義與文字／圖像的能力。

設計 #5 & #6：連結符號與分離符號
C→O→N→N→E→C→T→O→R→S and
S/E/P/A/R/A/T/O/R/S

我們的知識大部分涉及關連性。世界萬物的相互關連如此綿密，任何資訊幾乎都不可能獨自存在、不與其他事物產生關連。[註22] 既然人類喜歡為知識創造意義以獲得理解，或許我們也該好好審視「諸事萬物的交互關連皆無法斷然切開」這句話。[註23]

無論這位思想家多麼有說服力地主張：嚴格來說我們無法將事物列成上下等級、加以分門別類或排出先後次序[註24]，但我發現人類其實正是透過上述嘗試來形成對事物的理解。雖然從這項觀點出發，帶領各位進入接下來的兩種設計：連結符號與分離符號，或許是太過哲學了。

為了畫出大家能看懂的資訊塗鴉，你一定會需要連結符號與分離符號。最簡單的形式就是畫一條直線，標示出不同資訊之間的關連或非相關性。你會在全世界任何一款心智圖軟體看到這些符號，也會在組織架構圖與資訊圖表看到它們。

塗鴉遊戲：
captions 圖說猜一猜

大部分的人都本能地知道，圖說會改變我們對一個意象或一張照片的認知。但如果我們為不同圖像加上個別圖說，我們便無從體驗上述的認知改變了。所以，這個塗鴉遊戲正可以幫助你透過實驗來吸收這項觀念。

請先在紙上畫一個方框，然後很快地在裡面畫個正在從事某種活動的火柴人，譬如蒔花弄草、跑步、跳舞、摔跤、拍拍小孩子的頭等等。想要的話，你也可以在背景畫出街道或自然景致。接著，請在方框下方寫一句話，描述畫中的人正在做什麼、為什麼要做。寫好之後，把這句話折到背面，然後把畫拿給別人看，請對方說出他們認為圖說應該是什麼。聽聽看有沒有人所說的接近你寫的圖說，同時想想看若別人對你的畫有不同詮釋，你自己對它的認知是否也會隨之改變。

這個遊戲還可以改用漫畫書或圖像小說。從書中挑出一頁，遮住對白的部分（可裁切或撕下便利貼來使用）。把遮住對白的這一頁影印給其他參與者，人數越多越好；然後請他們自己重新寫出對白。你會從中清楚看到文字與圖像多麼仰賴彼此來讓讀者一目了然。

連結符號與分離符號出現在族譜中，也出現在《連線》雜誌（Wired）的圖表中。從某方面來說，它們是資訊塗鴉的圖表基因，總會在某種時刻被用來明確表達精微觀點或複雜體系。幸好它們本身並不複雜，而且可以用許多種形式來表現。

連結符號與分離符號可粗可細，可加圓點或破折號，可以是方形或波浪形。連結符號或分離符號的視覺化甚至可以指涉其連結的本質，表明彼此關係、持續期間、力度大小、相互作用的類型。這兩種符號在職場上再實用不過，因為當你或其他團隊成員必須理解某個架構時，它們往往是形成這些架構的「骨幹」。

設計 #7：外框

外框設計起來超級簡單，簡直不費任何心力。它們不需要藝術天分，而且模樣就如你所想的：方形、圓形、矩形、雲朵、對話框、泡泡框等等。外框可將特定資訊濃縮在內，讓它有別於周遭文本中的其他資訊。你可以光用文字、外框和連結符號，就創作出相當老練的資訊塗鴉。外框與連結符號的結合能將個別元素從整套流程或體系中凸顯出來，呈現漂亮的資訊塗鴉。以下是一些運用外框的範例。

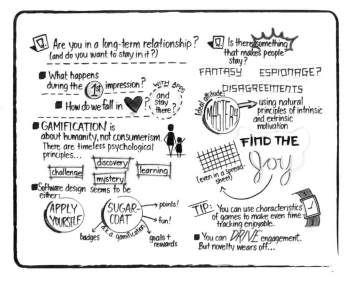

設計 #8：項目符號

難道是要在紙上射穿幾個大洞嗎？還是把 PowerPoint 簡報軟體轟到下跪求饒？用這個字來描述實際上是想協助大家的無害設計，未免太詭異。但事實已經造成，我們還是回歸正題吧。

倘若你從來沒學過畫臉孔或火柴人、沒學過描繪物體或景象、也沒學過字體塗鴉或字母畫塗鴉，而且你打從心底就厭惡連結符號，那麼拜託你行行好，至少用項目符號把內容表達清楚。

我們都知道項目符號是什麼東西、功能何在。它們以視覺化的形式，通常為圓形，將文字逐條釘在頁面上。項目符號可從文本抓出重心，避免我們迷失在文字障中；同時也讓大腦視覺區知道眼前的內容並非冗長句子，它其實是有條有理的。許多使用項目符號的文本為我們帶來寶貴知識，而且項目符號還有其他值得一提的絕妙特色。

幾乎任何形狀或圖像皆可用於項目符號。正由於它們沒有任何

我其實一直不太能接受「項目符號」（bullet，譯注：原英文字另有「子彈」之意）英文字背後的暴力色彩。

特定外觀要求，你大可加上色彩或陰影效果來做各種變化，不費吹灰之力就讓你的塗鴉顯得更有趣。有時候你的視覺化呈現會連結上某個主題、或者讓項目符號的外觀與企業品牌產生關連。舉例來說，假設有個團隊正在為美味貓食產品進行腦力激盪，那麼他們可能會選擇以貓掌作為項目符號。或者，假設我準備和行動支付公司「正方」（Square）合夥，我可能會把該公司的企業商標當成項目符號，既然這種聯想再自然不過。

請比較以下兩份表格。右邊的條列未使用任何項目符號，左邊則有千姿百態的項目符號塗鴉。哪一份是你希望在白板或投影片中看到的？（但我的意思可不是投影片最好塞滿項目符號）答案應該很明顯吧。一般來說，我們的眼睛會不自覺地注意動靜較多的事物，所以你應該把項目符號當成朋友，一個價值被稍嫌低估、能夠從文本中抓出重心的資訊塗鴉益友。

設計 #9 & #10：影子與陰影
SHADOWS
and
SHADING

我知道你可能在想什麼。當我提及「文字編排」時，你也有同樣的念頭。既然我們並不是在藝術或設計學院上課，請各位別冀望我會解析創作技法，包括物體的深度與體積。由於我本人就相當不擅長將物體畫出立體感，所以我不會對大家要求過多。但如果你有興趣，設計出影子與陰影可說相當重要，因為它們能為你的塗鴉增加深度與趣味性。

我要簡單問一個問題：「影子與陰影有什麼不同？」

有沒有人能回答？

有沒有人？

影子是直線光源被客體擋住時產生的黑暗區域。你可以想像自己在小巷裡遭遇攻擊，光源從歹徒背後照過來，被他身體擋住的部分形成了影子。

還是別這麼想好了。

不如想像週六下午五點，孩子們嘻嘻哈哈地跑過噴水器，斜陽在他們身後留下長長的影子。

對，這樣想好多了。

陰影和影子並不相同，前者的目的是為了創造出客體本身的深度感。我們會在物體的側邊，用黑暗程度不同的陰影來呈現三度空間。

我們之所以要注意影子及陰影，原因在於它們能勾起觀者的興趣，因為人腦天生就對深度很敏感。雖然你大可不必過份講究光影效果，但你仍可以用最基本的技巧來呈現影子與陰影，進而讓你的資訊塗鴉看起來更漂亮。以下圖例說明了影子與陰影之間的差異，各位可看到它們有多種呈現方式，而某些方式堪稱立即見效。(註 25)

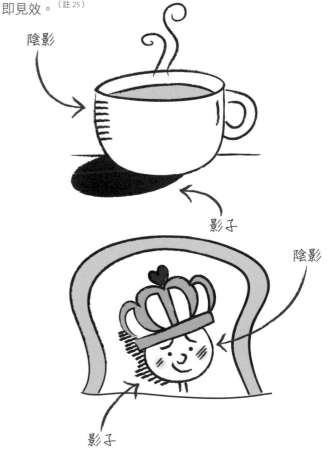

在各位目前所學的所有設計中，影子與陰影可説是最不具必要性。沒畫出深度感的塗鴉還是能有效協助解決問題，而塗鴉革命者最需要的正是這項功能。畢竟我們的思考是在瞬間發生，根本不需要花絲毫功夫描繪什麼深度感。儘管如此，我還是建議你練就一套應急方式來描繪影子與陰影，説不定你能體會到其中的好處。下面的比較遊戲可讓你快速練習畫出物體深度，而且我保證過程絕對不會讓你想撞牆。

塗鴉遊戲：
創造陰影

要玩這個遊戲，請先找個光線稍暗的房間或空間，裡面沒有陽光直曬、或來自上方的明亮光源。然後找五件物體放在桌子上，但不要擺成一排，散置於各處即可（若你對老派的花朵水果靜物畫沒興趣，不妨換成科技產品或辦公室用品，像是釘書機、手機、筆電、鋼筆、咖啡杯，或挑選你覺得未來幾週會需要畫的物體）。接下來是創造光源，你可以用打火機、手電筒、可調整方向的桌燈、筆燈或蠟燭。請你先在無光源的背景下畫出桌上任一件物體，以二維方式呈現，讓物體看起來就像煎餅似的扁平，彷彿在空間中浮動。接著請你在同一張紙上畫第二種版本，方便完成後做個對比。先讓光源靠近物體，觀察它如何產生影子與陰影，然後畫下有了光源之後的變化，最後再與第一種版本相互比較。重複這個過程，直到五件物體全部畫完，但過程中請嘗試不同的陰影表現方式。你可以用深色斑塊、影線記號、小圓點、或短線條來表現。先想清楚影子與陰影會如何影響你觀看物體的意願，然後再決定它們是否對你有價值、抑或大可棄而不用。倘若有價值，那麼就請你在生活中對它們多加留意；長期下來你的觀看與塗鴉方式終將因此受到改變。

各位或許已經注意到了，我曾經説資訊塗鴉可採用十二種設計。但本章只討論其中十種，因為另外兩種你早就知道了：臉孔與人物。我把它們放在前一章，是因為我認為它們屬於基礎塗鴉的基本功；而其餘十種是比較適合資訊塗鴉的進階技巧。這也表示所有不需要藝術天分的視覺表達工具，現在已盡入囊中。這可是資訊塗鴉者的里程碑！各位已經走到邁向提升思考力的轉捩點，值得我們盛大慶祝一番。

假如你需要一份小抄來記下這 12 種視覺設計，以便日後隨時運用，那麼就把這一頁折起來吧。雖然諸位讀到這裡，已經把十二種設計全學會了，但往後真正要塗鴉時，你可能還是需要備忘錄來提醒自己。

THE 12 DEVICES

①	文字編排	
②	字型	
③	字母畫	
④	圖說	
⑤	連結符號	
⑥	分離符號	
⑦	外框	
⑧	項目符號	
⑨	影子	
⑩	陰影	
⑪	面孔	
⑫	火柴人	

結束資訊塗鴉設計這部分內容之前，關於視覺語言還有個主題不能不提。我刻意將它排除在「設計」之外，是因為它並非構成資訊塗鴉的主要元素，雖然我們仍可在資訊塗鴉中不時看到。我知道假如不提這項主題，許多人可能會覺得相當失落，所以接下來這段插曲是特別為他們而寫的。

色彩

關於色彩在資訊塗鴉的運用，有個你必須知道的重點：無論你的色彩功力是精通或蹩腳，都無關乎資訊塗鴉的優劣。 單色的視覺化呈現就已經夠完美，絕對能夠被所有人接受。有些人可能會覺得這太可怕了，一個只有黑與白的世界！但事實便是如此。塗鴉者可以只用一種顏色就畫出能夠有效表達的資訊塗鴉。(註26) 請看以下範例。

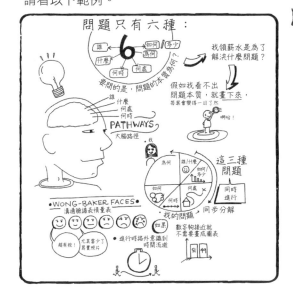

關於色彩還有另外兩項各位必須知道的重點，因為這兩項重點導致我不主張將色彩視為視覺呈現的重要環節。

首先，大部分商業界人士能用的色彩種類並不多，通常只有黑色、藍色、紅色、以及各種螢光筆的顏色。所以我其實不需要對辦公室裡沒有全套美術顏料的人談太多色彩的細節（反正他們自己也不見得想應付這麼多種顏色）。學生與教師能用的色彩有時候也相當侷限，所以我們就用容易取得的顏色來塗鴉吧。

其次，資訊塗鴉者可能會放太多注意力在色彩運用，結果忘記了內容與架構絕對是更重要的元素。色彩會帶來較大衝擊，進而導致觀者分心；但我們希望的是大家把更多注意力放在資訊本身、以及資訊所帶來的影響。[註27] 我很愛色彩，而且我超迷戀書法鋼筆寫出來的墨跡。但即使我明白色彩能有效表達重點與意涵（我懇求各位，務必好好探索這方面的可能性），我還是不會將色彩視為提升思考力的重要工具。你們就當我瘋了吧。

雖然我像布魯特斯背叛凱撒一樣背叛了色彩，不過我仍會提供三條基本原則，以免實在很想運用色彩的讀者墜入絕望深淵。顯然各位當中有許多人打算在資訊塗鴉中使用不同顏色，而色彩運用到什麼程度必須視塗鴉類型而定，端看你畫的是個人型、展演型、或團體型。然而無論你從事的是哪一型塗鴉，要把最重要的資訊傳達給最多對色彩感興趣的人，我會建議以下三項通則，也可以說是誡律。對於色彩我言盡於此了。

色彩三律
（三種資訊塗鴉類型皆適用）

1. 黃色或橘色這類亮色系絕不可用於文字，否則觀者得瞇起眼睛設法看清楚，而且這種顏色的文字會因為缺乏高度對比而令人看了頭暈。橘色和黃色只能用來彰顯或強調資訊塗鴉的特地區塊，請盡量別用於書寫段落或文句，除了兩種例外情況：(a) 你把某個字寫得特別大，譬如高度超過四英寸，而且你打算在字後面加影子效果，或 (b) 你刻意不讓任何人看清文字內容。倘若是這兩種情況，那麼亮色系便可以被接受。

2. 深色適合用於書寫文本，原因與第一條誡律恰恰相反，高度對比能讓文字在視覺上變得更清晰。

3. 為形狀及圖像畫輪廓應該用較深的顏色，最好選擇深灰、藍、紫、或黑色（棕色也行，只不過清晰度差了些）。紅色、橘色或綠色則十分不討喜（黃色根本不列入考慮）。

除了這些小花絮，我不想再浪費各位的時間討論色彩了。坊間已有許多以色彩為主題的精彩著作，我要再多做闡述未免顯得太自戀，況且它在塗鴉革命中絕非要角。若你真的很喜歡色彩，請務必盡情探索其中奧妙[註28]，為你的創作揮灑色彩至心滿意足，甚至要求公司主管提供有數十種顏色的全套彩色筆。但在此同時別忘了真正的重點：內容、正確性、以及視覺架構。這些才是資訊塗鴉的根本，需要你投注最大的注意力。

暫停一下！簡短回顧

讀到這裡，你對塗鴉已經累積了相當的知識。所以我們暫且停下腳步，一起做個整體回顧吧。你在資訊塗鴉道路上有了長足的進步，走過基本塗鴉、手寫、拼字、視覺語言與藝術的迷思、十二種塗鴉設計、以及色彩運用。你學會了以視覺語言的各項組成元素來呈現種種心智模式，也已經走至塗鴉革命的半途，時間都還沒過中午呢。各位兄弟姊妹們，請立正站好！

為了幫各位做好前往旅程下一站的心理準備，我希望你們先知道本書下一段的宗旨為何。接下來的內容需要你們投入全副精神，因為你們即將離開淺水區了。我需要你們信任我、並拋開你們的橘色充氣手臂泳圈。

接下來的段落將探索視覺資訊的架構。一直以來徜徉在文字與數字溫暖懷抱中的人，現在可能要大驚失色了。視覺資訊的架構？汝不應作艱澀詭譎之言！

各位稍安勿躁，請繼續往下看。不妨想像自己喝了杯涼水鎮定一下腦神經。以下三個圖例說明了我所謂的「視覺架構」。

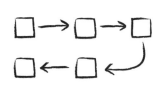

許多人會將它們稱為示意圖。也有些人會稱之為圖表、圖解、藍圖、或資訊圖表。你想怎麼稱呼都行，但我個人偏好以「視覺架構」來統稱這類圖像。沒有什麼人會指責你用錯了名稱。既然你現在已經具備視覺語言的基礎，你大可自信滿滿地穿越這些視覺架構，很棒吧！它們可是這份工作的精華之一，足可對你和組織成員的腦袋造成衝擊。這就是我為什麼要將本章接下來的篇幅全數用於挖掘它們的可能性，而第五章的重頭戲便是如何將它們運用在團體共同解決問題的流程。

進入正題之前，我想先賣個小關子。各位得先過了這一關，才能進化為資訊塗鴉者。這一關就是搞定資訊塗鴉中的「資訊」。

我們必須訓練自己盯緊塗鴉革命的一個核心價值，即「資訊」與「塗鴉」同等重要。它們就像穿同一條褲子的哥倆好。我們塗鴉革命者有多方面的才華，所以這兩件事都能兼顧得很好，而且也不會把其中任何一件視為理所當然。資訊領域有如難以駕馭的野獸，其內容多得幾乎將我們淹沒。所以在套用視覺架構之前，我們得先擺平資訊內容這個小野獸，讓你的敏銳頭腦將資訊鍛造成形、去蕪存菁、整出條理。各位先生女

士，接下來的幾頁請將你的心智雷射光聚焦在馴服資訊，如此一來你就能輕輕鬆鬆進入下一章，在其中感到悠遊自在。

資訊塗鴉：減法的藝術

在接下來的段落，我們要將全副重心放在馴服資訊。不過我先希望各位對於這項強大能力最終將引導你們抵達何方，有個整體性的概念。學會馴服數據後，你們還有其他能力亟待發展。學習最老練的資訊塗鴉形式，過程看起來會像這樣：^(註29)

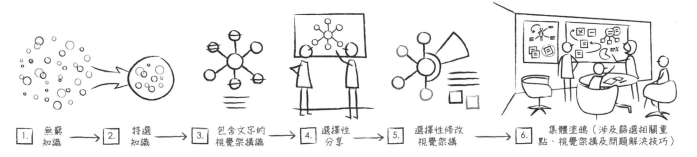

1. 無窮知識 ➝ 2. 特選知識 ➝ 3. 包含文字的視覺架構識 ➝ 4. 選擇性分享 ➝ 5. 選擇性修改視覺架構 ➝ 6. 集體塗鴉（涉及篩選相關重點、視覺架構及問題解決技巧）

要展開這趟學習歷程，我們將從步驟一與步驟二開始。我希望各位能瞭解為什麼掌握資訊塗鴉中的「資訊」重要得不能再重要了。

思想實驗

　　抱著愛因斯坦與泰斯拉的精神，我們來進行一場思想實驗吧。我說的思想實驗是指想像一個場景或提出一套假設，仔細推論其結果或影響。說白了就是做一趟「如果」或「我想知道」的探索，思考者根據實驗過程做出假設性結論。這就是我們現在準備要進行的任務。

資訊塗鴉者的思想實驗

　　我們來想想知識宇宙這個概念吧。想像宇宙是由無數細碎資訊所形成，它們漂浮在廣袤無垠的智性蒼穹。想像這片知識領域恆常存在，無論我們是否看得見，無論我們是否能瞭解。在我們要做的這項思想實驗

知識宇宙的第 #1 種狀態：

細碎資訊形成廣袤的無極天地

中，知識就像空氣，非但無處不見，而且兀自存在著。這個無邊無際的存在是知識宇宙的第一種狀態。下面的圖例描繪了它看起來是什麼樣子。

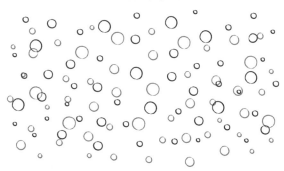

知識的宇宙

共享知識

個人知識

知識宇宙的第二種狀態，出現於有人進入這個體系之時。在這種狀態下，知識的取得有其限制，知識的詮釋則因人而異。在我們假設的這個宇宙中，部分知識由許多人所共享。這批人之所以能取得這些知識，是因為他們擁有類似的經歷、或他們曾經見聞類似的論述或數據。你寫漢字、我也寫漢字，太好了。然而許多知識是個人化的，純屬於某一個人，而且經過他的大腦加工後才產出。我們都知道，一個人的世界觀起源自幼年時期。這些世界觀是透過經驗、信仰、文化、教育及個人性格的複雜互動而建立的。這表示我們要取得別人的知識基礎、或分享我們對知識的詮釋，都將是相當大的挑戰。知識宇宙的第二種狀態就是：相異入徑與分歧觀點。無論我們再怎麼抱持善意，這種狀態依舊會導致我們發現自己很難理解別人的看法。（也許你能體會小說《哈利波特》裡大反派「佛地魔」的心情？你有什麼毛病啊？）

知識宇宙的第 #2 種狀態：

相異入徑與分歧觀點

知識宇宙的第 #3 種狀態：

有限的個人知識

知識宇宙還有第三種狀態。試想這樣的可能性：儘管現在每個人都有管道可以接觸到大量知識了，但每個人所學的知識依舊有限。換句話說，永遠有許多事是我個人還不知道的。無論我自認為多麼博學多聞，我的認知總是九牛一毛，因為我畢竟只有一個人。這就是我們有限的知識基礎，我們需要藉助工具之力來拓展它的疆界。

我的世界觀。看起來狹隘得可憐。

根據上述簡單的思想實驗，你我可推斷出知識宇宙的狀態勢必為資訊塗鴉者帶來挑戰。若我們要擁抱資訊塗鴉，希望藉此啟發心智、對世界更加認識瞭解甚至出手拯救[註30]，我們將需要能夠應付上述挑戰的相關技巧。我們要告訴這些挑戰，搞清楚誰才是老大。

挑戰 #1：沙裡淘金

知識宇宙的第一種狀態向我們下了戰帖：在任何時刻都無窮無盡的資訊當中，聰明地掌握至關重要的部分。遼闊的知識宇宙常需要我們去馴服。當我們置身於教室或會議室，大量資訊不斷向我們襲來時，資訊塗鴉者必須培養出高度自信，相信自己能從中揀擇精要、丟棄其餘。我將這個過程稱為內容管理或減法，既然它們其實是一個銅板的兩面。當我們管理內容時，我們會挑選部分資訊進入自己的知識領域；而當我們做減法時，我們會把不必要的資訊從自己的知識領域排除出去。這兩者都是主動過程，從知識宇宙得到啟發、藉資訊塗鴉者之手實踐。

資訊會在上述過程中被刻意縮減，這是因為資訊塗鴉者沒辦法以大黃蜂的速度來寫字或畫畫，而且我們也不打算記住大量文本或話語。企圖這樣做根本是浪費精神，這就跟爬珠穆朗瑪峰卻沒帶氧氣瓶一樣蠢。資訊塗鴉者會高高興興、意志堅決、技巧高明地縮減內容。部分原因是我們的學習能力超強，知道如何挑選出好的內容（展演型塗鴉在這方面速度尤其快），在這些內容的基礎上進行視覺化工作。資訊塗鴉者在非即時性的創作中，能展現出絕佳的去蕪存菁功力；即使在即時性場合也可全力以赴。我們鎖定與主題相關、也與目標相關的資訊。目標感十分重要，若我們能依據目標來對資訊進行篩選，那麼我們就比較可以將特定資訊放進視覺架構。在前幾頁提到的資訊塗鴉學習

過程中，步驟三至步驟五涉及了視覺架構，各位將在接下來的內容深入探索這些步驟。

步驟一與步驟二給了資訊塗鴉者不間斷的挑戰，但每一次的挑戰都是可以克服的；我們將在本章後面的部分探討相關技巧。在此之前，我要先帶大家認識知識宇宙帶來的另外兩項挑戰。當它們出現時，你得能認出它們來，而且清楚知道它們絕非你的對手。如此一來，你才有足夠動力繼續朝謀求福祉、提升思考力的塗鴉革命之路前進。

挑戰 #2：
看見並呈現事實

要應付知識宇宙帶來的第二項挑戰，我們必須有能力透過想像或塗鴉來看清自身的現實、以及別人所體會的現實。還記得嗎？一個人的思考，與他所採用的作法及定位、或他為之爭辯的想法；其實連思考者本身都不見得了然於胸。這是因為他無法完全看清楚自身的現實。常常要等到現實被視覺化，其他人或思考者本人才會恍然大悟。

倘若為上述場景換個主角，你可以期待同樣災情勢必會發生，並且一而再、再而三地重複。

有時候不同個體之間的知識基礎與個別觀點差異實在太大，達到一致看法過程中花費的心力非比尋常：換句話說，我們得費盡千辛萬苦才能達到這種共享知識的快樂境地：（啊哈！）

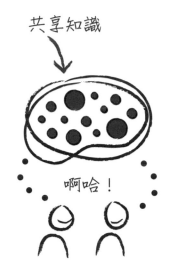

我們都曾經費上許多工夫、試著與另一個人達成共識。兩人在共同交集的知識之中，或許會對其中四項數據抱持同樣看法，但他們無法彼此同意的地方可多的多了。沒有了資訊塗鴉、或其他能夠具體呈現視覺化心智模型的方式，有時候我們甚至不知道原來其他人跟我們想的不一樣。這麼一來我們距離「啊哈」的境界可差得遠了，而且還會重新陷入文字障，在不斷循環重複的對話中鬼打牆，冀望言語能指出一條明路。然而我們總得放棄一些東西。棘手問題不能在僅有四項數據的共識基礎上解決，我們需要建立更多共識才可齊心協力。此外，我們也需要留白空間及塗鴉訓練，才能清晰地畫出問題、讓所有人看見。

當你開始思考不同個人擁有那些各自迥異的知識時，將內容視覺化並且與他人分享就成了當務之急。假如連至少暫時可用的共識都沒有，我們該如何有效瞭解並解決問題？沒有共同的理解，我們的努力怎麼會有進展？既然我們在遼闊的知識宇宙都只抓住片鱗半爪，不同人之間若能找到共同觀點可說是相當幸運了。

因此，資訊塗鴉者必須有能力看到事實。我們必須將知識宇宙拉到眼前，將它化為視覺形式。我們必須提取資訊中能夠消化的部分，讓它們變得具體可用。

為什麼資訊塗鴉宛如一種超能力，這正是諸多原因之一。資訊塗鴉將知識塑造成形，呈現在每個人的眼前；讓我們能具體掌握原本可能太抽象、或朦朧得難以理解的事實。這種能力相當重要，就像電影的「蜘蛛人」從掌心發

射蛛網一樣，我們學會了透過視覺化來分享、塑造、扭轉、改造知識。我們還可以從宇宙的智慧與創意亂麻中，梳理出有意義的部分。這一點你可做不到了吧，蜘蛛人！

知識宇宙的第二項挑戰要求我們從迷霧中看到事實，而這項能力可帶來絕大機會。稍早本書已為你點燃將資訊視覺化、讓其他人認識並分享事實的火種，這把火將在接下來深入探索視覺架構的過程中越燒越旺。所以請把你的筆準備好，我們要在你還來不及說「革命萬歲」之前就先馳得點囉。

挑戰 #3：
擴大認知事實

知識宇宙的第三項挑戰是拓寬個人侷限的世界觀。當我們進行團體型資訊塗鴉時，將格外需要克服這項挑戰。大部分人的眼球只有一顆高爾夫球的大小，你甚至可以說我們是以管窺天，所以我們確實忽略了其他不同於己的更大視野。假如你要追求創新、創造、或推陳出新，視野狹隘可能會造成莫大問題。此外，倘若你的組織正設法在知識經濟中競爭，那麼視野狹隘也會造成組織未能冒險創新而導致失敗，或者換成我的漫畫家朋友休·麥克李奧（Hugh MacLeod）的說法：管他的，做就對了。不過人類往往會重蹈熟悉且自在的神經路徑，窩在安全區是我們的天性。（註31）各位都參加過所謂的腦力激盪會議，所以你們知道我在說什麼。

要突破舊有的創意與智性邊界、同時挖掘可能性與探索未知資源，我們需要一套能夠用來刺激思考的技巧，就像搖搖雪花水晶球一樣攪動我們的片段知識。

許多研究創意與睿見的科學家會告訴你，問題的解決之道很可能早就存在於你的大腦或團體思考之中；只不過它多半需要以下兩項條件同時發生：輸入正確的訊息、由最合適的神經元來連結訊息與激發反應。這正是團體型資訊塗鴉要展現的功能，透過運用視覺語言的思考遊戲為我們提供拓展與改變自身現實的方法。各位一路下來所累積的塗鴉能力，就在這項技巧之上達到了最高點。

過去的你

未來的你

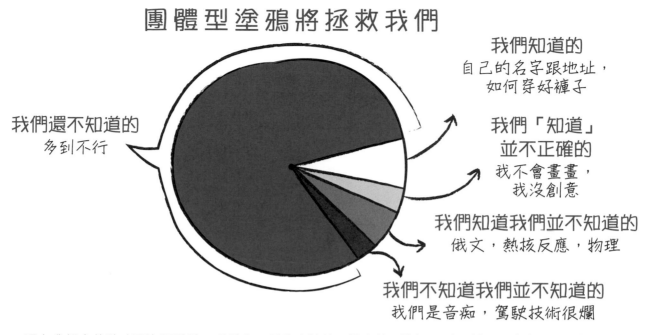

團體型塗鴉將拯救我們

我們知道的
自己的名字跟地址，
如何穿好褲子

我們還不知道的
多到不行

我們「知道」
並不正確的
我不會畫畫，
我沒創意

我們知道我們並不知道的
俄文，熱核反應，物理

我們不知道我們並不知道的
我們是音痴，駕駛技術很爛

現在我們來花點時間複習重點。眼前有三種強大技能：過濾管理資訊、看見並呈現事實、以及拓展對事實的認知範圍。這些技巧是資訊塗鴉的核心，本章已經闡釋了第一項技巧，其餘兩項技巧將在接下來的兩章做進一步說明。我們別再磨蹭，請大家開始著手學習如何過濾、篩除資訊吧。各位現在才剛要從起點前進呢。

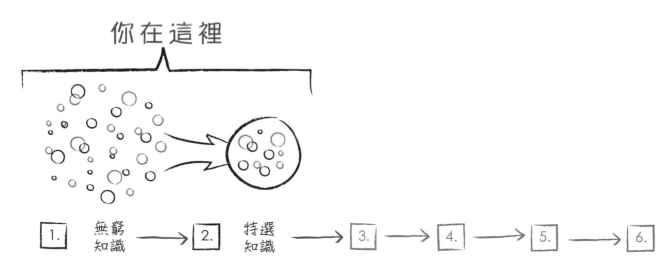

你在這裡

| 1. | 無窮知識 | → | 2. | 特選知識 | → | 3. | → | 4. | → | 5. | → | 6. |

精選資訊的藝術

話語雖絮絮不止，但可放慢腳步

　　在諸位資訊塗鴉者開始探索視覺架構與集體圖像思考之前，大家得先瞭解下述兩項涉及資訊的原則。這兩項原則乍看之下好像不容易懂，但由於它們和資訊塗鴉息息相關，所以你必須對它們有所認識。現在做個深呼吸，甩甩身體，清除頭腦裡的雜念（屬於動覺型的人不妨站起來倒杯咖啡，想翻個跟斗也行）。你要開始精通資訊塗鴉中的資訊部分啦。

原則 #1：在（幾乎所有）資訊塗鴉中，文字先於一切。

　　為了讓各位有個大致概念，我提供以下圖例說明這項前提。

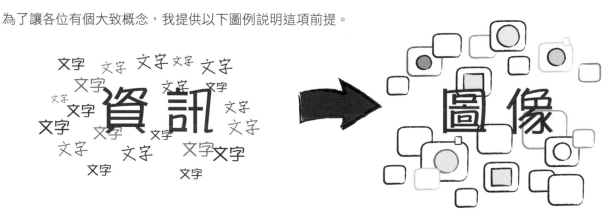

　　先前我們學過，沒有了圖說，觀者就無法百分之百理解一張圖像要表達的是什麼。所以容我說得更清楚些，上方圖例要表達的就是內容先於視覺架構出現。或者，我也可以把圖說改成：資訊驅動意象及圖表，這順序很少是顛倒過來的。（註32）

　　若要解釋得更徹底，這表示假如我們無法先蒐集內容並去蕪存菁，絕大多數的意象及圖表在資訊塗鴉世界皆不具任何意義。若你連銅板與漂流物都傻傻分不清，你的資訊城堡等於是用沙砌成的。解析資訊在這塊領域尤其重要，你得先做好解析、才能打造城堡。若沒把這個先後次序想清楚，要做出內容一氣呵成的資訊塗鴉無異是緣木求魚。請暫時放下書，好好思考上述道理為何成立吧。為什麼我會說文字（或數字）應該為文字與意象的結合預先鋪路？如果你還沒想通，現在就跟我一起檢視這項主張究竟有沒有道理吧。

創作資訊塗鴉時，文字要先於圖像有個主要理由是：無論在學校或職場，文字都是我們溝通的首要管道。這個道理應該很明顯吧。老闆表明意見時會用說的，而不是畫圖給你看。教授站在教室前面時，不會只拿出一疊照片，指望學生這樣就看懂了（好吧，或許藝術學院確實有可能這樣做）。一個重點：人類是用文字來說寫。在幾乎所有用到資訊塗鴉的場合，過程都是由文字來推動的。這表示在絕大部分的時間，文字為資訊塗鴉提供了骨架。而且你現在已經知道了，光靠圖像是無法闡明複雜主題的。

人機互動[註33]專家傑夫‧拉斯金（Jef Raskin）最著名的事跡是為蘋果電腦創建麥金塔計畫，他曾說過一句我每每想到就會微笑的話。拉斯金明白只有圖像而無文字將造成理解困難，所以他很反對蘋果電腦的介面僅用圖示，即「圖形化使用者介面」（GUI），卻不採用文字指令。他在表達不滿時這麼說：「圖示這種符號在任何人類語言都同樣令人無法理解。人類發明拼音語言不是沒有原因的。」[註34]說得一點不錯。

請別以為這句話是在主張，圖像絕對不會是文字的觸媒。況且我完全沒有這樣的意思。事實上許多時候我們可以揚棄文字優先的原則，而圖像也能用來增益文字思考。以下提供三個例子：

- 醫學院學生研究解剖學，好知道該對哪個部位下刀。

- 熟習地鐵系統，如此便能在城市內來去自如。

- 在海上使用天文導航（多數文化已遺失了這項技能，但有些文化仍然保留著）。

你可能已經憑直覺推斷出，圖像先於語言的環境，往往是主體在本質上就是視覺性的。這表示主體一問世便有其視覺形式。視覺先於意象則出現在多種情況，不過若把前後次序對調過來，可能會更符合我們的目標。[註35]我的意思並非意象不可能倒過來激發文字。我要說的是當我們從事資訊塗鴉時，有很大一部份的時間其實是處於以文字為開場白的環境中。所以我們需要在文字基礎之上，設法使資訊塗鴉的內容富含意義、精確具體，無論這些內容是來自講者、文件、書籍、或我們自己的思考。以我們的情況來說，強行套用意象先行原則就有如畫張塗鴉給同事看，然後要對方照著這張塗鴉正確寫出你的想法。畢竟我們又不是在進行創意寫作實驗。所以各位千萬記得：幹資訊塗鴉這門生意，文字（幾乎永遠）先於一切。

原則 #2：
從事資訊塗鴉時，我們會縮減資訊。

塗鴉革命者們有個明確的目標，那就是讓資訊簡化、變得更清晰，然後將它視覺化。這麼一來你要傳達的訊息就可以去冗存菁，讓大家看到真正的重點。這是因為我們要處理的資訊密度太高了……。

減法的藝術絕對有其必要。

我要提醒各位，減法的技巧並非運用在資訊塗鴉的視覺語言部分，而是文字中的雞肋。你們應該要能夠適切地刪減不夠切題、造成誤會或妨礙記憶的文字，而正是這項技巧最終給了我們清晰的觀點，將世界化為生動的視覺焦點。你們要駕馭減法技巧，就像動作片演員查克・諾瑞斯使勁制伏壞蛋一樣。縮減資訊有以下兩種方式。

發揮 減法技巧 的兩個途徑：聆聽 vs. 讀寫

我們可以透過兩種途徑來練習縮減資訊：聆聽與讀寫。你必須注意到這兩個途徑之間的區別，因為資訊塗鴉分為三類型，而只有「非即時」的個人型資訊塗鴉才適合從讀寫途徑來進行縮減。所有其他類型的資訊塗鴉：展演型、團體型、以及即時的個人型都只能仰賴聆聽。

* 即時個人型
資訊塗鴉

* 展演型資訊塗鴉

需要聆聽訓練
的資訊塗鴉類型

* 團體型資訊塗鴉

需要讀寫訓練
的資訊塗鴉類型

* 非即時個人型
資訊塗鴉

暫停。評估時間。

決定哪一種途徑最適合你練習之前，我們最好先在此暫停一下，評估一下你認為哪個途徑會需要你耗費更多注意力與投入程度，是聆聽，讀寫，或兩者皆是呢？若你偏好展演型、團體型、或即時個人型資訊塗鴉，那麼你應該聚焦在鍛鍊聆聽能力。這世界太嘴碎，建立聆聽技巧絕對是必要的。

但如果你偏好非即時的個人型資訊塗鴉，眼前的選擇就是提升讀寫能力了。就算你在獨立工作時效率最好，你還是可以主動鍛鍊聆聽能力，因為這項技巧無論在課堂上或會議中做筆記時都相當好用。你當然也可以安安靜靜地獨自工作，縮減書本或研究報告中的內容、或發想出自己的說法，然後以它們為基礎進行資訊塗鴉。

無論你選擇哪一種途徑，能夠做這樣的自我訓練都是值得尊敬（而且必要）的努力，所以我要向你鼓掌致敬。不過我會先從聆聽的學習開始談，理由有兩個：（一）需要這類訓練的資訊塗鴉類型比較多，而且（二）在這方面欠缺技巧的人顯然為數不少。你可能還記得我在本書第一章說過，優秀的塗鴉會融入聆聽技巧，藉此增強資訊的吸收與處理。雖然我是這麼主張，但我們得先訓練自己恰如其份地結合塗鴉與言語，才能得到上述益處。這是塗鴉達人之路上，我們最容易

忽略的一環：許多人所做的資訊塗鴉，其實與講者說的內容八竿子打不著。

由於聆聽與塗鴉之間似乎總是存在著緊張關係，接下來我們將學習如何自覺地讓資訊塗鴉緊密結合我們聽到的內容。聽起來很不容易，但我請問各位：還有什麼比你們現在正在做的事更困難呢？或許唯有替一隻馬穿上毛衣吧。若想培養出足以催生高效資訊塗鴉的聆聽技巧，就請大家繼續往下讀吧。

壞主意

這本書談的是塗鴉，
到底幹嘛要訓練我的聆聽能力？

要大家瞭解聆聽能力為什麼對塗鴉很重要（其實在生活各方面都很重要）可能得費上不少力。總之這件事實在太重要了，應該在摩西的「十誡」加上這一條：人應聆聽。（THOU SHALT LISTEN）

雖說聆聽有莫大的重要性（各位很快就會體會這個道理了），但我們身上並沒有任何開關，只要一按就會讓我們變成高明的聆聽者。聆聽是資訊塗鴉者出於自覺的決定，而且需要全心投入與持續練習。這項技巧就跟其他值得追求的目標一樣，只要經過長年累月的練習，你就能鍛鍊出「肌力」發揮在想要的地方[註36]。告訴各位一個好消息：學習聆聽必定能帶來回報，我們很有理由努力鍛造這項技巧，原因如下：

人類的寫字速度
幾乎不可能趕上說話速度。

除非我們發展出飆速寫字的突變基因，否則正常人根本無法在其他人說話的同時，把對方講的每個字都寫下來，恐怕連邊都沾不到。[註37]有聲書的建議讀速是每分鐘最多一百六十個英文字，但人類平均手寫速度只有三十一個字。若真的要逐字寫，一場演講開始後不超過兩分鐘我們就得舉白旗了。聽寫遊戲不該像賽跑一樣。

更棘手的是，人類的資訊暫存量其實相當有限。[註38]換句話說，就算我真的很想把講者說的每個字都寫下來，在我終於要寫到的時候，大腦恐怕已經忘記剛剛對方說什麼了。）有鑑於上述兩項事實，資訊塗鴉者需要培養技巧來彌補我們在聽寫競賽中的劣勢，否則我們注定以慘敗收場。（右中圖說：這就是學生們為什麼幾乎都不愛做筆記）

> 這就是學生們為什麼幾乎都不愛做筆記

要精通透過聆聽途徑發展的資訊塗鴉類型，你勢必得提升聆聽的品質，畢竟這是基本功，而且能帶來預期外的收穫。怎麼說？因為提升聽力可強化我們對主題的理解，同時增進個人經驗與提問的品質。原因如下。

優秀的聆聽者具備暫時停住（或至少沈靜下來）自我內在思考的能力，以便將注意力轉移到對方身上。這麼一來，他們往往能從講者提供的訊息中，挑出其他人完全忽略的部分，包括身體語言和語氣聲調這類隱微訊號、甚至主題本身的核心重點。多數人連表層內容都吸收不良，因為互相競爭注意力的訊息同時充斥在他們的腦子裡，以致於新來的外界訊息完全不得其門而入。

若我們能學會讓內心的對白安靜下來，即使只是暫時的，我們就很有機會能大幅提升學習經驗的深度與豐富程度。所以我們的第一步是下定決心好好聽別人說話，第二步則是練習制止自己批評、判斷、反駁、過度情緒化、或以個人想法及回應打斷對方的傾向。(註39) 如此一來，我們才能做好學習當個優秀聆聽者的準備。我們將變得隨時能夠聆聽，然後變得隨時記得住資訊（既然資訊塗鴉者的任務就是結合文字與視覺資訊、並強化其深度），最後我們終將有能力做出睿智的回應。當對方把話講完，我們可提出一針見血的問題，這是因為我們有聆聽的能力。

善於聆聽並不意味著對方說什麼我們都會買單。把內心的雜音關掉也不表示我們變得毫無想法。你只是將自己調整到更適合學習、記憶、做出可靠回應的定位，因為你的專注既深刻又純粹。要達到這樣的境界確實不容易，但依舊是可以做得到、而且回報豐厚的努力。你只要做出開始練習的簡單決定，就能從學習聆聽中獲得種種益處。假如你還沒被我說服，那麼以下是你為何該學習聆聽的最後一個理由。它聽起來有點玄，所以請仔細讀下去，我會助你一臂之力。

聆聽是給予他人和自己的珍貴禮物。

人類是群體動物，被忽略或無人傾聽形同自己完全不存在，就好像被世界遺棄了。這感覺很差。所以專注聽別人說話是你所能給予最慷慨的禮物，而且還不花一毛錢呢，只要投入精力就行了。請各位試著拿出最多專注力來聽某人說話，觀察這樣的做法是否實際

上改變了你們彼此的互動（尤其是針對已經熟悉你說話模式的對象）。我知道自己講話有誇張的傾向，但我絕對不會胡亂假設，而且我向各位保證：若你能減少內心的饒舌、好好聽別人說話，對方將帶著愉快的心情離開。一個人的生活，是可以因為別人在聆聽時不帶偏見或批判而改變。這就是為什麼有些人要花那麼多錢看治療師，這樣才會至少有人願意對他們付出注意力，而且不表現出明顯偏見或主觀看法。 這是多麼美好的事啊。此外，請別認為你的關注是在幫對方一個大忙，其實你自己也從中得到相當的益處，因為你的覺察力與理解力都同時有了大幅提升。

以上就是培養聆聽技巧為何有助於推動塗鴉革命的原因。接下來我們就來討論各位該如何實際演練吧。

言語的最佳化：
在冗言贅字中掌握精華

或許你已經聽說過這個傳統智慧：在講者說過的話中，聽眾只會記得其中一成至兩成。(註40) 這個廣受歡迎的小常識，解釋了為什麼連中國的孔子這麼嚴謹的人，也會說他「聽而不聞」。(註41) 據說一般人對別人嘴裡說出來的話，不是沒在注意、就是沒有記性；但我們倒是對這些話背後的情緒或聲調相當敏感。所以一句話是怎麼說的，比它真正的內容要來得更吸引我們注意。

這顯示我們的行為其實相當聰明而有效率。老實說，一般人說的話裡約有九成無關宏旨，就像棒棒糖內餡周圍是一大圈的糖衣。^(註 42)所以發展出能夠區分兩者的敏銳能力，將可帶來不小回報。提醒各位，我可是從親身經驗學到這種能力，而不是靠女性的天生直覺。

但你們今天走運了（眨眼吧！），我已經把聆聽技巧濃縮成幾個容易理解的最佳作法。希望你們在學習與實踐之後，就不必在大量的資訊洪流中苦苦掙扎，因為你們將學會注意聽哪些重點、以及如何根據上下文調整你的聆聽方式。請容我詳細解釋。

核心內容

外部內容

聆聽時，掌握內容是成功的一半

身為資訊塗鴉者，你可能正處於以下三種場合：學校、集會、或正式會議。你應該不會是站在風洞前聽取資訊、或是在水底聽海豚傳遞訊息。既然你只會在那些地方塗鴉，我要告訴你一件值得安慰的事：聆聽時，掌握內容你就成功了一半。瞭解這個道理可讓你向前大幅躍出一步，因為抓住問題本質，能讓你將鍛鍊聆聽能力的心思放在真正重要的地方。態度認真的資訊塗鴉者會事先預期內容與上下文，好為自己搶得先機。^(註 43)若你的身份是學生，這表示你會在上課前預習講課內容。^(註 44)若你準備參加會議，這表示你會先想清楚主題和講者會涉及哪些重點。為了讓這項觀點在你的職場生涯中發揮積極影響，請好好咀嚼上述這番道理。

無論你對集會有什麼看法，集會的類型其實十根手指頭就數得完。雖然這麼做可能會冒犯造型氣球愛好者聚會或星艦影迷大會的參加者，我還是將世界各地的集會分成以下六種主要類型^(註 45)：

1. **計畫會議**
   （例如：專案推展／實施）

2. **問題解決會議**
   （例如：發想／創新）

3. **決策會議**
   （例如：招聘新人，預算分配）

4. **前饋會議**^(註 46)
   （例如：背景設定／組織現況，情況／專案進度回報，研究發表）

5. **回饋會議**
   （例如：360 度回饋，績效檢討）

6. 綜合會議

（例如：非現場領導，開放式研討會、主管退修會、策略規劃）[註47]

我有個好消息要告訴「聆聽技巧」的初學者，那就是以上每一種集會中，參加者關心的重點都不會有太多變化，所以會議內容相當可以預期，不太會出現沒人知道會議中發生什麼事、或他們到底為什麼來參加會議這種情況。[註48]

假如你知道自己會去參加上述六種會議之一，你只要在會議開始前提醒自己開會目的是什麼，就可以加強自己的聆聽能力。針對參與目的與主題做個既簡單又迅速的提醒，有助於你在會議中表現得更投入。所以走進會議室前，不妨先花個十秒鐘好好提醒自己吧。舉例來說，如果你要參加專案的計畫會議，你可能得留意聽取範圍、時程、或角色與責任。若你參加的是績效檢討會議，你要注意聽的是能力表現與潛在機會（說不定你還會嗅到一絲絲裁員的氣味）。相信各位參加會議已是家常便飯，不需要我再多做說明了。掌握背景脈絡是成功的一半，所以請你在走進會議室前先做好這方面準備，為你的成功布置好心理舞台。

進入會議深淵

你人正在會議中（或課堂上），所以你現在需要好好發揮聆聽技巧、把「雜音」關掉（沒錯，就是「雜音」）。聽著，我跟我的團隊已經親自看遍世界各地的會議文化，鮮少有組織能搞清楚恰當的開會時機及與開會理由，而且大家連如何運行一次有效的會議都不甚了了。這是普遍流行的會議病，就跟感冒一樣尋常）。你必須配備好聆聽技巧，因為瞄準真正要緊的口頭內容可為你節省思考力氣；畢竟在你吃下一餐或上床補眠之前，你的精力只能限量供應。你應該學會只把注意力放在與對話目的直接相關的重點上，而且就跟從事任何運動一樣，要給自己一些暖身時間。[註49]這麼一來你不但能避免浪費時間與精力，也不至於落到搞錯目標、會越開越糊塗的田地。

即時畫出聆聽內容的 14 個訣竅

訣竅 #1：若你打定主意，要將聆聽能力鍛鍊至爐火純青，那麼請先從閉上眼睛、聆聽自己喜歡的內容開始。

閉上眼睛聆聽，可說是漸進式學習中相當不錯的入門磚。由於視覺在所有感官中主導性太強，所以只要我們睜著眼睛，大部分注意力就會直接落在眼前的景物。倘若你有心學好聆聽，一開始不妨先挑選你有興趣的內容，藉此降低任何可能產生的抗拒感。開始播放後，請閉上眼睛、躺下來、專注傾聽。把大腦思緒放慢，然後開始注意講者話語中的抑揚頓挫和聲調的細微差異，何時增強、何時變緩。仔細聽出話中的訊息與證據，同時觀察自己在聆聽時有什麼反應、觀察你的內在聲音究竟有多積極或多不贊成。我向各位保證，如此練習下來你最終必能精通聆聽的技巧，進而藉此增強自己的學習經驗。有技巧地聆聽需要絕地武士般的超

強能力，但我們每個人的內在都擁有絕地武士的天賦。

訣竅 #2：瞭解到聆聽需要練習，別冀望自己的技巧能一飛沖天

羅馬不是一天造成的，李小龍的「一寸拳」也絕非突然間練出來的。真正高明的技巧都需要、也值得我們付出心力。所以在學習聆聽的路上，請大家不要企圖趕進度；況且你有一輩子的時間可以練習呢。言語無所不在，多給自己一些時間吧。

訣竅 #3：停止自己的思緒，專心傾聽

要成為格外優秀的聆聽者，你得先培養出暫時停止下判斷的能力，將注意力完全放在自身之外。也就是說你得關閉自我意識及內在聲音，同時融入另一個人的體驗，將你的心智舞台留給其他人。(註 50) 請盡量嘗試，若失敗了也不要放棄。本書之前已告訴過各位，這些努力將可為你們帶來莫大益處。

訣竅 #4：重點優先，聽出「骨幹」。

還記得我之前說過，大部分對話其實都無關乎主題？你的目標是要聽出我所謂的「骨幹」，也就是能夠凝聚講者訊息的關鍵點與支持證據。沒人會考你講者有哪些家庭成員、或他們最喜歡哪一款早餐穀片；所以你只要聽重點就行了。帶有背書意味的說法，譬如「你們一定不想錯過」這類句子暗示你要緊的東西出現了。所以學會掌握骨幹可為你省下不少時間與精力，你不

妨將它想成聽力版的 X 光。

訣竅 #5：注意敘事架構。

演說者或教師經常會在一開始預告接下來的整體內容。他們會說：「首先，我會列出幾項事實，然後再解說它們的價值。接著我會告訴大家一些訣竅。」這表示你會清楚知道自己處於演說的哪個階段：開場、中段、或結尾。這有助於你預估演說的節奏與間隔。

訣竅 #6：運用電報式句子或片語

當某個人說：「今天我將討論五個能為公司帶來成功的重要提案。」你只須寫下：「帶來成功的五項提案」。你甚至可以只寫「提案」兩個字就行了。（音樂劇詞曲創作大師史蒂芬·桑海姆說得好：「重點是字，而非句子」。太有道理了。）

訣竅 #7：「快取」內容

電腦術語「快取」（Cache）指的是網頁資料的暫時儲存，藉此減少伺服器負擔和累格現象。本書第一、二章已提到，大部分人的工作記憶容量其實相當有限，所以在現場進行即時資訊塗鴉時，光靠腦袋來記住演說內容是不牢靠的，必然會漏掉許多重要訊息。一個比較有效的技巧是將紙或螢幕當成快取空間（這讓我們回到延伸心智的概念），用以管理不斷傳來的訊息。若講者的說話速度太快，你寫下或畫下的東西只要足以喚起記憶就可以了，等對話暫告段落、事後或下課後再回頭補上細節。

你可以只寫一個字開頭的兩個字母、一半的詞語、或能夠提供回憶線索的圖案。情境與線索可幫助你事後回想演說內容。

訣竅 #8：留意暗喻、明喻、關於架構的描述

「這項專案有如兔子洞」、「大家隨意拋出點子吧」、「這是個惡性循環」、「體制結構層層分明」、「這些部門為平行運作」、「我們在繞圈子」…這些修辭已提供現成的視覺化線索，減輕了你的大腦負擔。沒必要（又是一個比喻！）重新發明輪子，有人提供比喻的時候，就直接拿來用吧。

訣竅 #9：若你開始跟不上講者速度，可採用線條、連結符號、外框、以及色彩

有些講者一開口就滔滔不絕，訓練有素的資訊塗鴉者可在演說開始的兩分鐘內判斷速度、並及早調整他的塗鴉方式。假如演說速度沒有慢下來的跡象，那麼你就沒必要挖空心思設計視覺比喻、或設法把圖像說明畫得精細些。這種時候你需要的是圖表，親愛的。只要在格子裡填上縮寫或簡寫，然後用線條拉出連結就行了。你的資訊塗鴉必須走極簡風格，而且這根本一點也不丟臉。勇敢的資訊塗鴉者該怎麼辦就怎麼辦。

訣竅 #10：若你覺得自己好像錯過某個重點，請跳過去，繼續前進

由於資訊源源不絕地來，半途停下勢必會造成塞車。任何即興表演愛好者都可以向你確認這一點。所以無論發生任何狀況（除了現場出現炸彈攻擊），無論你聽到什麼（他剛剛竟然自稱是有史以來最頂尖駭客？），都務必繼續前進。別為了遺憾自己可能錯過了什麼而犧牲後面的內容。反正同一場集會有其他人在場，只要在適當時機問問別人：「高效率人士的第五個習慣是什麼？」然後把你漏掉的補上去就行了。

訣竅 #11：別執著於視覺與文字語言上的不完美

若你要做的是個人型資訊塗鴉，很可能除了你自己之外，沒有任何其他人會看到你犯的錯誤。但如果你做的是團體型資訊塗鴉，就把觀眾當成一種資源，能幫你糾正你不滿意的部分。沒必要為了一個不完美之處而耿耿於懷、以致於妨礙塗鴉工作進行。若你拼不出某個字、或畫不出某個圖像，就直接請別人來接手吧。團體型資訊塗鴉的重點在於針對內容快速建立模式、進行試驗。運作機制越經得起犯錯，資訊塗鴉就越能發揮它的功能。假如你或你的團隊極力避免失誤，你們就會犯下花太多時間思考的毛病。其實最遭的情況也不過是用修正液塗掉重畫而已。

訣竅 #12：注意文字與圖像的平衡

這項原則會隨著資訊塗鴉的類型而有所調整。先說個人型資訊塗鴉吧，當你在做這類塗鴉時，你可以試驗各種文字比例，從中找出怎樣的比例最有益於你的理解與記憶。最適比例因人而異，並沒有一個標準答案；

你只要能找出具備個人特色的圖文平衡就行了。

但如果你做的是展演型或團體型資訊塗鴉，遊戲規則可就大大不同，理由如下：當你在進行這兩種塗鴉時，其他人成了你的觀眾，參與者不再只有你自己。這表示最適合你自己的圖文平衡，可能得調整為適合多數人的比例。調整有下述兩個理由。

理由 #1：本書已經提過了，所以你應該不會感到驚訝。圖像是主觀的，這表示觀眾需要以文字為基礎的資訊來正確解讀圖像、瞭解對話內容。若你的個人資訊塗鴉中文字與圖像比例為二比八，那麼你可能得為某一群觀眾調整為五比五或甚至七比三。為團體服務的時候，你的目標是要創造出能夠盡量濃縮資訊的視覺意象或文字訊息。文字與圖像皆扮演著重要角色，兩者的比例亦十分重要。

理由 #2：當我們擔任展演型或團體型資訊塗鴉者時，我們的成品很可能會在活動結束後透過網路傳給更多人看，讓其他人確認自己是否錯過了哪些重點、或將它當成參考資料。試想，假如我們傳給大家一份只有圖片的彙整文件，對方可能會覺得看起來還不錯，但完全無法從中看出自己是否錯過了什麼。從另一個角度來說，若他們收到的是只有文字

和一群人共事時，上述原則仍有例外（儘管相當罕見。）舉例來說：侵襲美國的「卡崔娜颶風」受災戶曾在事發數個月後集結，希望由一名資訊塗鴉者畫出他們的遭遇。我的一個同事被指定，要以生動意象與視覺場景而非文字來描繪他們的經歷。結果他的創作成果讓觀眾感受到的震撼程度，遠超過語言文字所能及。判斷合適的圖文比例時，你應該先問自己：這群團體的論述是否更適合以圖像來主導？

的彙整資料，那麼我們還需要資訊塗鴉者嗎？會議記錄人員就足以勝任了（甚至做得更好）。所以我要請各位務必注意圖文平衡，因為它們之間的比例必須依照資訊塗鴉者與觀眾的目的做出調整。

訣竅 #13：圖像宜簡單。

只需要相當基本的線條輪廓，就足以創造出能夠勾起你的記憶、以及觀眾記憶的圖像。不妨把視覺語言的精簡與節用，當成資訊塗鴉的重要特質吧。這並不意味你欠缺才華，精簡與節用視覺語言是為了方便你擷取內容，而這正是資訊塗鴉者的首要任務。最糟的情況就是塗鴉者在應該注意外部資訊來源時，反而把心思用在把圖畫得精細漂亮這種不相干的事情上。

除非你可以完全按照自己的步調，將書本或文件內容做視覺化的詮釋，那麼你想要畫得多精細都沒問題；否則我們應該刻意讓圖像保持簡單。畢竟圖像的目的是要充實意涵、勾起回憶，而不是轉移原本應該用在聆聽上的注意力。

訣竅 #14：發展一套圖像語彙

建立一套圖像語彙可減少你的失誤機會。這不但是即時

資訊塗鴉的小撇步（外加黃色麥克筆，見下方紅字說明），也讓許多塗鴉者看起來簡直是視覺即興表演界的天縱英才。所謂圖像語彙指的是為特定字詞或觀念預先想好的視覺化呈現，在你一邊聆聽一邊做資訊塗鴉時格外派得上用場。態度認真的資訊塗鴉者會在進入會場前，就已經想好如何表達資訊內容（戰力超強的塗鴉者甚至會為每次活動，針對特定主題預先設計出一組圖像語彙）。[註51] 舉例來說，你會如何呈現「概念」這個詞彙？（太簡單了，一顆燈泡）「夥伴關係」？（兩個火柴人手勾手）「策略？」（一顆棋子）最能保障擷取資訊過程順利的一個方法，就是建立自己的圖像資料庫、熟悉它們的運用；往後在聆聽不同主題時添加可以重複使用的圖像。這麼做可訓練你的塗鴉效率，同時也能建立你的自信。你根本不需要耗費太多心力。

「黃色麥克筆」是我很久以前，在加州舊金山葛洛夫國際管理顧問公司（Grove Consultants International）學到的技巧。這對初學者來說相當好用，作法是先在紙上畫黃色線條，等確定了構圖之後再用深色的筆完成。若你不確定顧客試穿鞋子該怎麼畫，你可以先用黃色筆大致畫一下、修正畫錯的地方，然後再用深色筆重新畫過。這麼一來觀眾當中就不會有人一眼看出錯誤了。你也可以用這項技巧來讓文字對齊直線，作法是先用黃筆畫好水平線（持續畫到夠直為止），然後讓文字對準這條直線，以免越寫越往下歪斜。除非觀眾刻意找尋，否則黃色對他們來說幾乎是看不見。

我們終於看完 14 個聆聽訣竅了！希望這些建議能對各位有所啟發，而不是讓你頭痛得想撞牆。一旦你開始有具體的聆聽經驗，自然就會對上述訣竅產生更深的體會，所以各位現在還不必費神把它們記到腦海。當你開始在各種語境中鍛鍊聆聽能力，我保證上述訣竅都會變成直覺反應。你只須浸淫其中，讓它們自動浮現在你面前。不要多久，你就會對自己的聆聽力大感驚訝。

書面文字最佳化：
從雜亂中整出一條理路

假如你從一開始就打定主意絕對不做即時資訊塗鴉，而只會嘗試非即時性的個人資訊塗鴉，那麼這項技巧對你將特別有用。你不需要學會聆聽（雖然這將是你的損失，畢竟聆聽在生活中實在太重要了），只需要學會將資訊去蕪存菁，然後加以視覺化。接下來的內容將告訴各位如何篩除雜訊，讓你的視覺呈現最有益於學習與記憶。還記得我的朋友維吉妮亞·史考菲德嗎？她運用個人型資訊塗鴉來搞定棘手的有機化學教科書、最終順利取得學位。接下來的段落不僅要慶祝她的成功，也要慶祝你即將成為圖像翻譯專家。

準備好了嗎？我要先介紹大家認識認識我所謂的「實用主義者剃刀」。

實用主義者剃刀

本書一開始我就表明過，我是個實用主義者。我只對心力要投注在哪些地方效果最好感興趣，並不希望你們設法搞清楚講者說的每一句話、根據你是否看到了名詞、動詞、或動名詞（動名詞是什麼東西？！）來分析哪些內容需要刪減。相反的，我設計了一套問題清單，可幫助你決定教科書或研究文件中的一段內容應該納入、或排除在你的資訊塗鴉之中。這些問題如下：

1. 這次的資訊塗鴉目的為何？我是打算在這些資訊基礎之上將特定內容視覺化嗎？我們提過這項原則，但現在有必要再度強調。假如你閱讀某個章節的目的是想為法國大革命列出大事年表，那麼你應該將注意力放在時間與事件、而不是棍子麵包的花絮，除非這些花絮跟法國大革命編年史扯得上關係。懂了吧？你一定得知道自己為什麼要複習這些資訊，眼光別轉移到其他不相干的地方。除非你有的是時間，若是如此請看下一個問題。

2. 我有多少時間？或者，我想花多少時間？俗話說光陰寶貴，所以你在決定資訊塗鴉的篇幅及內容時，應該將自己有多少時間可運用納入考慮。時間越多，可以關注的細節、與目的並非直接相關的資訊就越多。時間越少則恰恰相反。

3. 這項資訊對我個人、或對交付責任給我的人而言，是否吻合其目的？如果不吻合，就直接跳過。若吻合，便將它放進你的資訊塗鴉。舉例來說：知道愛迪生一天只睡四小時是很好，但這對你瞭解白熾燈如何運作有任何影響嗎？我想是沒有。若你研究的是愛迪生的發明歷程，那麼他睡眠極少這項事實或許頗有關連。你明白我的意思了吧？

4. 這項資訊會被用來考我嗎？換句話說，我必須為學業或工作學習這項資訊嗎？假如有別人期望你知道這項資訊，你就不能把它當成無關緊要的事，就算你覺得它無聊得要命。若交負責任給你的人要你學會這些無聊的東西，就將它們納入你的視覺化呈現之中吧。

5. 這項資訊是否能讓我對主題有更全面的理解？它屬於核心、抑或邊緣？假如你畫出相關性的同心圓，將主要概念放在中心，其他資訊放在外圍，那麼你會把眼前正在考慮的資訊放在哪個位置？知道一項資訊距離核心概念有多遠，有助於你決定是否該將它放進資訊塗鴉中。換個方式來說，倘若某項資訊可闡明特定主題的核心本質，你當然應該將它視為值得運用在資訊塗鴉的資源。但如果這項資訊只沾到一點邊、或是跟上下文完全扯不上關係，那麼就別為它浪費時間了。

6. 我覺得這項資訊很有趣，而且是出於個人意願想要學習嗎？若某些內容讓你精神為之一振，而且你還有足夠的腦力可將它視覺化，那麼就放手去做吧。實用主義者剃刀不是要用來強迫自己忽略感興趣的事物，而是提供一個符合體制要求與應盡義務（體制包括

教室或公司團隊，義務則涉及即將面臨的測驗或專案）的方法。只要不必付出太大代價（占去太多時間或理解力），那麼你無論如何都應該試試。

7. 若我打算向觀眾傳播這項資訊，他們會在乎我有沒有將它納入資訊塗鴉之中嗎？反過來說，排除這項資訊會不會影響觀眾的理解？ 切記，就因為你有機會花自己的時間來創作資訊塗鴉，並不表示你的塗鴉不應用於其他需要學習同樣內容的人。如果你有意分享自己的塗鴉、並藉此增加他們的知識，那麼你應該想清楚，你將這些資訊放進塗鴉中，是否真能達到上述目的。我的意思並不是你應該使盡渾身解數、為十九種不同類型的人與角色量身訂做資訊塗鴉。但你確實該考慮對於那些可能會將你的塗鴉當成參考或教學工具的人，特定內容是否真的具有價值。這是身為資訊塗鴉者對觀眾的體貼，再說我們也喜歡當個體貼的人。

以上就是能夠讓你輕輕鬆鬆做好非即時個人型資訊塗鴉的七個問題。我是根據個人斟酌哪些內容應該被納入或刪除的經驗來彙整出這些問題。它們並非聖經、古蘭經、猶太律法書或薄伽梵歌，只是任何時間不夠、但心懷目標的人可能會自問的問題。將這些問題搬到檯面上之所以重要，是因為許多資訊塗鴉者決定哪些素材應該加以視覺化，根據的是自身感受、以及他們自己覺得有趣的部分。如果你也是這種做法，你的資訊塗鴉應該純粹是為了樂趣及練習。別期望它能幫助你接受測驗或傳遞知識。真正想把資訊塗鴉運用在學習的人，不會從自己的感覺來判斷一項資訊的重要性。

你的化學老師不會測驗你對原子的哲學見解，而會問你原子的結構是什麼、如何互相連結。你的老闆不會想瞭解數據分享與民主之間的關連，他比較期待你知道數據如何在不同平台間轉移，然後把你所知的告訴顧客。當你自信地走在塗鴉革命大道，沿路發展自己的一套作法時，請開闢專屬於自己的路。評估某項資訊是否值得放入塗鴉時，你應該發展自己打算提出的一套問題。這其中並沒有必須遵守的固定答案，問題的目的僅在於協助思考。你只須緊盯著目標，就可以避免落入無關緊要的細節中。

以下的示範摘錄自專業演說家史考特·伯肯（Scott Berkun）部落格第五十六篇散文「創意思考七招」（Creative Thinking Hacks）。為了讓各位看得更清楚，我會把不需要納入資訊塗鴉的內容加上刪除線，然後將我要保留的部分改為**紅字**。

先說最要緊的，請你問自己： 我的目標是什麼？

這次資訊塗鴉的目標是讓自己擺脫創意窠臼，精確描述史考特·伯肯所提供的建議。

請注意，這是你的個人目標、而非上頭交代的任務，所以你大可根據自己的需求來決定選取內容。

下一個要問自己的問題：我打算花多少時間？

我還有很多其他的事要忙，所以我給自己十分鐘。提醒各位，這段時限不包括視覺化的工作。既然這項練習的重點是篩選過濾資訊，我們就把注意力放在這裡吧，再說我們都已經學過在資訊塗鴉中，文字應先於圖像。

創意思考七招

開始寫隨想札記。規則是：把任何時間出現的任何想法都寫下來。完全不要設限：任何方面的想法都可以。這有助於你找到自己的創意節奏，久而久之你會注意到自己在一天的哪些時段比較有創意。我建議你記錄在紙本上，這樣你才能直接在上面素描或畫畫；不過數位版的其實也可以。沒靈感的時候就翻翻你的隨想札記吧。你一定會在裡面找到已然忘記、但可以用來解決當下問題的舊點子。

給自己的潛意識一個機會。淋浴時會出現靈感是因為你的精神夠放鬆，足可讓潛意識中的想法自動浮現。你不妨讓它變得更容易發生：找個時間把腦袋放空，去跑步、游泳、慢跑、享受魚水之歡，越能讓你遠離有待發揮創意的問題越好。

反轉。靈感枯竭的時候，不妨思考若目標顛倒過來你可以怎麼做。如果你的目標是要設計有史以來最棒的唱片封面，那麼就改為思索如何設計出最醜的封面。花個五分鐘在顛倒過來的問題上應該能為你消除挫折感、逗你開心、說不定還能帶你跨越恐懼。你很有可能做出醜得太離譜、幾乎到厲害程度的作品；然後你再帶著新靈感回到原來的目標。

轉換表達模式。每個人在表達想法時都有些主要方式：畫畫、寫字、說話。倘若換個方式，不同的想法將比較容易受到激發。每回採用不同的媒介來表達時，你對特定想法的理解也會隨之改變。轉換模式不但有助於你想出新點子，也可用來深入探索特定想法。

接收即興戲劇訓練。這門藝術沒你想的那麼難，學起來也沒你想的那麼痛苦。它能讓你針對創作這項技藝發展出全新的思考方式。大部分即興課程是以樂趣及派對遊戲為主要架構，教導你即時組合各種點子的方法；對任何創作者來說，這都是相當有力的技巧。

找個同伴。許多人和他們喜歡的創意人士在一起的時候，往往也是他們自己最有創意的時候。建議你找同伴一起投入計畫，或甚至在其他創意人士獨自創作時從旁關切，藉此讓你的創意能量保持在高檔。萬一事情未如預期，你至少多了個喝酒的伴。

停止閱讀，開始行動。「創造」這兩個字是動詞，所以你應該起而行，實際做些東西出來。別把創造當成會計學來研究：你得實際去做、犯許多錯誤，才能對自己的創作學到些心得。所以別再上網子，開始動手幹活吧。

說得好，史考特，太精彩了！用減法過生活令人心滿意足，就像清理餐桌時，一股腦把髒盤子都扔進壁爐似的痛快。若你留心我的作法，你會發現我的簡化方式簡直到冷酷無情的程度。我揮刀一砍，刪掉大片內容，只把眼光放在能達成既定目標的有意義內容。若你也拿出剃刀來割除資訊，你注視這篇文章的角度可能會與我截然不同，譬如你會特別注意創作過程的同伴關係。這篇文章裡沒有任何一個字具有天生注定、永恆的價值。所以我們大可拋掉不需要的資訊，以便根據我們的最終目的來找出潛在內容。

接下來讓我們用統計數字提神醒腦一下，來算剛剛刪除了多少比例的字吧。這篇的原文共有 447 個英文字，被我縮減至只剩 102 個字。這表示我們減輕了 345 個字的文字負擔，但該有的重點都保留下來了。我們清出了超過 77% 的空間！資訊塗鴉者就是這麼在行。

往後若我們進行下一步、將伯肯的這段訊息視覺化，我們在智性方面將能得到更多報償。還有什麼比簡化訊息、並且加以視覺化更有助於我們的大腦吸收資訊？總歸一句話：

視覺語言同時做到了

縮減 與 詳—細—闡—明

請大家告訴我，還有什麼工具能達成如此了不起的任務？

當你走過塗鴉革命者打造的新世界，身懷解放利器、抬頭挺胸地大步前進時，別忘了知識宇宙的廣闊無際。練就去其糟粕、取其精華的功力，無論是言語或書面文字，你就能為促進人類之間的相互理解做出貢獻，即使只是一段短暫的時間。

資訊塗鴉：建構資訊

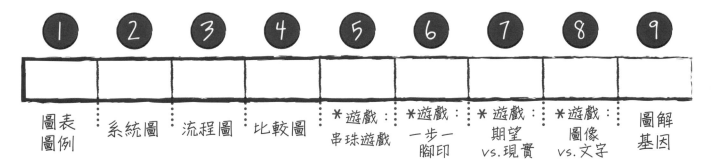

①	②	③	④	⑤	⑥	⑦	⑧	⑨

圖表圖例　系統圖　流程圖　比較圖　＊遊戲：串珠遊戲　＊遊戲：一步一腳印　＊遊戲：期望vs.現實　＊遊戲：圖像vs.文字　圖解基因

　　本章接下來的內容，將來到我個人最喜歡的寓教於樂部分：從觀念領域到真實世界的大躍進，不再僅根據文字做片面思考，而是對資訊有全方位的理解。我猜接下來的內容可能會像燎原之火點燃你們的大腦。在一個執迷於語言的世界，光是要瞭解（更別提實踐）如何將文字轉譯為圖像，一開始就已經違反了我們的直覺，甚至令我們想到就覺得彆扭。我對自己做過的努力仍記憶猶新。說真的，這段過程一點也不有趣。但既然我活了過來，各位想必也能倖存。而且我還有個好消息！在整個學習過程中，各位已經走到這裡囉。

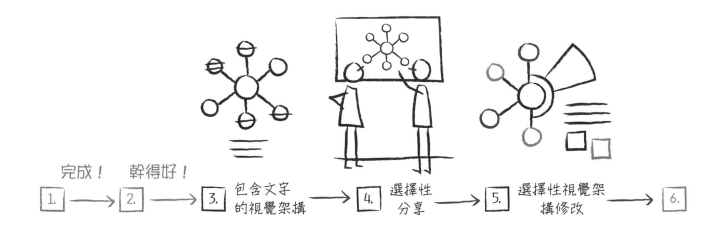

完成！　幹得好！
1. → 2. → 3. 包含文字的視覺架構 → 4. 選擇性分享 → 5. 選擇性視覺架構修改 → 6.

　　讀到這裡，各位先前學習吸收的一切終於要開始凝聚成形了。當你繼續往下讀的時候，你會看到先前所提12種資訊塗鴉設計的實際運用，也會見證到減法藝術的重要性。此外，你將看到視覺架構（也就是圖解）如何發揮

效用。在這個獨特的領域，原本的隱而不見心智模型有了具體的視覺呈現。彷彿「啪」一聲丟到你眼前。若要為視覺架構如何運用在真實生活舉出實例，各位不妨想想大部分人如何設計簡報或撰寫報告。假如他們能撥出時間來做好準備，他們思考主題的方式多半會像這樣：

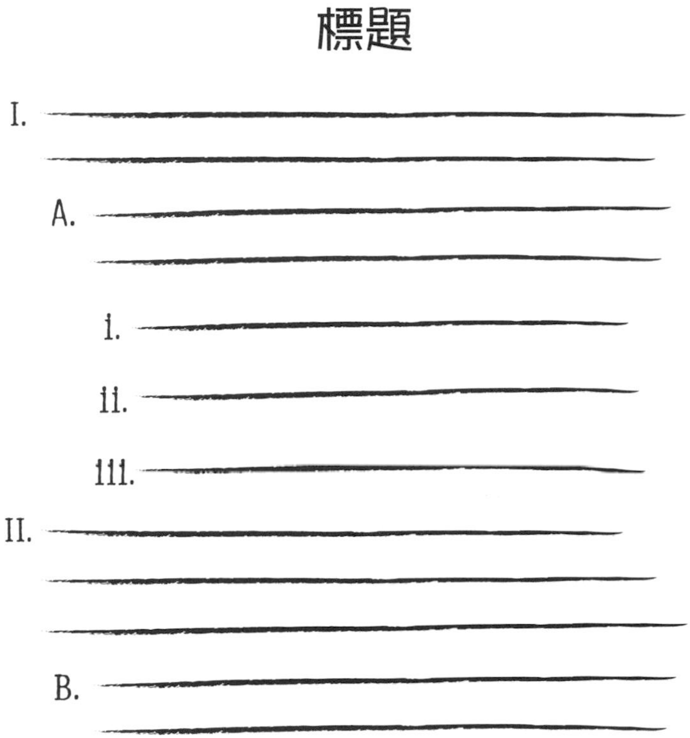

核心
概念

訊息

支持論點

轉折點

1

2

情緒衝擊時刻

比較

3

記憶點

4

標題

I. _____
_____

A. _____
_____

i. _____

ii. _____

iii. _____

II. _____
_____

B. _____

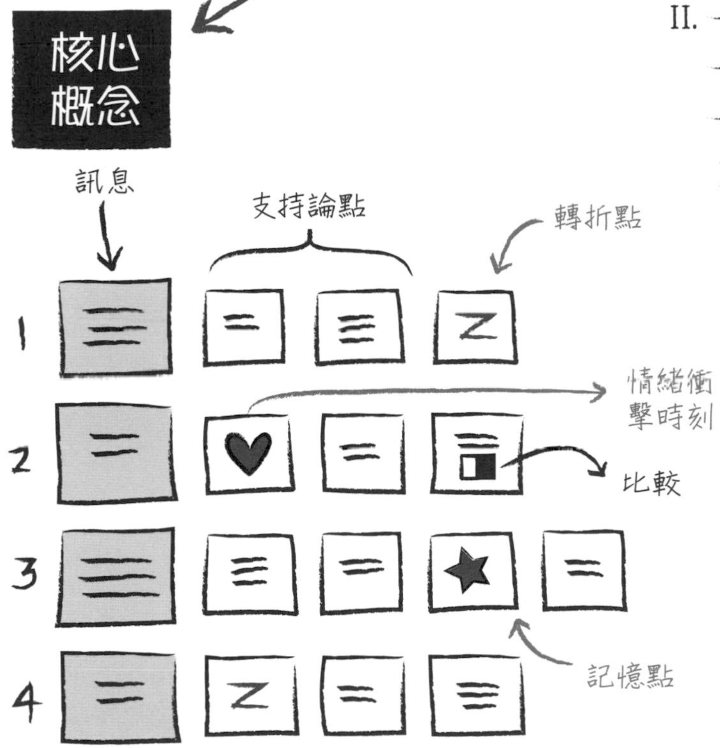

這種傳統方式其實沒什麼不好，我們都靠這套方式達成了學校與職場的要求。但視覺架構能讓別人更清楚瞭解你要說的內容，同時也能讓你自覺到觀眾被你帶領到什麼地方、以及他們在心智與情感上將有哪些經歷。深諳門道的資訊塗鴉者會用以下方式來準備演說內容、勾勒文章大綱：（註52）

各位期待已久（假裝是這樣啦）的圖表圖例！

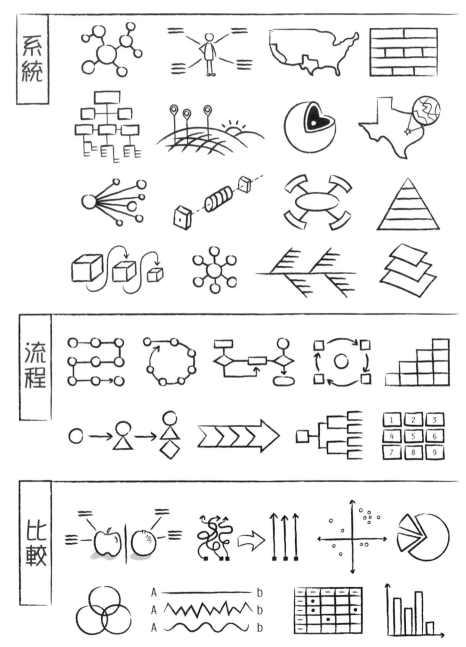

我知道這許多可愛的圖例必定讓你眼睛為之一亮。它們是給你當參考工具用的。你用不著特別背下來，甚至現在還不必瞭解它們是怎麼回事。我之所以現在就給你，是為了讓你在稍後的內容有東西可參考，同時預先看看接下來可能會碰到哪些視覺架構。

資訊塗鴉有三寶：系統、流程和比較

我接下來要說的事可能會讓你振奮不已，所以請各位務必用心。在我們繼續往下探討之前，你必須先瞭解：固定的資訊塗鴉架構確實存在，而且和你未來在這方面的優異表現息息相關。現在我們要開始深入學習這些固定架構了，如此一來我們的資訊塗鴉技藝必可持續提升。請放心，各位革命志士，我已經將這段學習過程變得既輕鬆又美妙。

主要的資訊塗鴉架構僅有三種，就三種而已！所以請告訴自己內心的那個懶蟲別慌張，繼續前進。這些固定架構基本上可說是理解資訊如何被加以組織的方法，實用性高到荒謬的程度。固定架構的最終目的，是要告訴各位如何處理你打算放進塗鴉的資訊。[註54]這應該不是什麼需要化四大段落來解釋的隱晦道理吧。

各位親愛的塗鴉者，雖然我希望你們知道有這些固定架構可用，但我也希望你們明白，在我們攜手共創的塗鴉世界，你們依舊享有許多自由與彈性。儘管我為你們的工具箱提供了固定架構，你們隨時都可選擇揚棄或自行創新。艾森豪將軍曾說計畫雖然無用，卻還是不可或缺；我對這三種固定架構也抱持著同樣看法。

知道有這三種架構可用確實很好，因為它們能協助你制訂規劃，但當你心血來潮時，把它們拋諸腦後也完全不是問題。

接下來我們將進入正題，各位準備好了嗎？

資訊塗鴉的三種固定架構包括**流程圖**、**系統圖**、以及**比較圖**。若運用上頁提供的各式圖例，這三種圖差不多含括了所有我們將觸及的人事物關係。

我們先來看看系統圖。簡單地說，系統圖是作為展示名詞之用，呈現出一個系統的整體概觀。

典型的系統圖會點出「何人」、「何事」、以及「何處」。[註55]美國領土俯瞰圖和天文星圖就屬於系統圖。這一類的圖長處在於展示宏觀格局。還記得我說過，人類的眼界只有一顆高爾夫球大？這類圖可拓展我們的取景範圍，並且讓我們看得更清晰。系統圖有無數種，主題包括供應鏈、財富分配、科技硬體與軟實力等等。我們每個人都必須搞懂整個系統、能夠將它化為資訊塗鴉，因為無人可置身於系統之外獨活。

接著上場的是流程圖。流程圖的目的是要展示動詞，透過

運作機制與動作、過程與動力、原因與結果、解釋與陳述來呈現世界。[註56]

流程圖通常用來達成結論、做出決定，在組織進行優化、調整、精簡時特別有價值。至於職場之外，流程圖也可用在多不勝數的有趣地方，像是杯子蛋糕如何使人發胖、或一條法案如何成為法律（還記得學校有教過吧）。

第三種固定架構是比較圖。它跟前兩種略有不同，雖然可呈現名詞或動詞，但前提必定是讓觀者可在不同的狀態、過程、或條件中做比較。比較圖讓你看到不同的場景會怎樣的差異，包括過去與未來，事前與事後。這一類的圖或許有助於我們理解兩個部門之間的差別，或紳士們究竟偏好金髮女性還是褐髮女性（正確答案為兩者皆非，他們其實偷偷喜歡紅頭髮的女人）。

由於我知道各位都正在認真學習，我得向大家坦承一件可能會讓你們困惑的事實：這三種圖其實常互相包含。你在真實世界比較有可能遇到所謂的「混和圖」，也就是融合系統與流程的圖。一份精細的地鐵圖會同時呈現「何事」、「如何」、「何時」、以及「何處」，除了地鐵路線之外，還會說明來往兩地的不同方式、依序列出站名並提供時刻表。所以說，這是一份結合了系統與流程的圖。本頁下方的知名資訊圖表由法國工程師蕭‧約瑟夫‧明納（Charles Joseph Minard）所繪製的「拿破崙遠征俄羅斯戰役圖」。這張圖呈現了「何人」、「何處」、「何時」、以及「如何／多少」（註57）多種元素，而且同時展示出流程與比較，所以也可說是一份混合圖。

這張比較圖呈現了拿破崙軍隊在 1812 年征俄一役中的死傷人數，鮮明地刻畫出多少士兵死於遠征及撤出莫斯科的途中。這張圖始於波蘭與俄羅斯邊境，灰色長條顯示法軍人數在前進俄羅斯過程中的消長，較細的黑色長條則是法軍撤退部隊的人數變化。這張圖還標出法軍人數持續減少的原因是酷寒氣溫、行軍曠日廢時、以及渡河等地形險阻。四十二萬二千名法國士兵中，最後僅一萬人

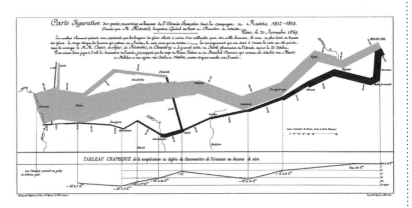

生還。據耶魯大學政治系、統計系暨資訊工程學系榮譽教授愛德華‧塔夫特（Edward Tufte）的看法，明納的作品「可能是有史以來最佳統計圖」；因為它有傑出的設計和生動的歷史內涵，而且看過的人無不印象深刻。

假如你一時之間無法決定究竟該選用哪一種圖，我的通則是先弄清楚這張圖的基本目的。不妨先問問自己，哪些資訊若被排除或改變，會影響到這張圖的核心功能。我們來看看下面這張紐約地鐵圖。

紐約市地鐵圖

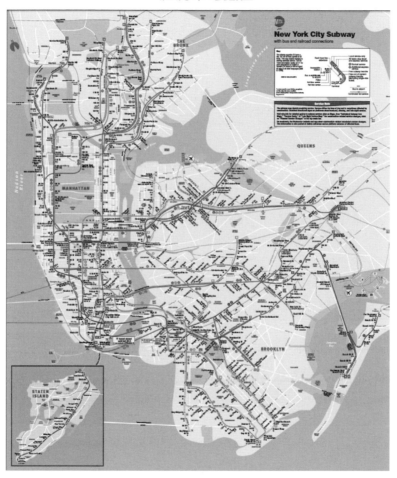

這張圖最重要的目的是協助民眾前往正確地點，所以繪製者並不打算按照原貌真實重現地鐵結構。為了達到地鐵圖的目的，他們決定犧牲地鐵基礎結構（譬如規模、精確位置、轉折點）在視覺上的逼真程度。如果是我來選擇的話，我會把地鐵圖畫得更接近流程圖，而非系統圖，因為前者將更多焦點放在清楚呈現「如何」這項元素。當你開始深入思考如何為自己創造視覺架構時，你可以考慮採用上述的混合圖。

說得夠多了，現在我們來看看（並且自己動手畫）一些簡單範例吧。

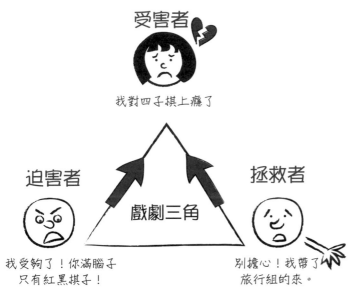

我對四子棋上癮了

迫害者　戲劇三角　拯救者

我受夠了！你滿腦子只有紅黑棋子！

別擔心！我帶了旅行組的來。

史蒂芬‧卡普曼（Stephen Karpman）在 1968 年提出他稱為「戲劇三角」（Drama Triangle）的人類互動行為模式[註58]，上面的資訊塗鴉是這種模式的輕鬆版（而且上下顛倒）詮釋。你應該盡全力避免讓自己陷入這種行為模式。你可能會猜，這應該是一張系統圖吧？上面有三個名詞，而且也說明了他們之間的關係，有「何人」做「何事」兩種元素。它提供了個別演員如何完成自己角色的相關資訊，但這畢竟是

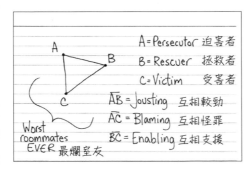

A = Persecutor 迫害者
B = Rescuer 拯救者
C = Victim 　受害者
$\overline{AB}$ = Jousting 互相較勁
$\overline{AC}$ = Blaming 互相怪罪
$\overline{BC}$ = Enabling 互相支援

Worst roommates EVER 最爛室友

一個功能失常的系統，若結構不改變就不會有任何出路。拿掉文字之後，我們可以看到這張資訊塗鴉的基本架構是個三角形。視覺上來說，這個架構再簡單不過。為了讓大家輕鬆一下，我請漫畫家潔西卡‧海姬（Jessica Hagy）在這張圖加上她的詮釋。

這個三角架構雖然簡單，卻能發揮絕大的溝通力量。下面還有兩張同樣簡單的系統圖，你可以看到它們各自屬於不同風格（我的圖稍微經過了一番修飾，因為我有時間做這件事。大部分系統圖一開始都只是草草畫過，就像下面的這兩張圖）。

第一個範例是塗鴉者[註59]所謂的「生物鑰匙」，描繪身體的三個區域及相關功能。這是一張相當簡單的架構圖，運用了效果可靠的文字與圖像結合。你當然也可以用條列式的方法來表達，但何必這麼做呢？這三個生物鑰匙有現成的視覺架構可套用。你甚至可以說它們希望被看見，而不是被講出來呢。

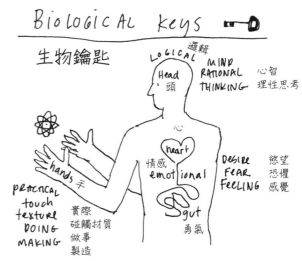

BIOLOGICAL KEYS
生物鑰匙

LOGICAL 邏輯
Head 頭　MIND RATIONAL THINKING 心智 理性思考

hands 手
PRACTICAL touch texture DOING MAKING　實際 碰觸材質 做事 製造

heart
emotional 情感
gut 勇氣

DESIRE FEAR FEELING　慾望 恐懼 感覺

第二張系統圖描繪的是臉書公司股票上市後的Web 2.0時代現況，原創作者為漫畫家休・麥克李奧。這張圖呈現了出版、娛樂、資料庫、甚至哲學板塊的變遷。這張帶有社會評論意味的圖成功地促使觀者反思，我們正在經歷的新世界秩序背後究竟有哪些意涵。所以這並不是一個描繪因果關係的資訊塗鴉，而是能夠激發對話的驀然一瞥。這張系統圖透過個別角色和他們的想法，為我們呈現出整體現實的樣貌。現在輪到你了。如同我先前所說，我們都無法自外於系統獨活。我們得學會看清這些系統、將之呈現出來，才能徹底瞭解它們。接下來要請各位做兩個系統圖塗鴉遊戲，讓大家從實際經驗中學習。塗鴉革命需要每個人身體力行呀，夥伴們。

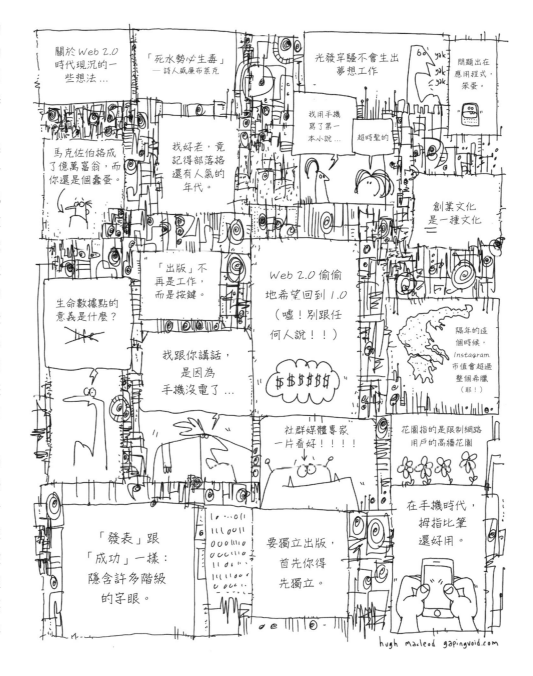

塗鴉遊戲：
所有系統就緒

從你的生活中選擇一個對你有影響的系統，譬如職場的組織系統、天天使用的交通系統、你花許多時間待著的房間、或你所隸屬的社區系統。想想那個系統中有哪些個別元素（譬如人群、公路、家具或家電、活動），然後再想想如何以視覺化方式將這些元素鋪陳出來。你可以用自己的一套圖像字母來為個別元素設計簡單圖形，然後將這些圖形放進資訊塗鴉內。有必要的話，你也可以從圖表圖例擷取靈感，創作出不一樣的資訊塗鴉。別期待自己第一次就能畫出完美的系統。你應該刻意容許自己不做任何預期或計畫。完成作品之後，仔細看看你的圖是否缺了什麼？一些元素互相連結的方式是否令你感到驚訝？你站在系統中的哪個位置？若換成別的位置你該做出哪些應對？你可以加入哪些事物來改建這套系統？

塗鴉遊戲：
跟 我 說

讓我們來跟大家玩個「串珠遊戲」，我已經在下方列出溝通的一些元素，請各位從以下三個圖表之中挑選一個來放進這些元素。每個圖表都有八個空格，而這套系統也有八個變項。這個遊戲的目的是要探索不同的視覺架構將為內容帶來什麼影響。你可在空白處畫自己的圖表架構，在每個圈圈寫上這八個變項（有興趣一試的話，你也可以加一些簡單圖像）。塗鴉的過程中，請仔細想想圖表架構如何暗示資訊之間的關係，再想想特定資訊最適合用哪一種架構來清楚呈現。為什麼這個架構比較成功？若內容與架構無法互相搭配，你對內容的理解會受到什麼影響？

想法
意義
觀眾
作者
訊息
形式
內容
語調

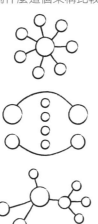

希望前面這兩個遊戲能讓各位對系統圖的形成有個大致掌握。完美主義者們（我知道你也是其中一員）若發現你們初試水溫畫出來的系統圖，簡直像喝醉的女人替自己化妝，也請勿耿耿於懷。別忘了，資訊塗鴉者得靠實作與視覺經驗來活化聰明才智。過高的要求根本不在我們的關切範圍，不完美才是我們的老師。現在，我們繼續接著談流程圖吧。

如何失去顧客、疏遠別人

1. 潛在顧客打電話來詢問的時候，讓他們聽一長串轉接號碼選單。

史瓦希利語服務請按19　　開新戶頭請按247

2. 顧客終於按了轉接號碼後，播首歌讓他們等到地老天荒。

「喔，我想要舞伴，一起感受熱度……」

3. 顧客終於等到有人類來接電話，客服人員卻要他們自己上公司官網找資料。

您有沒有到www.管你去死.com網站先查一下？

4. 當顧客要求直接跟主管談，就把電話掛斷。

啊哈哈！這種時候最爽了。

砰！！

這張流程圖呈現了企業何以疏遠顧客的一連串舉動，保證有效。流程圖聚焦在動詞與舉措，並加上陳述來增進觀者的理解。它告訴你「如何」做某件事。上面的例子只是開玩笑，千萬別在職場學，除非是你在那家公司上班的最後一天。

接下來還有兩張流程圖可為你的大腦暖身。就跟其他資訊塗鴉者的創作一樣，流程圖不必畫得精緻細膩，甚至第一次下筆時畫錯了也無妨。從無法預測的潦草紊亂中著手，才能讓我們釐清打算瞭解的資訊。

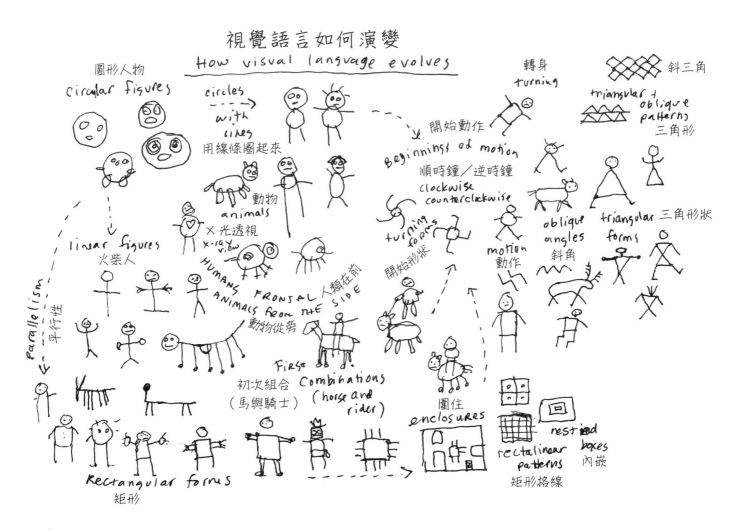

這張流程圖顯示了兒童如何發展視覺語言。這名資訊塗鴉者[註60]所描繪的視覺語言能力發展呈現出特定的順序，而這樣的順序是個生物及心智發展上的過程，所以塗鴉者選擇以有機結構的方式表現出來。你可以看到圖像字母及十二種設計都出現在這裡，發揮了它們與生俱來的功能。

第二張流程圖（註61）呈現的是身體分解、儲存食物能量的機制。在我看來，這張圖同時也提醒了我選擇健康食物的益處。顯然我應該把它貼在冰箱上顯眼的地方。

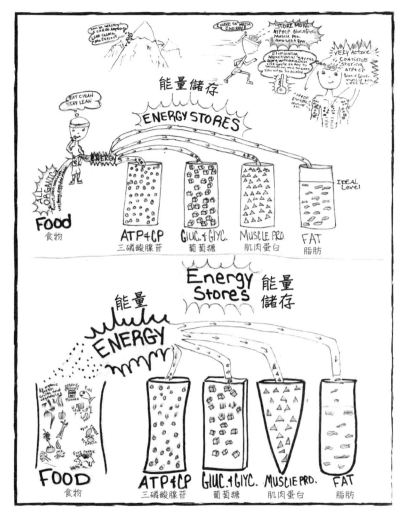

各位可以看到，這兩張圖的作者期望達成的是理解與呈現資訊，而不盡然是美化作品或讓它變得完美無缺（雖然有些人會覺得歪歪抖抖的線條反而顯得可愛）。當你在創作自己的資訊塗鴉時，就想想這兩張頗具風格的流程圖吧。有了這些資訊塗鴉者把他們對美學的不在意態度示範在前，你的老掉牙藉口「我不會畫畫」就沒理由冒出頭了。接下來我們要做個流程圖的遊戲。

塗鴉遊戲：
一步一腳印
PROCESS →

以下是大部分人每天（心不甘情不願）經歷的過程：準備上班。要做這項練習，我希望各位寫出上班日一開始所做的連串準備。我提供了用來呈現這趟流程的視覺架構，但當中究竟有多少步驟由你自己決定。想要的話，你也可以畫出自己進行活動的樣子，這是個練習畫臉孔和人體的好機會。

填完所有準備步驟之後，問問自己：有沒有哪些我在早上做的事，其實是不該做的？若修改這些步驟的順序，能不能節省更多時間？這當中有沒有我可以請別人代勞的事？我有辦法縮短部分步驟耗費的時間嗎？哪些步驟是可以同時進行的？

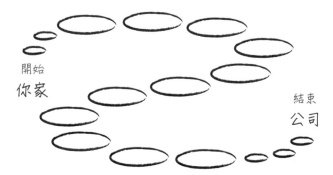

開始
你家

結束
公司

你如何準備上班（流程圖）

流程圖的價值在於協助我們認清為了達成目的所採取行動，進而評估這趟過程的正確性及有效性。如此一來我們不但能對過程取得比較大的主控權，自己也可變得更加覺察。我在事業早期曾做了一張與客戶進行銷售互動的流程圖，結果發現當中竟然漏了最後的重要環節：我們根本沒把後續追蹤規劃放進去。我腦袋有洞嗎？不用説，一旦你能看清整個流程、並且將它吸收消化，要再忘記自己得隨時注意這些流程簡直是不可能。

比較圖

　　最後一種固定架構是比較圖。下面的資訊塗鴉呈現出我如何詮釋工業經濟中的成功企業（分隔的企業）、以及知識與體驗經濟中的成功企業（連結的企業）兩者之間的差別。[註62]兩種組織架構在不同背景各有其價值，但它們的營運方式及精神文化差異仍舊值得一比。下圖是個簡單的一對一比較，為觀者呈現一個二分法的審視角度。比較兩種企業可鼓勵觀眾思考個別優缺點，促使大腦進行更深入的探索。

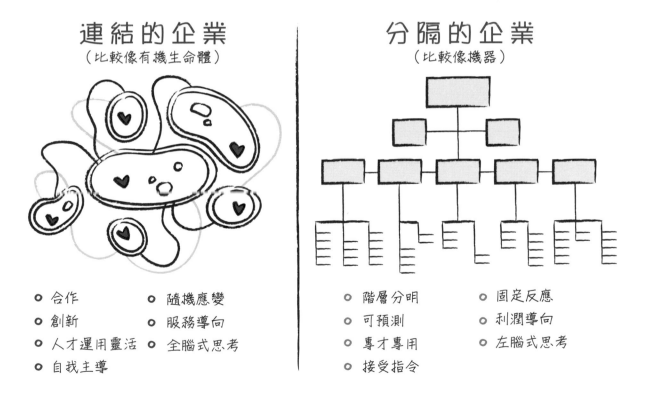

連結的企業
（比較像有機生命體）

分隔的企業
（比較像機器）

- 合作
- 創新
- 人才運用靈活
- 自我主導
- 隨機應變
- 服務導向
- 全腦式思考

- 階層分明
- 可預測
- 專才專用
- 接受指令
- 固定反應
- 利潤導向
- 左腦式思考

如你所知，比較圖呈現了「何人」、「何事」、「何處」、「何時」、「為何」、以及／或者「如何」，因為比較圖可同時含括系統圖與流程圖的內容，將不同的主題並列相較。事實上有一種比較圖是你們多年來早已在使用（或至少看過）的，數學愛好者與統計學家稱之為圖表，譬如以下幾種：

散點圖、圓餅圖、長條圖(註63)以及線圖都非常適合用來將資訊視覺化，數百年來也為人類對事物的理解貢獻良多。但如果你參考一下圖表圖例，你就會發現呈現比較性內容的方式多得很，無論是量的比較或質的比較；你可以憑直覺來選擇個人偏好的風格。接下來就讓我們一起看看更多種比較圖吧。

以下這張圖凸顯了不同材質的表面紋路，看似簡單卻效果卓越，因為它達成了比較圖的最重要目地，那就是促使觀者思考其中的相似與差別之處。前例中的兩種企業是一對一的比較，而這張圖呈現了多個主體的同時比較。當你要從兩種以上事物中做出選擇、瞭解它們相互之間的關係時，這類的比較圖將特別有幫助。

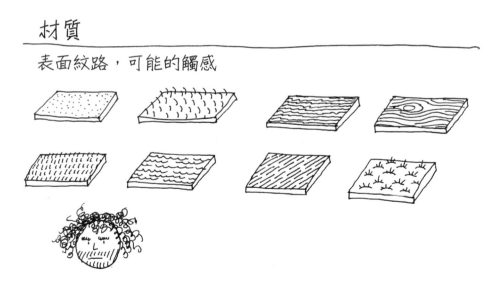

你會挑選哪一個材質？我應該會挑有仙人掌刺的那個，然後在白天放在老公的枕頭上吧（我是被清教徒家庭養大的，很不幸地到現在仍相信打盹是一種罪過）。

最後再來一張比較圖。下方的圖呈現各種狀態的地球，包括地球被炒雞蛋、地球被切片、地球穿尿布。和前一張資訊塗鴉相仿，它陳列出多種選項來引發觀者不自覺做比較的天性。人類就是無法按捺評比的本能。當我們把幾件東西擺在一起，就必然會開始考量其中的連結、斷裂、意義、用法、多樣性、可能性，當然還有相似與相異之處。

你知道我要說什麼了吧。和任何優秀的資訊塗鴉一樣，比較圖能激發觀者做更深入的探究，而這本身就是一件有助益的事。

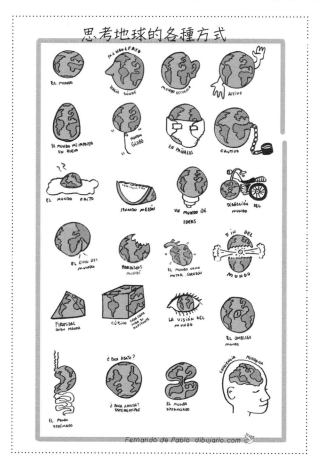

思考地球的各種方式

Fernando de Pablo dibujario.com

你必須透過遊戲來實際試驗資訊塗鴉。這項遊戲可讓你反思現實，從而建立自己的比較圖。我給這項遊戲的暱稱是「越想越氣」。玩法說明如下。

多數世人都曾經歷過個人對生活的期望、以及實際生活狀況之間的落差。這項遊戲就是要請各位畫出這些落差。你可以按照喜好選擇想切入的角度，無論是從政治、經濟、文化、信仰、行為、人際關係層面，或我們如何成長、接受教育、成為現在的自己、我們的公司或課堂如何運作。請盡情發揮想像，畫出兩種截然不同的風景：一個呈現實際生活樣貌，另一個則是由你所設計的理想境界。也許對你來說，這兩者之間並沒有任何不同（若真如此，算你厲害）。但如果兩者之間確實存在落差，就把不同之處畫出來。你可以使用軸輻式架構或連環漫畫形式。總之盡情揮灑你的塗鴉魔法吧，完成後花點時間想想，其中有哪些元素尚可接受、哪些你覺得非改不可。想想為什麼情況會是現在這樣，一切究竟是如何造成的（因果關係可以做成一張流程圖，你知道吧）。建議你運用已經學會的塗鴉技巧，在下一頁的空白處完成這項遊戲。若你覺得篇幅不夠用，也歡迎你另外找其他空間來進行這項創作。

真實生活 ⟶ ↓

↑ ⟶ 生活「應有」的樣貌

塗鴉遊戲：
 圖像 vs.文字

下一個思考遊戲要比較兩種強大的工具，而這兩種工具正是我們一路以來持續探索的對象：圖像與文字。

下方照片是蒙大拿州的包曼湖，旁邊寫上「美」一字。這項練習要請各位思考這張照片與旁邊文字之間的不同。建議你從功能、產製、詮釋、運用、感知、價值、溝通等角度來探討其間的差異。寫下、然後畫出你的印象與想法，直到你畫出一張線條散射、分枝連結各個項目的心智圖。有需要的話，你也可以閉上眼睛，在腦海裡想像兩者差異之處。想想這張照片有哪些部分吸引你，然後開始為你的資訊塗鴉著手創作。接著，想想「美」這個字，留神它在你身上激發了哪些情緒或意念。這個遊戲是要將你的注意力放在觀察這兩種工具能如何以不同方式、不同目的來運用。儘管文字與圖像都是絕佳表達工具，但就像雕塑與書籍一樣，它們之間並不相同。建議你多思考這兩種工具的本質（透過我稍早提供的幾個觀察角度），然後把你的想法化為二合一的心智圖。

提醒各位：精明的資訊塗鴉者可能已經發現，這次練習其實是將兩個系統圖並列、做成一張比較圖。我之前說過，比較圖往往可同時容納系統圖與流程圖。這可是連上帝都稱許的同胞情誼呢。

勇敢的塗鴉革命志士們！你們已經走到資訊塗鴉的架構課尾聲。有些人可能會稍微感到吃力，但沒關係。要在龐雜資訊中明快決定如何設計架構，本來就不一定能光靠直覺就達成，反而常常得多出幾次錯才畫得出感覺還不錯的圖。當你在探索、試驗這些架構時，你第一個要問自己的問題是：我現在畫的是系統、流程、還是比較？我想做出怎樣的視覺呈現？若你打算畫貴公司的資訊科技基礎建設如何處理不同應用之間的虛擬化及資料傳送，那麼你應該選擇流程圖（粗略的就行了）。假如你想呈現少數菁英銷售人員、與大批銷售新手之間的實戰力有何不同，比較圖將會是你需要的。若你想把世界各地的營養豐盛麵包畫成菜單，何不將它做成一張系統圖呢。畫完後你就得去便利商店了，因為你鐵定會肚子餓。

在你決定要採用哪一類型的資訊塗鴉之後，圖表圖例可提供樣式上的選項。若你一時之間無法想像到底哪一種呈現方式效果最好，不妨先參考右邊的圖表圖例，讓它協助你斟酌選擇。決定系統圖的視覺架構後，從圖表圖例很快選出想用來參考的範例。別擔心頭一次挑選的架構可能不盡理想。除非你是老練的資訊塗鴉高手，或你要呈現的資訊已經有現成圖表，否則初次嘗試不成功理應在預期之中。在選擇和試驗的過程中找出效果最好的圖表架構，這才是我們要關心的重點。

此外，你還會開始用前所未有的角度來審視自己所畫的資訊，而這只是資訊塗鴉能持續為你帶來驚喜的諸多影響力之一。讓我們再回味一次右邊的圖表圖例吧。

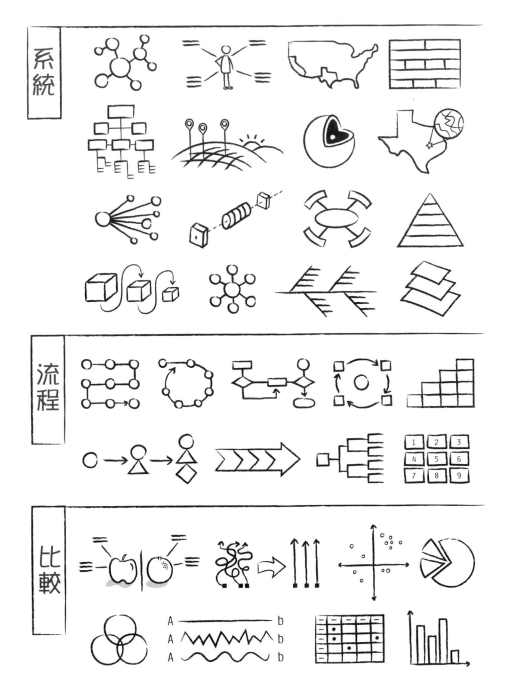

定義圖表

　　雖然圖表有點像色情片，「看一眼就知道它是什麼東西」；但我們還是來為它下個明確定義吧。所謂圖表，就是透過幾何符號在二度空間所呈現的資訊（雖然這定義不算言簡意賅啦）。圖表上的那些小符號功能即在此。圖表提供了一個安置想法的視覺架構，然後再重新組合排列這些想法、並進一步挖掘探究。你可以在許多資訊塗鴉者的創作中看到圖表，因為圖表具有相當優異的溝通效果。以下圖表擷取自設計師麥克‧羅德（Mike Rohde）的筆記本。[註61] 你可以看到他採用的圖表就跟嬰兒的小屁屁一樣天然。現在除了我提供的圖表圖例，你還有羅德的架構可供參考。把它們好好看過一遍，試著愛上它們、並且畫到紙上吧。這些架構棒呆了。

　　圖表有個挺有意思的地方：它們可自成一個完整的資訊塗鴉，也可以當作資訊塗鴉的部分組成元素。換

句話說，它們可呈現部分，也可呈現整體。我剛剛是在講科幻小說情節嗎？當然不是。視覺架構的優點之一，就是它能獨立存在，也能成為內在的一部分。因此，圖表近似於數學公式中的碎形（我個人相信這公式是小仙女變出來的），呈現出一種自我相似的模式。換個方式來說，一個碎形從遠觀、到近看，形狀都是一樣的。整體外形，就和內部任一小部分相同。有些碎形你或許已經親眼看過：閃電、貝殼、雪花、青花菜[註65]、以及羽毛。好好回想一下吧。

　　在資訊塗鴉國度，自我相似模式涉及了所謂的元結構與微結構。但我偏好人性化的說法，所以有時候我會把它們稱為媽媽圖表與寶寶圖表。瞭解這兩種結構之所以重要，是因為當你試著以視覺化方式呈現資訊時，你可以先選擇元結構，即媽媽圖表，然後在它之下創造多種微結構，也就是寶寶圖表。用圖來說明，我的意思是：

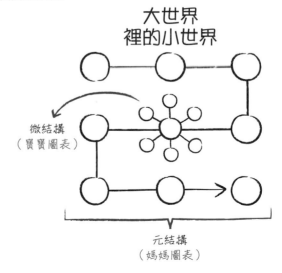

我之前已提供了一些各位可套用在系統圖、流程圖、以及比較圖的視覺架構。

那些架構是為了幫助你思考如何將內容視覺化，而不是要把你拘束在有限的幾種塗鴉方式中。其實你大可為你準備呈現的資訊量身打造，將數個不同的視覺架構混合運用。猜猜看怎麼著？你可能會很高興地學到下面這件事。

（有些）資訊天生帶有視覺基因

還記得我們先前討論過的知識宇宙嗎？你可能會很高興地發現，有些知識本身就偷偷夾帶了最適合視覺化呈現的內在架構。這是真的。這些知識帶有資訊塗鴉基因，可在不同視覺架構下展現出來。大多數的人（包括你，親愛的）不必經過練習或努力就能一眼看出這些內在架構[註66]。不過它們就跟地心引力和臭氧一樣，凡存在必定會真實體現。肉眼看不見的資訊塗鴉基因，有助於強化內容為什麼應該先於視覺架構的假設，因為我們得先有文字與數字，才能將它們放進表格中。右邊的例子顯示了如果不讓內容先行於架構，可能會發生什麼結果。看看這張圖表，內容只能說是混淆難解。

你可以立即看出族譜根本不適合用圓餅圖來表現。你可以在其他生活層面用圓餅圖，但圓餅圖完全無法說清楚誰是誰的父親、或誰在家族中扮演哪一個角色。所以這張圖表欠缺邏輯上的連慣性，就像長條圖無法呈現全球軍事武器的外銷途徑。圓餅圖比較適合呈現奇米花多少時間在個別家庭成員身上、或嘉嘉的外貌與其他家庭成員有多少相似度。長條圖則適合用來分析墨西哥捲餅的成分、或是比較玉米捲餅和起司脆餅的辣度。

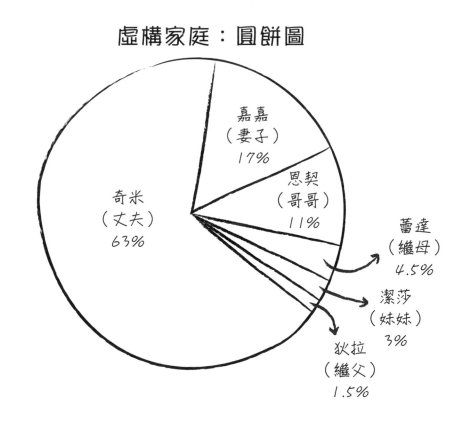

虛構家庭：圓餅圖

奇米（丈夫）63%

嘉嘉（妻子）17%

恩契（哥哥）11%

蕾達（繼母）4.5%

潔莎（妹妹）3%

狄拉（繼父）1.5%

希望各位別認為，成為資訊塗鴉者之前得先精通圖表。事實恰恰相反。我可不是要你們搞懂世界上每種圖表的畫法，這只是下一章的娛樂活動（也是資訊塗鴉者終其一生的樂趣）。我期望各位學到的是：特定資訊會有特別適合自己的圖表。反過來說，它們也會有根本不適合自己、和與生俱來的基因相抵觸的圖表。我們抬眼一看就能發現它天生有個搭配起來最稱頭的架構，明白了吧？

既然你已經搞懂圖表基因的概念，我得告訴各位：現場即時創作的資訊塗鴉對視覺架構的要求並不高。即時性的資訊塗鴉沒有多作分析的餘裕，必須仰賴創作者的自發性及大膽的即興發揮。換句話說，展演型資訊塗鴉沒時間磨磨蹭蹭，反覆斟酌哪一種圖表最適合。基本上出現什麼資訊就得立刻處理，所以最後畫出來的圖表不見得能與內容搭配得天衣無縫。從資訊塗鴉的角度來看，這根本不是問題。畢竟創作者不應該為了設計出最完美的圖表而疏於掌握內容。

然而如果你做的是個人型資訊塗鴉，那麼就不妨多花點心思來搭配資訊與視覺架構吧。個人型資訊塗鴉確實能讓創作者有時間好好端詳哪一種圖表最適合他要處理的資訊。鎖定你要選取的內容（至少是初步選取）之後，就看你如何大展伸手、讓文字與圖像這兩個世界撞擊出火花了。內容與表格可以盡情地相輔相成，如果你懂得藉助圖表圖例、以及本書和網路所提供、或是你自己發想出來的許多其他圖表。一切只要你有探索的意願。

各位最棒的讀者們，你們手中已牢牢掌握邁向下一章所需的所有技巧。你可以想像任何簡單物體的外觀，或是將任何比喻視覺化。你可以在龐雜資訊中去蕪存菁，也可以將資訊放進適切的圖表。現在你可以準備將團體型資訊塗鴉列入你的技巧清單了，你的世界從此以後將大不相同。

請開始動手做吧。

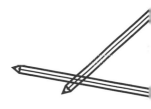

第 5 章

資訊塗鴉實戰力：

改造團體思考方式

團體型資訊塗鴉：改造群體工作方式

歡迎你們，各位可愛的資訊塗鴉者。你們已經來到學習歷程的最後一段，回首來時路竟然走了這麼遠！現在我們正位於下圖的第六階段，只差一步便即將成為重要革命先驅。我的興奮之情簡直完全克制不住（再說何必要克制呢）。

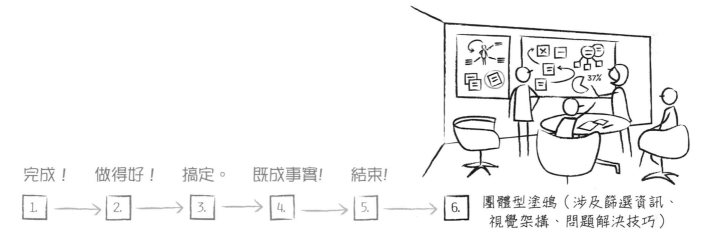

完成！ 做得好！ 搞定。 既成事實! 結束!

1. ⟶ 2. ⟶ 3. ⟶ 4. ⟶ 5. ⟶ 6. 團體型塗鴉（涉及篩選資訊、視覺架構、問題解決技巧）

　　既然各位已經跟著我爬過好幾個山頭，你們應該明白團體型塗鴉能帶領我們走向許諾之地。我們現在知道了自己屬於廣大知識宇宙的一部分，有了這項技巧我們必定能大無畏地動手探掘這片宇宙。我們的認知領域由無窮盡的微小資訊碎片所組成，而這項技巧能幫助我們發現、過濾、碰撞、拓展、凸顯、掌握這些資訊。團體型資訊塗鴉的不同之處在於它採用最高階的技法，把塗鴉變得更需要同時投入肢體與多種感官、互動性也更強。透過這種塗鴉方式，我們可以集思廣益、一起遊戲畫畫，將個人有限的觀點拋諸腦後。

　　在你啟程之前，我想先給你兩個錦囊：首先是真實世界的快速一瞥，你可看到資訊塗鴉如何在一家大型跨國企業激發智慧財產權的創新；其次是一份創作團體型資訊塗鴉所需的補給清單。不過別誤會了，雖然技術上來說你也可以在沙地上用樹枝做資訊塗鴉，但我一如既往，指的是你最有可能會出現的地方。

創新，資訊塗鴉風格

有一天，某家大型電信公司的領導階層發現了令人不安的事實：

「各位，我們有麻煩了。我們的專利技術未來收益恐怕將不如預期。」

由於領導階層都是積極主動的人，這個問題當然不容擱置。於是公司廣邀精通各類科技的專家齊聚一堂，直接著手解決問題：

「既然各位遠從世界各地飛來，我們就不浪費時間了。大家將問題畫出來吧。」

我和團隊人員組織了一場為期兩天的腦力激盪活動，將資訊塗鴉融入在一連串的思想實驗中。兩天的活動結束後，這群 12 人小組成功地發想出五種可申請專利的科技。若非這次的努力，這些科技在未來七年到十年都可能不會存在。換句話說，這個團隊透過資訊塗鴉將創意發揮到極限。

這次活動的挑戰是醞釀想像中的創新事物。我們採用的視覺思考方式之所以有效，是因為它提供了共用的視覺空間，讓大家能一起剖析、操控、創造、改變我們對資訊的洞察。這樣的方式可讓每個人充分表達自己的意見，進而容納更多種想法。少了資訊塗鴉的協助，我們可能得投注更多時間才能完成使命、或甚至根本無法達成目標。

接下來要請大家瞄一眼我所謂的「資訊塗鴉序列」，即文字、圖像、動作如何交織於一連串的思考練習中。這些序列是名副其實的問題解決機器。下一頁列出了資訊塗鴉活動的實際順序，我們正是透過這些活動來搞定上圖的專利問題。[註1] 在你朝資訊塗鴉大師級應用攻頂之前，不妨先看看這些序列為自己做個準備。雖然你現在還不清楚序列中的各項活動內容細節，但本章接下來將翔實說明其中的奧妙。

研討會目標：兩天內發想出五項可申請專利的科技。

資訊塗鴉
序列：

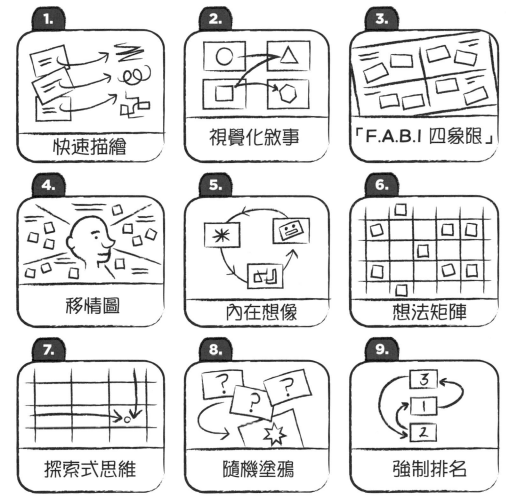

1. 快速描繪
2. 視覺化敘事
3. 「F.A.B.I 四象限」
4. 移情圖
5. 內在想像
6. 想法矩陣
7. 探索式思維
8. 隨機塗鴉
9. 強制排名

　　希望各位有如蜘蛛人般的敏銳感官已經探測到，與團體共事時運用簡單的視覺語言便可發揮不凡威力。塗鴉革命有個信念，那就是當我們邀請他人共同解決問題，無論是任何問題，我們都應該盡量提供對方足夠的工具來輔助。既然人類對涉及視覺與動覺的工具反應特別好，我們就該讓他們能隨時取用這些工具。這正是塗鴉為什麼可以讓大家變聰明。接下來的內容將介紹資訊塗鴉序列中，有助於解決一般組織機構問題的十五種活動、以及其他錯過可惜的專業竅門。

特別提醒大家一個重點：在協力合作的情境下，思考練習中的視覺語言可說是塗鴉的高端功能之一；至少就我個人的經驗是如此。若你屬於推動者或會議領袖這類型的人，你就會知道資訊塗鴉序列和推動者設定的語調，將大幅影響團隊的思考程度與思考習慣，進而影響腦力激盪的結果。這些資訊塗鴉活動最好讓有領導會議經驗的人來參與，或是在鼓勵冒險、對塗鴉友善的企業文化中進行；雖然實際上任何人都可以帶領這些活動。

倘若你不屬於推動者或會議領袖這一類型，那麼接下來我將告訴你，為什麼你不必當這種人也能透過塗鴉在團隊中增強思考能力。

所以，無論在學校或職場，你將需要：

1. **面積夠大的視覺空間**。可以是白板、黑板、鋪著紙張的大桌面、貼滿紙張的牆壁、尺寸跟掛圖差不多大的便箋、牆面塗上白板漆（IdeaPaint）的房間[註2]、互動式白板、平板電腦、數位繪

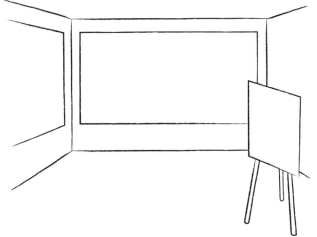

圖板、或可以投放螢幕的筆記型電腦。你需要一個夠大的塗鴉空間，才能讓許多人至少看得清楚上面畫了什麼，即使他們是沒有直接參與互動的旁觀者（老實說，能讓所有人參與還是比較理想）。[註3]

2. **筆**：白板筆、油性筆、或平板觸控筆。

3. **便利貼**：各種形狀或尺寸都行。

4. **索引卡**：同上。

5. **大尺寸紙張**：可以把幾張紙連接起來、或讓兩張掛圖並排。有白板或黑板可用是很好，但它們可能無法移動（除非裝上了輪子）。這個問題可用最古早的科技，紙張，來解決。

6. **一卷紙膠帶或美工膠帶**，用來標示塗鴉中的部分內容，方便大家進行後續的審視及思考。如果你的白板可以放磁鐵，那就更方便啦。

7. **任何方便取用的實體或數位工具物件**。快速打造原型的時候，這些工具或物件將派得上用場。團體型資訊塗鴉通常會涉及打造原型這項工作。

這些物件是你的基本工具組。想要的話，你也可以琢磨出自己的一套工具。此外，當你越來越熟悉團體型資訊塗鴉的流程，你會開始知道哪些活動需要什麼工具。說不定我這份清單你只會用上一次。

為了指引各位進行團體型資訊塗鴉，本章將探討我先前提過的六種會議類型。我只提及職場上的會議，是因為教室、講堂和研討會的目標與架構種類繁雜，沒辦法用一套系統化的方式來深入探究。[註4] 在這些場合中，往往最佳方式就是你已經知道的作法：為了自己的知識啟發而篩選內容、將之視覺化；換句話說，就是採用個人型資訊塗鴉。至於職場上的會議，你呈現資訊、試驗想法的方式必須讓在場的每個人都能理解，而且必須以有效的順序來進行。

還記得先前舉例的電信公司嗎？這個努力開發專利技術的組織成功地運用團體型資訊塗鴉，解決了一個嚴重的現實挑戰。現在我終於要揭開他們如何成功的神秘面紗啦（重點當然不是面紗或他們想出哪些技術，這項資訊可是有專利權的）。我要透露的是所謂「資訊塗鴉序列」如何在許多利害關係人涉入的情境下為我們解決問題。這些序列適用於一般性的會議，亦即舉世皆然、無論企業組織生產或銷售的產品內容為何。

為了喚起各位的記憶，我將這六種會議再次羅列如下：

1. 計畫會議

（例如：專案推展／實施）

2. 問題解決會議

（例如：發想／創新）

3. 決策會議

（例如：招聘新人，預算分配）

4. 前饋會議

（例如：背景設定／組織現況，情況／專案進度回報，研究發表）

5. 回饋會議

（例如：360 度回饋，績效檢討）

6. 綜合會議

（例如：非現場領導，開放式研討會、主管研修會、策略規劃）

你將在本章學到，如何讓一群人順利依循資訊塗鴉序列進行。（而且還發現你竟然擁有自己所不知道的技巧！）這是不是讓你開始產生興趣了呀？

進入正題之前，我們先來快速瀏覽一遍本章的內容導覽吧。

本章概要

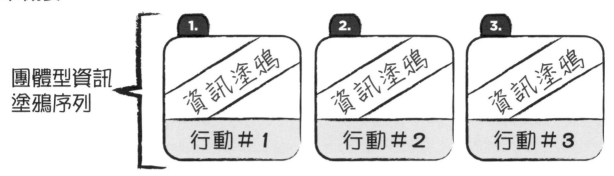

團體型資訊
塗鴉序列

1.
資訊塗鴉
行動#1

2.
資訊塗鴉
行動#2

3.
資訊塗鴉
行動#3

對於上方的視覺化行動方案，本章接下來會有更深度的剖析，為上述六種會議分別說明各自所需的資訊塗鴉序列、或其它能夠讓流程進行得更順利的指導方針。[註5] 將來要展開新會議時，這些說明與指導方針都會是我們掌握流程的重要頭緒。所以不妨將它們視為能夠為你安全護航、聰明度過每一關的得力助手吧。但要請你們特別注意，用來引導會議的資訊塗鴉序列必須配合以下前提：

1. 會議目標

2. 資訊塗鴉活動的目標

3. 需要幾名資訊塗鴉者

4. 資訊塗鴉活動的時間長度

5. 活動的主要假設

6. 如何確實動手做資訊塗鴉

7. 資訊塗鴉活動的最佳實踐

我會一路陪著各位，為你們闡述各項活動的內容、並提供相關指導。但既然大家現在都已經有了運用視覺語言的充分能力，其實你也可以自己在職場或其他地方進行這些資訊塗鴉序列。你不需要專家的知識來推進這些活動，因為這些視覺思考流程本來就是為了非專家而設計。即使你在集體塗鴉的一開始貢獻有限、或幾乎沒有貢獻，經驗還是會成為你的最佳導師。所以請大家跟我一起來試試吧，你們將知道自己到最後就完全不再需要我了。

我們先從清單上的第一種會議來探索團體型資訊塗鴉：計畫會議。

走進團體型資訊塗鴉

計畫會議算不上是全世界最有趣的集會活動，但如果沒有它們，你那些壓箱寶的點子都只能隨風而去了。雖然我衷心敬佩能夠永遠活在當下的人，為多數企業工作的芸芸眾生還是得預作計畫，尤其是專案計畫。以下說明資訊塗鴉者如何在計畫會議中發揮所長。

我之前預告過本章將介紹六種會議的視覺化作法，以下是當中的第一種。你猜得沒錯，這些作法就是將視覺化活動的可能序列以塗鴉方式呈現出來，而視覺化活動者可被用來引導眾所期待的會議（你的老闆人不在這附近，其實各位用不著假裝你們熱愛開會）。你不妨將這些視覺議程看成是你的視覺地圖，將你帶離枯燥無聊、了無生趣的標準辦公室集會；如此一來你們在計畫會議所採用的團體型資訊塗鴉就會瞬間變得精彩有趣，我敢對著你媽的塗鴉發誓。（這樣說沒問題吧？）

計畫會議

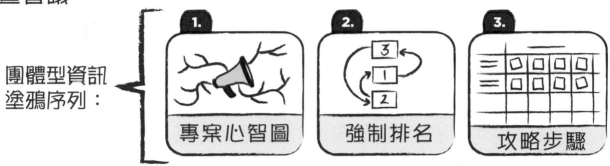

團體型資訊塗鴉序列：

1. 專案心智圖
2. 強制排名
3. 攻略步驟

會議目標：

概述、評估、排出先後順序、規劃專案。

團體型資訊塗鴉 #1：專案心智圖

專案心智圖的目標：

根據以下三個變項建立各個專案的清晰樣貌：特色、益處、挑戰。

資訊塗鴉者人數：

2 至 20 人（依據你們打算列入評估的專案數量而定，理由見下方說明）。

時間長度：

20 至 45 分鐘。

主要假設：

1. 許多有實現機會的專案可透過大略規劃及審視回顧，讓團隊成員得到啟發、從中獲益。

2. 團隊成員沒有足夠的精力或資源來投入所有的專案。

3. 就算團隊最終決定投入每一項專案，他們仍得進行評估、排出先後次序。

4. 所有評估過的專案不是還沒展開、處於執行初期、就是到了有必要再重新評估的階段。

計畫會議的視覺議程應該以參與者畫出心智圖作為開場白；所謂的「心智圖」包含了一個中心意象、以及從中心意象延伸出去的分枝。為了讓大家瞭解心智圖的構成，建議你至少提供一個例子（網路上到處都找得到，你也可以在會前或會議中為團隊成員畫一個），以便在場參與者理解他們應該畫出怎樣的圖。[註6] 不過就算沒有心智圖的範例可提供，你也用不著擔心，以下這張抽象的資訊塗鴉能為心智圖解密。

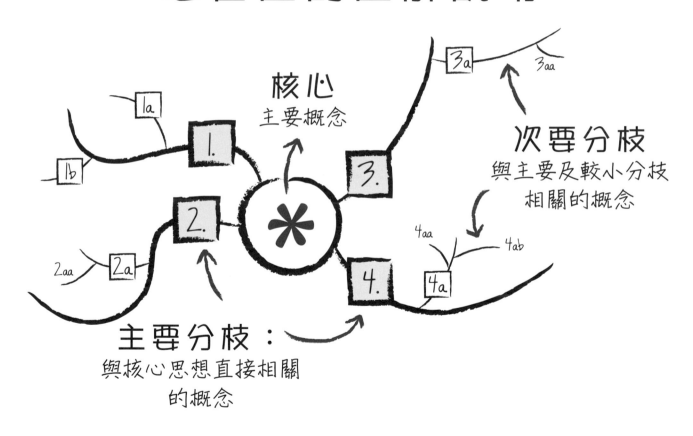

心智圖的圖解說明

核心
主要概念

次要分枝
與主要及較小分枝
相關的概念

主要分枝：
與核心思想直接相關
的概念

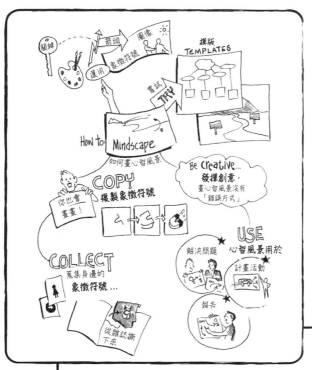

若你對抽象思考較不在行，這裡還有一個具體的心智圖範例，主題為南西·瑪格莉思（Nancy Margulies）和克莉斯汀·瓦蓮莎（Christine Valenza）所謂的「心智風景」（mindscape）。為了怕這張圖畫得太精美，可能會嚇到各位，所以我遮住了一些部分；而且我另外提供了下面那張線條比較粗略的心智圖。

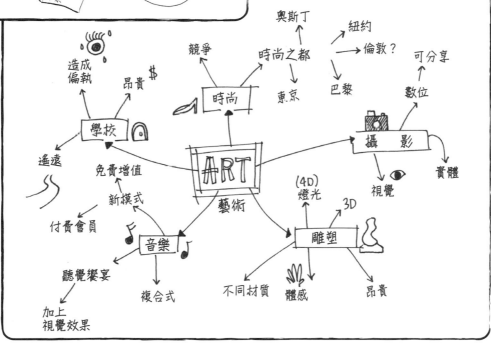

要建立專案心智圖，你們得先仿照前頁的第一個例子，依樣畫出一個面積夠大、現場每個人都看得清楚的圖；或根據特定內容仿製一張圖[註7]，讓與會者明白所謂的心智圖，就是要將位於核心的物件或概念做簡單的視覺化呈現，並且加上延伸的分枝來連結相關詞彙和句子。從核心意象延伸出去的是主要類別分枝，再往下衍生的概念則形成大分枝下的小分枝。你想建立多少主要類別都沒問題，而且只要你認為有需要，大分枝下要衍生多少小分枝來闡明核心概念也任君選擇。

和所有出色的資訊塗鴉一樣，心智圖是文字與圖像的結合。所以團隊可以任意選擇他們想要視覺化的部分，也可以僅使用文字、並藉助樹狀圖結構來增強大家的理解。此外，團隊還可以用便利貼來記錄最初提出的概念，然後參考這些便利貼做出初版的心智圖；而不是一開始就直接把這些概念畫在紙上（用白板取代便利貼也可以）。

若團隊成員進行到了把概念畫到紙上的階段，卻發現他們想刪除或重新安排部分概念，大家只要從頭再畫一次就行了。更改重做本來就是視覺思考流程中的一環，和其他類型的編輯校正沒什麼兩樣。用筆刪除、用修正液、甚至把整張紙揉掉全部重畫，都是合理的作法。第一次的成品本來就鮮有佳作。

現在團隊成員們都已經知道如何打造切實可用的心智圖了，會議領導者的下一步就是請大家繼續打造數個能夠實際運用的心智圖。

專案心智圖操作流程

要展開專案心智圖的打造行動，你得先將眾多成員們分成幾個小組。[註8]若你希望會議能進行得快一些，理想上有多少專案要評估，你就把所有成員分成多少組。假如這樣做沒有可行性，各位也用不著擔心。要記住，我們可是資訊塗鴉者；環境中的些許不完美嚇不倒我們（再說，我會針對如何處理這類情況提供建議）。

所有與會者分組完成之後，領導者為每組分配一個待評估的專案。請務必確定各組人馬對於他們要評估專案都至少有了基本概念（這還用說嗎？但事實常出人意表）。

接著，每組應該對能夠代表專案的核心意象產生共識，進而將這個意象畫在三片空白空間的正中心。也就是說，每一組必須畫三張心智圖，所以他們會需要三張掛圖紙、或三片面積夠大的白板，諸如此類。

決定核心意象之後，各組要為他們的意象加上標題以做為專案的名稱。這麼一來其他組別在最後看到這個專案時，才會知道大家在討論的專案是哪一個。未加上標題的意象會造成混淆、或迫使其他組成員根據周邊訊息來揣測討論中的是哪一個專案。這根本是浪費時間，一點也不酷（來，跟著我唱：文字和圖像坐在大樹上！玩-親-親）。

準備三片空白空間，展開心智圖創作。

向團隊成員解釋這三張心智圖中，一張要畫專案特色，另一張畫專案益處、第三張則畫出相關挑戰；然後據此為這三張心智圖命名。由於團隊成員接下來必須評比這些專案，這項練習的目的是要讓他們對專案的背景脈絡有充分瞭解。你可以告訴大家所謂「特色」指的是專案的特殊性質或屬性，包括具體組成部分、整合其中或相關的產品及服務、任務的內在架構（是否涉及多名利害關係人？需要跨部門合作嗎？）以及其他特有性質。「益處」可定義為專案對顧客、內部關係人、整體組織或市場的價值或貢獻，亦即專案若成功落實所帶來的利益。最後，「挑戰」可以是任何浮現的障礙、價值的創造、對專案的正面衝擊。

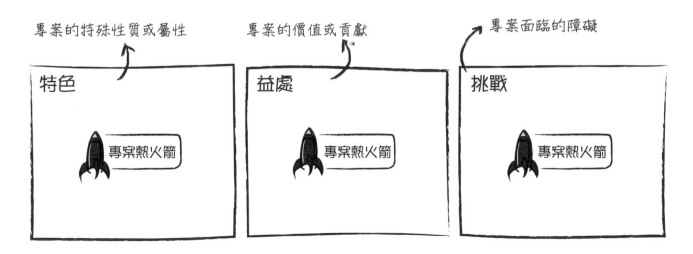

接下來各組的任務是要運用他們所學過的心智圖作法，針對特定專案來進行視覺化呈現，畫出最貼近小組共識的景象。為了讓成員們深入瞭解、清晰洞察所屬專案，每個人都應該深思熟慮地（說話音量要多大聲都行）將特色、益處、挑戰這三個變項具體化呈現。沒有先把大局摸清就對專案進行評比（他們接下來要從事的活動）簡直毫無勝算可言。這就像在酒吧裡矇著眼睛隨手指一個男人，就同意要嫁給對方，即便只共同生活了幾個月。這樣做怎麼能算成功呢？團隊成員應該對每個心智圖及其主題多方思考，持續聯想、衍生至滿意的程度。心智圖的每個新分枝都代表著一個有助於釐清專案的觀念。這項活動結束之際，每個小組眼前都有三張業已完成的心智圖，為他們的最後評比提供考量周延的依據。[註9]

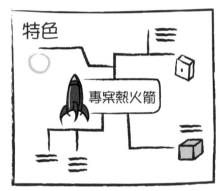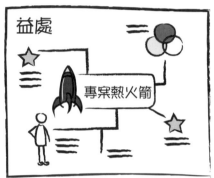

在總結這項活動、進行至下一階段之前，我們還得做最後一件事，我稱之為「資訊塗鴉散步」。這時候大家把所有心智圖陳列在牆壁、或方便與會者瀏覽的大桌子上。然後每個小組輪流觀看其他組別的心智圖，並且逐一為別組的塗鴉添增補綴、或修改得更精細。你可以讓所有小組都輪流看過所有其他作品，也可以挑選特定組別看特定作品。[註10]或許你會想每組挑出一個人，負責向前來觀看的其他團隊成員解釋本組創作。[註11]無論你選擇哪一種作法，容納更多人來觀看、動手參與每項專案的描摹，意味著大家對專案將有更全面的認識。所以當你發現有些人對「亂搞」別人的作品（他們常有這種看法）持保留態度時，務必向他們保證他們的貢獻是活動的不可或缺部分。他們的任務不是要畫出蒙娜麗莎，而是提供透過低科技就可建立的資料庫，並藉此讓整個團隊更清楚下一步該怎麼走。

資訊塗鴉散步：循環式團體教育

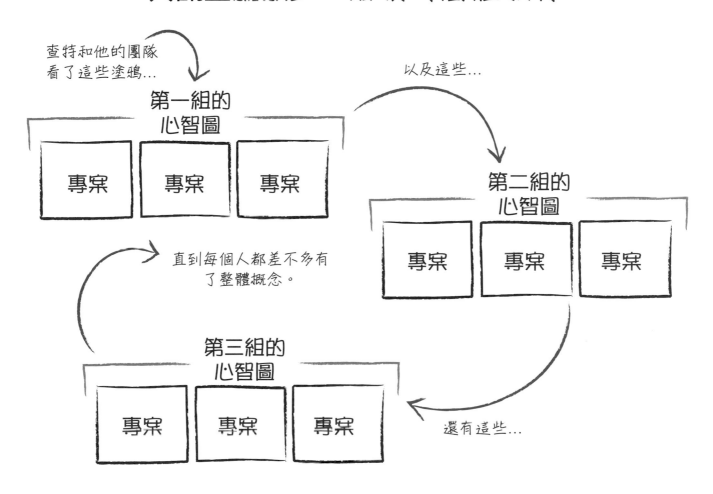

查特和他的團隊
看了這些塗鴉...

以及這些...

第一組的
心智圖

| 專案 | 專案 | 專案 |

直到每個人都差不多有
了整體概念。

第二組的
心智圖

| 專案 | 專案 | 專案 |

第三組的
心智圖

| 專案 | 專案 | 專案 |

還有這些...

　　專案心智圖的活動結束前，你可以問現場有沒有人自願上台解釋他們的資訊塗鴉；如果你還有時間、或是想刻意撥出時間。成員們已經在資訊塗鴉散步期間對個別心智圖建立了相當的理解，不過讓他們額外做個口頭摘要倒也無妨，因為大家往往會在說明時添加不同於視覺化呈現的細節。結束這項活動時，最重要的一件事是讓每個參與專案評比的利害關係人真正瞭解每個專案。(註12) 因為，正如好萊塢女星貝蒂‧戴維斯（Bette Davis）可能會說的：下一輪賽事可不是膽小鬼能玩的。

專案心智圖的最佳實踐

- 就如我先前說過，你的專案數量可能多過分組數量；但不必擔心，一切仍在掌握之中！只要你盡可能平均分配，並要求大家全程完成專案心智圖，無論他們得為所有專案畫出多少張圖。說得更明確些（我知道許多人需要具體實例才會恍然大悟），這表示假如你有四組人馬來負責十個專案，那麼就先每組分配兩個專案，這樣就分派掉八個專案了；然後再把所有人員重新分成兩組，分別負責剩下的兩個專案。或者，你也可以讓三個小組各負責三個專案，剩下的最後一個專案由於需要較長的時間來製作心智圖，所以交由第四組成員來完成。各位明白了嗎，我們會根據現場有多少組人來設想權宜之計。你有很大的彈性空間，瞭了吧？

- 由於下個步驟涉及專案的評比排名，一定要給團隊充分的時間發想他們的心智圖。他們瞭解得越徹底，接下來的評比就會越思慮周全。心智圖可以無限延伸，倘若組員的想像力大爆發，就給他們更多白紙或白板空間，千萬別提前砍了他們延伸的分枝。畢竟組員們正在對專案建立深度理解，而這是我們樂見的好事。

- 請鼓勵參與者們以圖像方式呈現專案的組成元素或相關概念。許多人會自動設定至純文字模式，但我先前已經說過、而且現在要再強調一次：圖像化資訊能帶給我們與文字資訊截然不同的觀點。舉例來說，除非我們把比基尼畫出來，否則我們無法明顯體會它遮住的身體部位少得可憐。我舉這個例子只是要得到你們的注意，你們這些好色之徒，嘿嘿！現在來接著進行計畫會議的第二個遊戲吧。

團體型資訊塗鴉 #2：強制排名

強制排名的目標：

根據團隊成員對各項專案的充分理解來排出先後次序，以便決定哪些專案將落實、哪些可揚棄或延後推動。

資訊塗鴉者人數：

2 至 20 人。

時間長度：

15 至 60 分鐘。

主要假設：

1. 能做出合理排名的人正好都在現場。

2. 負責為專案評比排名的人，必須（a）對各個專案有充分理解，（b）若對專案瞭解不多，有能力主動退出評比行列，以及（c）努力克服個人偏見，一心為全體做出最佳評比排名著想（顯然這是理想狀況，常人哪有不出錯的，對吧）。

3. 組織領導者讓成員們有機會根據自我評估來選擇專案，而非執行上頭交代下來的差事（否則這項練習就是空有自主外表了）。

強制排名操作流程

強制排名操作流程

接下來的資訊塗鴉活動相當有意義，因為它強迫團隊成員擁抱或消滅他們珍視的專案，無情地要求大家給某些專案較高的評價、其他專案只能落居下風。不是所有專案都能倖存，而且最後只有一個會脫穎而出。「強制」這兩個字就是因此而來，所以你也別想輕鬆過關囉。以下說明這個遊戲的玩法。

請所有參與者在索引卡或便利貼寫上每個專案的名稱，同樣的名稱各寫三張。也就是說，每個專案都有三張卡片。倘若現場有五項專案，那麼你們就會有總共十五張卡片；三張卡片寫著專案X、三張寫專案Y、三張寫專案Z，諸如此類。

以上是評比排名的預備工作，可讓參與者根據上述的三個變項來決定專案的優先順序。[註13] 遊戲結束後，他們將計算每個專案在各個變項的得分，從中看出哪些專案積分最高。耐心聽，我會告訴大家這個遊戲該怎麼玩。

所有人[註14]第一個要評比的是「特色」[註15]。假如現場有六個專案，那麼排名就是第一至第六名；若總共有五個專案，排名便是一至五名。任何人都不可以給任何項目同樣名次，所有項目都得排出個順序來。接著，向團隊成員說明「特色」的排名是依據價值或獨特性。最具價值或獨特性的專案排名第一，在這兩方面表現最差的則排至第五。現在大家都知道遊戲規則了，接著就是給塗鴉者足夠的時間靜靜思索專案X的特色，然後將它的價值與專案Y互相比較，再與專案Z互相比較等等。但他們必須知道自己並不是要做一對一的評比[註16]。

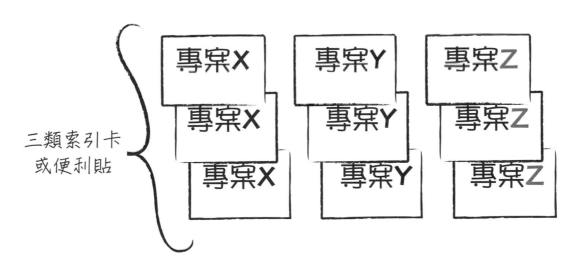

三類索引卡或便利貼

專案X 專案X 專案X
專案Y 專案Y 專案Y
專案Z 專案Z 專案Z

眼前的問題是，參與者如何根據先前心智圖活動對專案特色的瞭解，為特定專案做出它的整體排名。塗鴉者做過所有專案特色的相互評比之後，就用便利貼寫出一至五的排名，像下圖這樣。

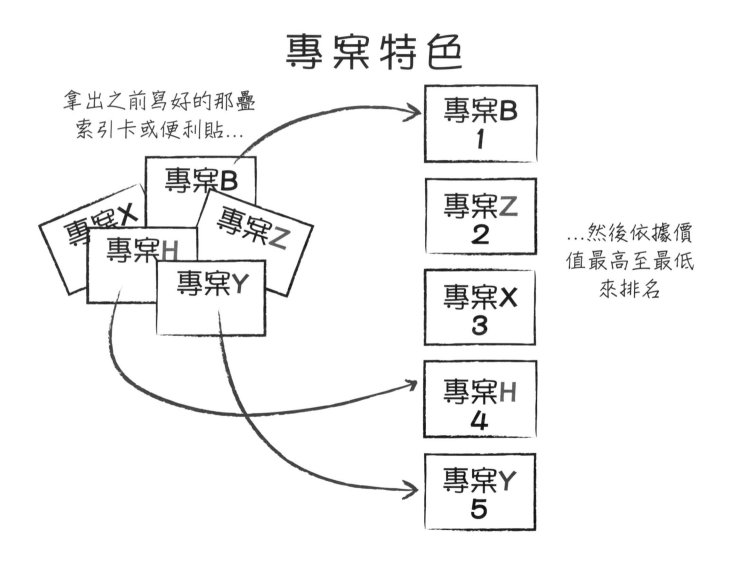

專案特色

拿出之前寫好的那疊
索引卡或便利貼...

專案X
專案B
專案H
專案Z
專案Y

專案B
1

專案Z
2

專案X
3

專案H
4

專案Y
5

...然後依據價
值最高至最低
來排名

團隊成員接著評比「益處」和「挑戰」時，請他們重複同樣的排序過程，評比最多益處至最少益處、以及最輕鬆至最困難的挑戰。益處最多或挑戰最輕鬆的專案排名第一，益處最少或挑戰最困難的則排名第五。同樣的，這兩輪評比也必須給大家充分的時間來衡量思索，畢竟這次的排名將決定他們未來兩年要把時間投注在什麼地方。

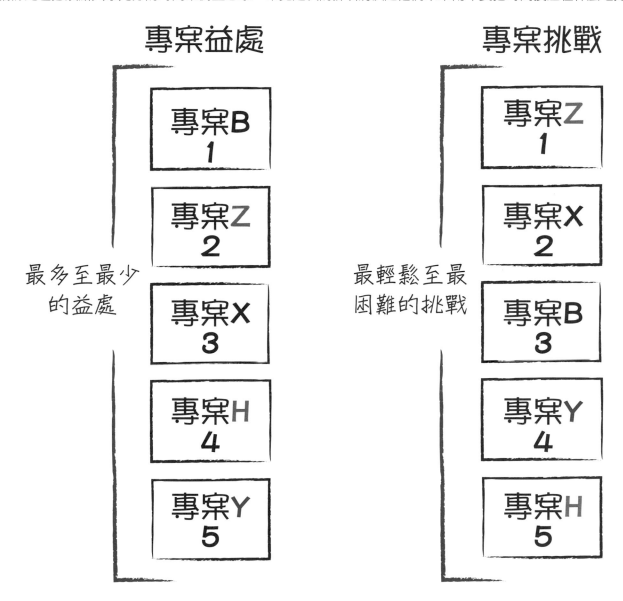

專案益處

專案B
1

專案Z
2

最多至最少
的益處

專案X
3

專案H
4

專案Y
5

專案挑戰

專案Z
1

專案X
2

最輕鬆至最
困難的挑戰

專案B
3

專案Y
4

專案H
5

遊戲完成前的最後一個步驟是請大家把排名貼在牆上，如下圖所示。這麼做可以讓他們看到所有人的思考結晶（也可用於稍後的深入討論，如果你打算推進到這個階段）。

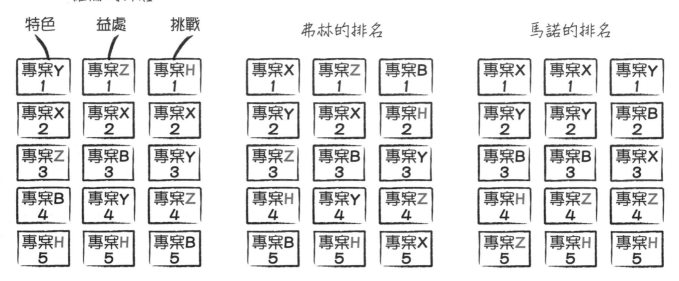

羅倫的排名

特色　益處　挑戰

專案Y 1	專案Z 1	專案H 1
專案X 2	專案X 2	專案X 2
專案Z 3	專案B 3	專案Y 3
專案B 4	專案Y 4	專案Z 4
專案H 5	專案H 5	專案B 5

弗林的排名

專案X 1	專案Z 1	專案B 1
專案Y 2	專案X 2	專案H 2
專案Z 3	專案B 3	專案Y 3
專案H 4	專案Y 4	專案Z 4
專案B 5	專案H 5	專案X 5

馬諾的排名

專案X 1	專案X 1	專案Y 1
專案Y 2	專案Y 2	專案B 2
專案B 3	專案B 3	專案X 3
專案H 4	專案Z 4	專案Z 4
專案Z 5	專案H 5	專案H 5

接著，各組開始統計塗鴉者為每個專案的特色、益處、挑戰所寫下的排名。你可以透過系統化的方式，將排名寫成橫排或縱列來累計每個專案的「點數」，像右圖這樣。

第一排	X (3) Y (2) Z (2) H (1) B (1)
第二排	X (8) Y (6) Z (0) H (2) B (2)
第三排	X (3) Y (6) Z (6) H (0) B (12)

14　14　8　3　15

＊我沒把第四排和第五排寫上去，因為我相信沒這個必要。各位想必已經自行推論出計分方式了。

另外一種作法是從每組挑出一個人來為指定專案加總積分，其實結果也會相同；一樣是評價最高的點數最低，而點數積分最多的專案就準備接受砍頭的命運吧。[註17] 經過一番費心，揭露真相的時刻到了。團體成員終於能夠確認在大家集思廣益之後，哪些專案最值得著手推動。而這些專案也是計畫會議的資訊塗鴉重頭戲。

活動結束前，請團隊成員們說明他們對最終排名有何看法。這些排名是根據他們的專業判斷來做的嗎？領導階層的容許與否，是否影響了他們的認知？他們在多少程度上考慮到組織的整體願景，而非受制於有限的視野？最終的排名是否在不知不覺中受到時間或資源的約束？身為資訊塗鴉的領導者，你應該多向團隊成員提出問題，讓集體知識與經驗來釐清他們所做的決定。

強制排名的最佳實踐

- 這個遊戲用到了便利貼或索引卡、以及不可或缺的筆（你可能應該全套備齊，往後的塗鴉革命生涯都派得上用場）。[註18] 身為資訊塗鴉者，我們可是視覺語言方面的高手。無論是為了職場運用或個人技藝，我們都需要任何有助於展示資訊的工具。[註19] 便利貼只是別人預先準備好的小方塊，就算上面什麼都沒畫，也不表示我們的大腦視覺區沒認出它是個不折不扣的方形，因此仍舊是視覺語言的一部分。

- 記住以下兩個影響到排名準確度的因素：資訊不對稱、以及參與者個人好惡造成的偏見。他們可能會特別「寵愛」某些專案，對其他專案卻巴不得能入土為安。針對資訊不對稱問題，由於每個人的大腦都長得不一樣，所有成員對於每個專案都具備相同知識與見解的機率是零，更遑論要在這個基礎之上為專案進行評比了。但這並不表示你應該乾脆放棄排名的想法。你們還是能夠從排名的過程中得到許多資訊。你們可以學到什麼呢？（真希望讀者們能跟我面對面交流啊）首先，你可大致猜一下（或直接開口問）他們為什麼認為排名應該如此，進而得知其他參與者認為哪些事比較重要。你也能從中瞭解他們認為哪些地方的資源或人力還不夠、他們對活動目的和團隊願景有多少理解。硬著頭皮做出排名吧，朋友們。即使事後你或其他人改變了排名順序、撤換了預備執行的專案，你依舊穩穩地收割了豐富資訊。

- 既然你和團隊成員已經分別為「特色」、「益處」及「挑戰」這三個變項做出排名，再多花些時間審視這些專案的各項積分應該也無妨。或許某個專案的「益處」項目名次極高，「挑戰」項目卻評價甚低。但你的團隊可能願意拿出勇氣承受失敗苦果，所以偏向於選擇高風險、高報酬的專案。你們有沒有想過這個可能？有沒有？有沒有？無論如何，倘若時間足夠，請務必在總積分排名之外也看看各項排名，說不定你們能在其中看出重要訊息呢。

- 若一個組裡有 15 至 20 個成員，我得先警告各位這項練習將變得像菜市場一樣人聲鼎沸。若組員人數不少，請先將他們再細分成幾個小組、進行迷你規模的排名，然後再將加總各小組的專案積分。組員人數過多的問題就是一些較安靜的成員（你知道自己屬於哪一種吧，正是我最喜歡的類型！）意見容易在嘈雜中淹沒，使得排名活動不知不覺被聲音較大、較強勢的人主導。若你擔心這類情況造成的偏見，把成員打散成人數較少的小組不失為一個辦法。[註20]

- 若想大幅縮減這項活動的時間，你可以讓一個組員高聲唸出排名。從寫著專案名稱的卡片中隨意抽出兩張，然後請所屬小組成員說出他們認為哪個專案應該排第一、哪個應該排第二（從第一個變項「特色」開始詢問）。大家有了共識之後，再拿出另一張寫著專案名稱的卡片，問大家它在「特色」一項應該排第一、第二、或第三。這次也必須得到全體成員的口頭共識。接著拿出第四張卡片，詢問同樣的問題。這個過程應重複進行至所有專案在「特色」、「益處」、「挑戰」這三個變項都有了各自的排名為止，然後把「點數」加總起來就完成啦。這可說是小組成員齊力完成的專案排名，而非個別成員或小團體的意見表述。這個方法或許不盡周全，但進行速度會快得多。

團體型資訊塗鴉 #3：攻略步驟

攻略步驟的目標：

擬定完成專案所需的步驟，透過視覺化方式思考哪些步驟應該重新排序、砍掉重練、同時進行、或完全撤銷。攻略也可用於針對特定目標、或初步擬定專案的進度時程及任務分派。

資訊塗鴉者人數：

團隊中任何有時間或有意願的人。你也可以邀請嫻熟於專案步驟的「外人」來參與會議。

時間長度：

30 至 60 分鐘。

主要假設：

1. 強制排名的練習，可讓團隊對有執行價值的專案做出有效評估（因而使得下一個遊戲必然不會浪費大家時間）。

2. 參與計畫會議的個人或團隊，對於執行專案所需的步驟皆有大致概念。

3.

攻略步驟

現在團隊成員已經共同排列出他們想執行的專案優先次序,你可以技巧性地將他們引介至下一個遊戲。生性愛好組織與秩序的塗鴉者會很喜歡這項練習,因為接下來的這張圖恐怕是你的圖表圖例中,形式最受限的一個。

還記得前一章提到的視覺基因嗎?連串的專案執行步驟天生就適合放進攻略矩陣,可按照號碼順序指引出每一步。由於攻略矩陣在視覺架構上發揮有限,所以它提供的是直接了當的行動順序,而這就是攻略步驟遊戲的精華了。

首先,把大家篩選出的專案分配給各小組,然後請他們依照下圖重新製作一份圖表。矩陣必須畫得夠大,才能擺進任何尺寸的便利貼。此外,矩陣的欄數至少要有十至十五欄,以免有些專案的步驟特別多。

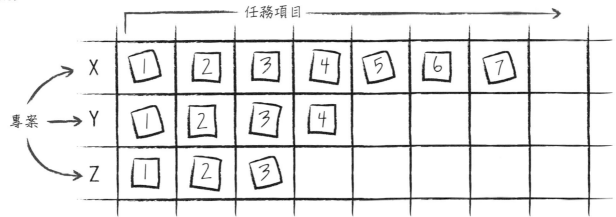

現在移至矩陣的最左邊,把每個行討論專案的名稱逐列寫下來(想改成畫專案的標誌也行!)。若每組只負責一個專案,他們僅須畫出一列、但分成好幾欄就可以了。倘若小組打算把任務發包出去,那麼步驟就得寫得更加詳盡,或許可再額外加上暫定的時程表。要增加列數也行,因為新增的列正可用於上述目的(當然任何空白空間也都能運用)。至於矩陣的最上方,請大家寫上「任務項目」。

這項練習的目的,是要建構出完成一項專案所需執行的步驟順序。所以它沒什麼花招,講白了就是做計畫,而且幾乎可自動運行。攻略步驟要求團隊成員共同思考,一起透過視覺化方式來拆解專案的每個步驟。只要拋出這個問題,你將發現參與者會本能地開始審視步驟的必要性、以及接下來該怎麼做。他們自動自發地展開討論,探索最能順利完成專案的方法。

大部分的人都得先把一切細節問清楚，才有信心將答案填進專案矩陣。換句話說，這個過程本身便會激發討論。會議領導者只要將遊戲平台準備好，然後到處走動，偶爾提出疑問、適時給予鼓勵就行了。

進行過程中，可能會有人問能不能臨時增加任務角色或進度時程，答案是當然可以。專案若有完成期限，有些團隊可能會根據期限來決定哪些步驟必須納入、哪些步驟可以排除。任務角色也會影響到步驟的去留。請向努力工作中的塗鴉者們說明，他們可以增加列數來填入上述細節、或運用空白空間來貼上寫著評語或任務指派的便利貼，就像下一張塗鴉：

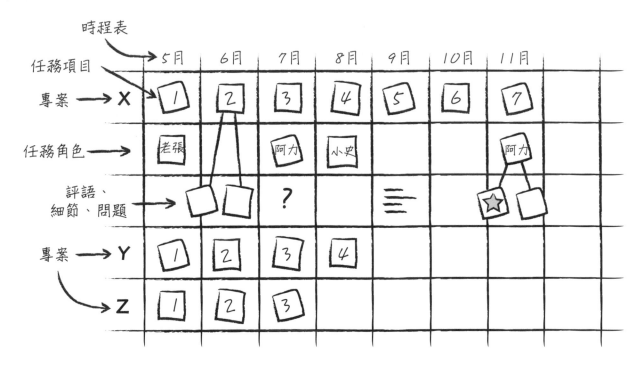

攻略步驟活動結束之際，每一組應展示執行專案所需的高階任務（或許也包括許多雜項任務）。這時可邀請團隊或個人分享他們的成果（但千萬不要叫他們報出專案詳細步驟的流水帳，免得其他人都打瞌睡了）。你可以徵求他們對怎樣才是專案最佳執行方式的看法，問問有沒有哪些步驟遭到摒除、調整順序、或融入了其他步驟。他們的同儕說不定也想聽聽，究竟他們對於任務的內容與時程有沒有什麼特別發現；因為其他組別的專案規劃運行或許能從中得到啟發。

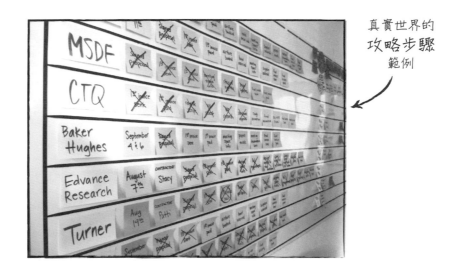

真實世界的
攻略步驟
範例

攻略步驟的最佳實踐

- 大部分組織機構會把專案執行步驟寫在一個數位化、可分享的空間。所以攻略步驟最後往往成為一大片實體牆面，主要是為了協助團隊在埋首推動專案之前，先把步驟和時程想清楚。你的團隊很可能已經有建立分享專案時程的既定方式[註21]，所以你可以指定一名團隊成員負責將相關資訊轉成數位工作檔，方法包括用手機拍下攻略步驟做為參考，或是把這片攻略牆移至辦公室，同時將步驟內容轉至線上文件、或協同互動的專案管理系統。

- 和強制排名一樣，攻略步驟的練習可以由全組參與，決定因素在於團隊的成員人數。[註22]會議領導者可先在矩陣的一邊列出專案名稱，再和所有團隊成員們一起寫出執行步驟。當專案相對簡單、而且成員對大方向的計畫高度專注時（換句話說，避免陷入枝微末節），這種作法的成效最為顯著。你也可以把專案分派給個別成員或小組，請他們針對專案執行步驟盡速拼湊出一個版本，然後填入矩陣內的適當位置。最後大家再一起檢視、修改他們的矩陣內容。

- 若你們的會議時間不足一小時，不妨從資訊塗鴉序列中挑出對現況最有幫助的部分來進行。假如你們覺得先前排出的專案優先次序不太對勁，那麼就把時間花在第一項、或前兩項練習即可，攻略流程部分可暫時省略。若團隊成員對專案特色及益處的瞭解仍不夠透徹，你們的資訊塗鴉工作應該特別著墨於專案心智圖，然後將成果用於下次會議。

當大家已經對專案瞭如指掌、也清楚專案之間的評比排名時，不妨直接跳到攻略步驟吧。以上序列皆有一定程度的調整彈性，就跟我們的圖表一樣。它們的存在是為了引導各位，而非把大家綁死。所以請發揮你的聰明才智，想清楚你領導的這次會議最需要的是什麼。

所以，計畫會議就這樣完成了，朋友們。你們以資訊塗鴉方式畫出討論內容，得到與會者最大程度的投入。若上述三項活動你們都做過一遍，花費時間可從一小時至四小時不等。許多因素會影響到活動進行的速度，但資訊塗鴉序列本身可確保團隊朝有意義的方向努力。一般人開會往往流於表面上的「計畫」，但我們絕對不會為了計畫而計畫，這不是資訊塗鴉文化會發生的問題。資訊塗鴉者會將時間做最有效率的分配規劃，預備好所需的空間與相關思維。我們藉助團體型資訊塗鴉來吸引參與者的興趣、讓他們精神為之大振。這就是為什麼每個參與我們會議的人都能表現傑出、專心投入至最後，然後告訴朋友們這次的經驗有多棒。

解決問題會議

解決問題會議
團體型資訊
塗鴉序列：

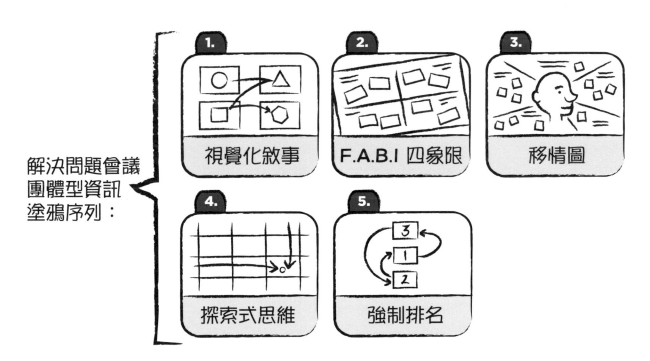

1. 視覺化敘事
2. F.A.B.I 四象限
3. 移情圖
4. 探索式思維
5. 強制排名

會議目標：

解決產品、服務、顧客經驗、品牌宣傳等革新上的問題。

團體型資訊塗鴉 #1：視覺化敘事

視覺化敘事的目標：

讓與會者接觸公司業務或專業領域之外、甚至超越當前時代的主題。視覺化敘事的重點在於為接下來的資訊塗鴉活動，奠定引燃創新思維的基礎。

資訊塗鴉者人數：

一至多人不等，通常找不屬於該組織機構的人。觀眾人數為四人以上。

時間長度：

10 至 20 分鐘。

主要假設：

1. 你可以從組織外部找來敘事者，或邀請內部人士深談一個非關職場的主題。

2. 講者透過圖像與實體道具輔助來吸引聽眾注意。敘事內容必須以視覺化方式呈現、同時刺激多種感官，不能只是一次坐著聽講的貧乏經驗。

1.

視覺化敘事

視覺化敘事操作流程

敘事者準備展開資訊塗鴉序列之時，必須廣泛觀察、做出睿智選擇。視覺化敘事（在這場會議中）的目的是要激發參與者對特定主題的想法，讓他們的思考打破過往窠臼，進而對原有的產品或服務提出新見解、或設計出全新的事物。你可以挑選任何人來談任何事，只要他們能以趣味盎然、視覺化的方式來陳述。

在你開始尋找合適的敘事者之前，無論是從內部徵詢或是對外邀請，務必考慮到哪些主題有助於達成會議目標，也就是刺激大家的創意發想。或許你會出於直覺，依據和組織業務的相關性來挑選主題或專家；但如果你最終追求的是大幅創新，那麼主題就要越風馬牛不相及就越好（譬如電信和洞穴探險）。一般人很容易陷入慣性思考，所以如果你選了一個跟公司業務似乎毫不相關的主題，反倒很可能鼓勵大家進行創意發想。待會兒我們進入資訊塗鴉活動之後，你就會看出其中的道理了。

除此之外，你也必須考慮到主題應該有多大程度的未來性。對許多公司來說，進行資訊塗鴉序列最大的困難在於鼓勵與會者打破疆界、向不可能挑戰。這時候若能找到趨勢專家來擔任敘事者，說不定能顯著激發與會者的想像力。當然了，要不要這麼做仍舊由

你自己決定，況且創新概念俯拾皆是。真正決定會議成效的是你是否能引導團隊做出有效思考。

確定敘事者人選或主題之後，接下來要考量的是怎樣才能將視覺化敘事中的「視覺」部分做最佳呈現。敘事者或許已經有了自己的想法，但你也可以鼓勵對方考慮以下任何或全部（不會吧！）輔助工具：投影片、影片、道具、分鏡表、即興演出、互動式觀眾參與、角色扮演……任何有助於讓觀眾看得更透徹、瞭解得更清楚的方法都行。我們現在已經知道，刺激多重感官可讓觀眾保持專注與興趣，所以別為了邀請蛋頭學者風格的名人來演說而犧牲觀眾體驗、或弱化這項練習的預定目標。敘事者本人的地位或智商根本不是重點，

他要提供的內容與體驗才是關鍵。

以下的例子說明了敘事者如何以視覺化方式，來逐漸呈現演說的內容。

你可以看到有些資訊一開始就已經畫好，但講者隨著演說內容的推進在空格裡填字、加上圖像內容和便利貼。講者也可以先遮住部分資訊，講到的時候才揭露遮住的地方，譬如撕下貼紙或拿掉便利貼、將掛圖轉向面對觀眾、或拿開一塊蓋住物件的布。這種呈現方式可激發觀眾對被遮資訊的興趣，而且讓他們的興趣維持至目睹資訊「現身」之後。故弄玄虛會令觀眾感到好奇，滿腦子想知道那究竟是什麼。常人對問號根本沒有抵抗力，這就是連結誘餌為什麼管用的原因之一。[註23]

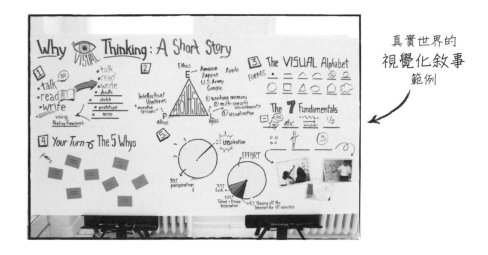

真實世界的
視覺化敘事
範例

講者開場之前你應該先預告團隊成員，視覺化敘事進行的期間他們有任務在身。讓他們知道一邊觀看講者演說的同時，他們得記錄演說內容的重點，以便為接下來的 F.A.B.I 四象限練習做好準備。只要他們一聽到講者提及「特色」、「描述」、「益處」或「概念」（所謂四象限就是這四類了）時就應該寫在便利貼上（一張便利貼只寫一件事，拜託）。這些便利貼可做為團體型資訊塗鴉 #2 的主要素材。

視覺化敘述的最佳實踐

- 給講者一個明確的長度限制。演說內容最好能簡短、親切、有力，長度在十分鐘至二十分鐘之間。若短於十分鐘，演說內容或許會不夠充實。但超過二十分鐘的話，觀眾可能就開始雲遊物外了。

- 確定講者瞭解這次演說的目的、也知道演說內容是創意腦力激盪活動的一部分。預先說明活動背景會對講者有很大幫助，因為這樣一來他們就可以將背景融入演說內容中。所以你必須讓講者知道他如何配合攻略步驟的整體活動、應該在哪個階段適時出現。預先說明也能避免講者費心演說時，卻看到台下忙著寫便利貼所帶來的不愉快。

- 既然視覺化敘事活動是創意發想流程的一部份，活動的目標就應該是引發好奇、鼓勵開放式思考。選擇敘事者及主題時，可考慮他們是否具有前瞻性、夠特別、夠驚奇、甚至是與會者完全不熟悉的。最終目標是讓他們敞開心胸接受所有可能性。若他們自認為對主題已經瞭若指掌，這道大門便會被關上。所以你應該選定一個探索未來、或與會者覺得不尋常的主題。

- 開會前，別讓任何人知道講者是誰。若與會者已經知道誰會來，他們可能會先看講者的其他演說，這麼一來就沒有驚喜了。講者的演說主旨與個人風格都應該先保密，無法預料才能讓大家產生興趣。

在「視覺化敘事操作流程」這一段，我提過與會者要在演說進行的同時將內容資訊寫在便利貼上。這

表示他們必須專心聆聽演說，才能為團體型資訊塗鴉序列中的「F.A.B.I 四象限」預備好素材。

團體型資訊塗鴉 #2：F.A.B.I 四象限

F.A.B.I 四象限的目標：

解析、呈現演說內容中的重要元素，將擷取下來的資訊用於探索式思維練習中，進而激發有所助益、或集體性的創造力（又稱混聚或混音）。

資訊塗鴉者人數：

所有聽過開場演說的與會者。

時間長度：

與視覺化敘事練習同步進行（應為 10 至 20 分鐘）。你可以在演說結束後，額外留 5 至 10 分鐘讓大家靜靜地完成任務。

主要假設：

沒有需要特別提出的假設。

F.A.B.I. 四象限的操作流程

別忘了 F.A.B.I. 四象限的內容，是隨著視覺化敘事同步產生的。

所有在場參與視覺化敘事活動的人都必須記錄演說內容提及的「特色」（Feature）、「描述」（Adjective）、「益處」（Benefit）與「概念」（Idea），逐一寫在每張便利貼上。這表示你得在視覺化敘事活動開始前，就向大家解釋清楚這一點；而且你應該為這四個變項的意涵做出明確定義。

「特色」泛指技術、產業、或趨勢上的特點。舉例來說，若講者談的是遊戲產業的未來，那麼特色可能會包括「虛擬化身」、「體感」、或「多人連線遊戲」。

至於「描述」則需要參與者寫下演說內容中出現的形容或描繪，譬如談洞穴探險的演說可能會提到「無法預測」、「危險」、或「頻繁旅行」。與會者寫下的描述，不一定要是講者親口說出來的話，也可以是參與者在聆聽時自己聯想到的。

「益處」應詳細列出討論中的科技或產業做出哪些有價值的貢獻。若一場演說談的是醫療科技，那麼益處可能會包括「行動化」、「數據收集」和「即時警報系統」。任何對顧客、甚至對整體社會有重大意義的主題皆可列入益處範疇。

最後一類是「概念」。某些較具創意思考的人在參加會議之前，就已經針對整體會議目標有了一些想

法，或者他們在聆聽演說時便很快地產生了自己的見解。我們希望能記錄下這些初步想法，將它們融入所有人的創意發想中。跟其他類別一樣，一張便利貼只能呈現一個概念。

要讓團體型資訊塗鴉順利進行，請預先畫好作為示範之用的四象限。將空白空間，無論是掛圖紙或貼在牆上的美術紙，分成四個區塊（你也可以用白板，但便利貼會比較不容易貼牢。倘若它被貼上去沒多久就飄落地面，你可不要太驚訝；雖然有些便利貼本來就打算要撕下來，用於接下來的資訊塗鴉活動）。

象限畫好了之後，用較大字體在各個象限首先標上「特色」、其次是「描述」、接著「益處」、以及最後的「概念」（當然你也可以用圖像取代文字）。與會成員們在視覺化敘事階段的所有概念與創意，都將集結呈現在這片空間上。這套視覺架構的最大優點

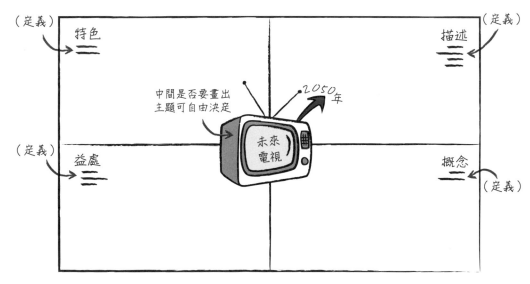

是提供了足夠的空間來蒐集所有與會者的想法,而且每個人都能清楚看到四個不同區塊(以及定義,若能加上去)。

　　完成視覺化敘事的聆聽與記錄想法工作後,團隊成員可能需要一些時間來反芻剛剛聽到了什麼。這時可鼓勵他們將自己對演說內容的心得寫進「特色」、「描述」、「益處」、「概念」四個變項之中,然後再請所有人把他們寫好的便利貼擺進四象限中的正確位置。若出現看法類似的便利貼,可鼓勵他們自行決定是否要把這些便利貼寫成一張就好;這麼一來主題將變得更凸顯。

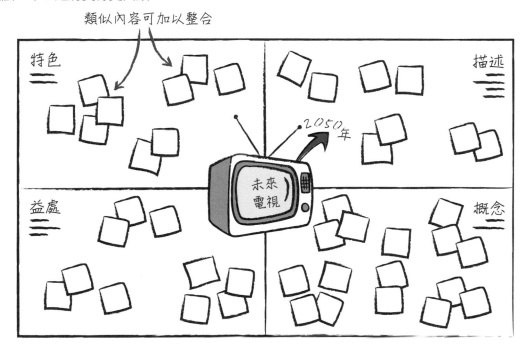

　　四個象限都貼滿之後,會議領導者應帶著大家輪流討論每個象限的內容。將「特色」、「描述」、「益處」、「概念」四個變項中重複出現的看法特別記下來,但也要關注其他非主流的意見。看法獨特、不尋常的便利貼內容說不定能掀起真正的創新。

　　活動結束前,會議領導人應先答謝視覺化敘事的講者(假如他仍在現場),並且讓與會者有機會發表他們對演說內容的看法,尤其是演說主題啟發了他們哪些新的想法。他們知道這次的活動宗旨是創新,所以如果大家還有足夠精力,不妨即刻展開這方面的對話吧。接著,向大家說明下一項練習的目標,就是將思考方式調整至與他們提供服務的對象同步。(大夥兒朝移情圖前進!)

真實世界的
F.A.B.I
四象限

F.A.B.I 四象限的最佳實踐

- 畫出四個大格子，分別寫上「特色」、「描述」、「益處」和「概念」。中央最好還能畫主題圖像作為提醒。你也可以在每一格寫上分類定義，一方面可提醒與會者在視覺化敘事活動中應完成哪些任務，另一方面則向他們說明如何為內容進行分類。

- 別讓與會者過份在意「特色」、「描述」、「益處」和「概念」的定義重疊之處。倘若主題是電視，大家或許會認為「可錄影」同時屬於特色與描述。分類不一定得非黑即白，因為無論怎樣的分類都將有益於整體創意發想的進行。

- 若團隊中似乎有人特別擅長為概念分類、將想法近似的便利貼整合起來，請務必授予他們足夠的權限來執行上述工作、藉助他們的才能來凸顯這些想法的主旨與思路。

團體型資訊塗鴉 #3：移情圖 [註24]

移情圖的目標：

特地針對客戶或顧客可能有的體驗進行了解，匯集對方認為有價值或有益處的事物，藉此解決現有問題、並且為下一項活動預作準備。

資訊塗鴉者人數：

總人數不限，但須分成每組人數約三至六人的小組。

時間長度：

15 至 20 分鐘。

主要假設：

1. 團體成員對於現有或潛在顧客已有一定程度的瞭解或洞察，可創作出有用的資訊塗鴉。

2. 若有需要畫出客戶類型，參與者會預先做好顧客分類、或是在資訊塗鴉活動一開始就決定如何分類。

移情圖操作流程

進行任何資訊塗鴉練習時，背後的目的都應該事先解釋清楚。以移情圖為例，目的就是要聚焦在產品或服務的顧客與終端使用者身上，然後才著手設計使用者導向的新東西。團隊成員可以發想出一個設計界所謂的「人物角色」來暫時發揮移情作用，揣摩角色的需求、背景、行為、偏好等。移情圖是改變資訊塗鴉者觀點的可靠工具，因為它在本質上便需要我們從別人的觀點來審時度勢、並且透過別人的經驗來理解事物。我曾經帶領過一次移情圖練習活動，在場的大企業執行長被定位成「顧客」角色。許多與會者生平第一次體會到這個人身上背負的重責大任。

當能夠真正理解另外一個人，即使只有一下下，依舊價值非凡。

活動的一開始，團隊得先決定哪些顧客應該列入討論範圍。他們打算為大型科技公司的貴賓級客戶提供創新服務？還是為公立學校教師設計產品？市場的核心骨幹是哪些人？建立或指派人物角色之後，請團隊成員給這個角色一個名字與頭銜。若有相關的社經背景或心理描述，也可告知團隊成員將這些資訊放進移情圖（若有現場與會者認識、辨識得出來的代表性顧客就更好了，譬如德州奧斯丁的蕙希塔潘達小姐；如此一來這項練習將更具真實感。所以你甚至可以把這些真實人物的照片貼在移情圖上）。

接著，準備大塊空白空間，然後請團隊成員們選出一個人物角色。首先在正中央畫一個圓圈，加上眼睛、耳朵、嘴巴，最後畫成目標人物的頭（倘若你要問能不能也畫上頭髮、眼鏡、珠寶首飾什麼的，答案是當然可以！高興的話，你還可以畫出全身）。

下一步是以頭部為輻軸，將周遭空間分隔成六片，各自標上「想」、「看」、「聽」、「說」、「感」、以及「做」（把這六項連結到相關身體部位，倒是個不錯的聯想：從最上面的頭、眼、耳、口，到心臟與雙手）。你看出這項活動的重點了吧，那就是要讓大家對特定對象產生同理心，這是他們以往從來沒有體會過的。

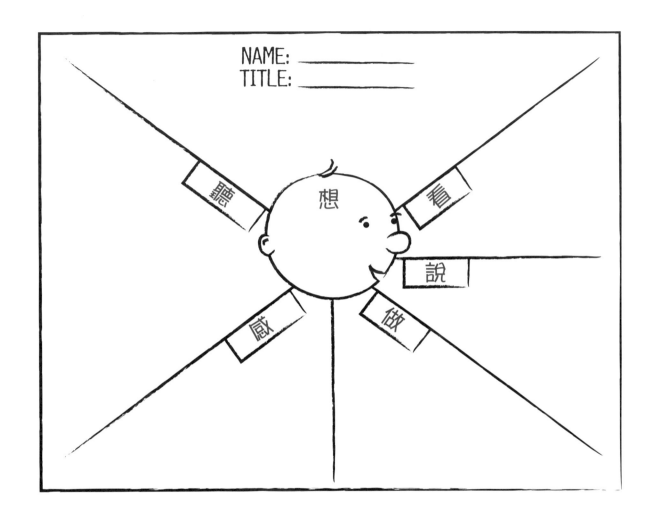

NAME: _____
TITLE: _____

想

聽

看

說

感

做

　　這項練習的目標，是要把我們對這個人物所知的一切寫進移情圖。在團隊成員逐項填寫各個類別的資訊時，他們必須從主角的觀點來思考。這個人上班時會看到什麼？是否看到一個競爭越來越激烈的市場？是否發現顧客猶豫著要不要維持品牌忠誠度？他對這些現象有何感受？覺得眼前的任務艱鉅得難以承擔嗎？還是對於自己能領導一方感到振奮？他會從別人身上得到哪些訊息？針對這些訊息他採取了哪些相關作法？資訊塗鴉者應該不斷拋出問題，才能對主角的經歷有更充分的認知，進而在下個階段根據顧客個人背景來推動創意發想。

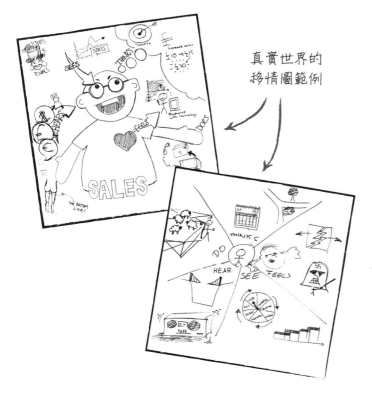

真實世界的
移情圖範例

移情圖的最佳實踐

- 若你的團隊成員總共不到十人，那麼你們可以不必分組，大家一起在夠大的空白空間塗鴉即可。假如參與人員比較多，你們可以每三至六個人分成一組，每組分一張掛圖大小的白紙來塗鴉。

- 需要製作數份移情圖時，你可以每組指定不同的人物角色，或讓他們自由選擇他們認為最接近潛在顧客的角色。若有必要，團隊可透過簡單的匯報「認識」他們的角色。

- 跟其他邀請多人共同參與的資訊塗鴉一樣，與會者應該要知道他們不必枯等顧客體驗的共識產生。每個人都可以直接在空白處或便利貼寫下自己的想法，並且在這些資訊都填進去了之後再討論內容。顧客輪廓可在接下來的討論中變得更清楚。

- 移情圖練習的目的在於快速做出高效能的顧客定位，藉此設計出更符合顧客需求的產品或服務。當然了，你可以增加練習強度或延長練習時間，深度探索顧客的需求、行為、偏好。再說，現在無論是網路上、或許多探討如何設計顧客關係的書刊，都針對建立顧客輪廓的技巧提供了不少建議。然而移情圖練習的目標僅在於對設定角色有個大致確認，而非嚴格檢視對方的所有細節與背景。若要真的把角色的來龍去脈摸得一清二楚，那麼光有移情圖是不夠的，你將需要整套資訊塗鴉序列。

- 顧客細節是一把雙刃劍。有時候社經與心理背景資訊確實有助於我們鎖定特定族群的需求。反過來說，這些資訊也可能造成侷限，進而影響創意發想的成果（譬如針對二十幾歲、住家附近不容易買到營養食材的年輕媽媽設計產品，或許過於狹隘了）。而且人是很複雜的，不能被化約成統計數字，偏好也不見得是根據年齡、族裔、所在地、職銜等等呈現明確傾向。所以我們得留意這些細節究竟是鼓勵、還是扼殺了團體成員的創意思考。

有必要的話，我們可以增補或刪減相關細節。

- 移情圖有另一種版本，即原本的六個類別改成以下五類：「認知」、「物質」、「文化」、「社會」、以及「情感」。[註25]「認知」涉及大家如何為他們與之互動的產品或服務賦予意義。「物質」則涉及顧客處於怎樣的環境、以及他們如何與物件或商品進行實際接觸。「文化」層面包括了規範、價值、信仰的深入探究，並研究它們如何主導行為。「社會」這一項觀察的是當我們使用某些產品、服務、工具，或處於某種社會情境時，我們如何表現行為、互動、溝通、合作共事。「情感」探索的重點是在團隊選擇的特定情境下，個人會有什麼感受、以及引發這些情緒反應的原因是什麼。你們也可以用這套版本來進行思考與記錄，來一段與移情圖截然不同的體驗。

- 活動結束時，把移情圖放在大家看得清楚的地方，以方便接下來的練習使用。事後要評估一項創新是否真能服務到特定顧客時，大家可隨時回過頭來參考移情圖，不需要覺得不好意思。

團體型資訊塗鴉 #4：探索式思維

探索式思維的目標：

將特色、益處、概念等不同元素結合起來，以便對產品、服務、系統或流程進行創新。

資訊塗鴉者人數：

有多少人能參加就多少人。

時間長度：

15 至 90 分鐘。原則上參與者必須發想出足夠多的概念，以供稍後針對其可行性與創新程度進行排名，無論需要花多少時間。

主要假設：

沒有需要特別提出的假設。

探索式思維操作流程

這類團體型資訊塗鴉可為創新思考提供無窮能量。當參與者全神投入，開始組合各種元素、然後又打散重組時，源源不絕而來的點子可能會令人措手不及。還記得先前在聆聽演說過程中記錄特色、益處、以及概念的練習嗎？[註26]這些練習此刻可派上用場了。

首先，請參與者在一大片空白空間上快速畫出矩陣圖。至於要畫多少行或多少列，就看這項活動預計花多少時間，數量上並沒有任何限制。矩陣圖的目的是提供一個空間，讓參與者在其中撞擊出觀念的火花。這些觀念都來自於視覺化敘事者提出的主題，其中蘊含當下產品或服務具備的特色或屬性。作法聽起來容易，遊戲本身的玩法也確實簡單易懂。觀念交集之時激盪的創意思考才是它發揮力量的一刻。

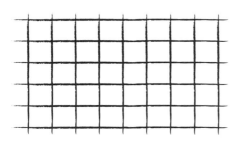

這張矩陣圖的 X 軸與 Y 軸要寫上變項，但哪個軸該寫上哪個變項並非重點，不同變項互相撞擊之處才是精彩所在。設定各個軸線時，請成員們先選一項他們打算進行創新的產品或服務（廣告行銷活動也可以），然後沿軸列出它的種種特色。我會建議大家使用便利貼，這樣會比較方便替換內容，但不這麼做其實也無所謂。至於另一軸，大家應挑選出有興趣深入研究、或認為可能激發創意的特色、益處與概念。你可以套用 F.A.B.I 四象限，也可以自己想出完全不一樣的變項。選擇變項時不需要過份小心或拘泥於細節，雖然有些小組可能會花太多時間、甚至卡在這個環節。他們得知道，矩陣圖中觀念互相激盪帶來的創新變化無窮，就算隨便寫上「仙女」兩個字也絲毫不妨礙創意的產生，多多少少來是會帶來一些想法改變。

接下來，實際體驗創意激盪的時間到囉。將所有參與者分成幾個小組，然後開始思考欄與列交錯的格子內可能會有的創新。我先舉個假設的例子：某個小組正在審視的那一格，直欄是用於洞穴探險的工具（自動伸展收合梯）、橫列則是該公司生產的平板電腦。

他們要思考的問題是，自動伸展收合梯的組成要素、用途、特色等等，如何嫁接或嵌入平板電腦產品中？自動伸展收合梯的設計能創造什麼樣的升級或革新？

一開始大家可能會覺得窒礙難行，感覺就像研究小丑如何有助於生髮。這在搞什麼東西啊？但你必須鼓勵他們深入挖掘，把他們當小朋友一樣，承諾若好好做功課就會得到獎勵。過程中不要做出評判、也不要寄予期望，只要純粹創造發想就行了。

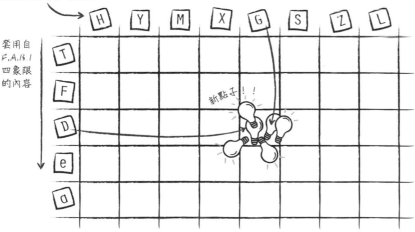

產品、服務、廣告行銷等等的特色

套用自 F.A.B.I 四象限 的內容

新點子！！！

以下是一些我想到的新主意：

- 平板電腦的介面會隨著使用者經驗增加而變得更聰明（有如使用者爬上學習階梯）。

- 可以隨意折疊彎曲，且顯像品質不受影響的平板電腦。

- 利用鉸鏈向內收合的平板電腦。

- 能折成各種盒狀的平板電腦，可當踏腳板來用（別批評我）。

- 專門用於程式設計社群的平板電腦，充當設計師之間的溝通橋樑。當程式設計師遇到瓶頸，寫不出某段程式碼、導致任務無法完成時，其他同儕可提供不同選項來從旁協助。

各位應該已經看出，你們的挑戰不在於「創造新的可能性」，而在於「肯這麼做的意願」。我曾在各種情境下與多個團隊共事，所以我明白有些讀者現在正在評估上面這些點子的可行性，畢竟懷疑是人的天性。但是請別不假思索就否定這些新點子，真正有意追尋知識的資訊塗鴉者可不會這麼做。這五個點子都值得個別做進一步探索，說不定可從中衍生真正得以實行的好主意。這張矩陣圖要組合哪些變項，完全不受任何侷限、所以也無從預測。前面舉的例子是特定產品，但你其實也可以將產品細節當成創新思考對象，譬如組合觸控式螢幕捲動與自動伸展收合梯、電子郵件通知與自動伸展收合梯、字型與自動伸展收合梯、開關鍵與自動伸展收合梯……任何平板電腦的設計細節都可以。想像力是團體型資訊塗鴉的唯一限制，所以請大家盡情發揮吧。

真實世界的
探索式思維
矩陣圖

探索式思維的最佳實踐

- 不要一次讓一個團隊成員在便利貼寫下一個想法。所有人都應該預備好幾張便利貼，然後像機關槍掃射似的連續寫下或畫出他們的點子，不管有多普通、多可笑、或是多平淡。一個點子究竟可不可行、有沒有用處，等稍後再做決定。在發想點子的階段，任何想法都應該被放行，絕對不可以一開始就棄而不顧。

- 根據活動時間來調整矩陣圖的大小。一張 4 乘 4 的表至少能產生 16 個創新概念，9 乘 9 的表則至少產生 81 個。通常你們發想的概念數量會超過表格數，因為每個人都會在任一個交集空格想出數種可能性（確實，有些空格也可能生不出任何創新概念）。建議你先決定打算花多少時間在探索式思維，若時間頗長，不妨安排中場休息讓大家散個步。創意思考相當耗神費力，所以時間較長的活動很可能會需要給參與者充電的時間。

- 要求團隊成員不要預測可能的組合。許多類型的思考者（包括工程師、會計師、經濟學家）喜歡在事實發生前預測組合結果，但這會毀了快速發想點子的樂趣，並且在特定經驗之上強加框架。事實上，不受拘束、無法預期的思維才是帶來成功的不二法門。

- 假如你發現整個團隊都還沒提出任何稱得上創新的點子，雖然這本來就很不容易做到，但你還是得暫時打斷他們，並教他們一項稱為「打破重建」的技巧。[註27] 這項技巧可培養感知上的創造力，讓我們學習運用不同觀念的細微差別，並且將這些差別組合成新事物。進行「打破重建」練習時，先請團隊成員想出他們打算創新的一項產品或服務（譬如雲端諮詢服務），然後隨意給他們兩個名詞（譬如計程車和炒鍋）。接著，他們依照這兩個名詞創作心智圖，以視覺化的方式將它們拆解成許多元素，然後再將這些元素重新組合，藉此改造產品或服務、並提升它們的價值。

「計程車」可拆解成「黃色」、「駕駛」、「交通運輸」、「輪子」、「移動」等等；「炒鍋」則指涉「不沾黏」、「高熱」、「沈甸甸」、「光亮」、「買得起」等等。拆解名詞的用意在於，拆解之後的每個元素皆可運用在我們要討論的產品或服務上，進而將後者轉化為另一番新樣貌。這項練習讓大家瞭解到，創新不但無窮無盡，而且也可能藏身在「微粒化」的系統裡，譬如一只炒鍋。所以發想創意的時候應該先求量大、不求質精。追求品質是後面的事，在此之前大家必須努力生產點子出來。

- 別針對某個點子或結果是否「理想」而設法取得共識。這不但會大幅拖累創意發想的腳步，甚至還會讓全組成員的思維都陷入偏執。

- 有些創新即使乍聽之下實在荒謬，也不要將它們完全排除至考量範圍外。我是說真的！過去罹患消化性潰瘍的病患被切除部分胃部，只因為數十年來醫界普遍認為潰瘍與感染無關，所以抗生素絕對派不上用場。我們還不了解的事可多了！所以我們必須敞開心胸，接受即使聽起來荒唐可笑的建議。

- 看過矩陣圖中所有發展機會不小的組合後，各團隊或許需要一些時間來琢磨或簡單畫出新點子。若時間容許，就盡量讓大家放手做吧。

- 要求團隊成員發揮創意時，組織文化往往在這時候浮現檯面。這項活動正可檢視你的團隊具備多少開放性及信任程度。務必密切注意任何扼殺創意發想的因素，若發現某個小組裡有太多負面思考的人，就應該調整該組的內部成員。團體中只要有一兩個愛批評的人，便足以嚴重阻礙新想法的產生。

- 進行資訊塗鴉的過程中，成員若覺得需要休息就應該立刻向領導人（或過於專斷的管理階層）提出。他們的在場經常令團隊成員感到壓抑。

- 由於這項活動要求大家腦力全開，領導者可能得做個親身示範。所以你必須願意在現場、當著所有人的面提出好幾個不怎麼樣的點子，以便讓他們瞭解想法優劣與否並不重要，這個階段追求的是數量。

- 當大家的思考陷入瓶頸，就給每個小組一個隨意想到的字詞，然後要他們根據分配到的字詞發想出一些創新概念。

- 一旦小組想出多個創新概念後，不妨在他們接著進行資訊塗鴉序列的最後一個階段前，請他們先思考這個問題：這個創新可以實際運用在什麼地方？[註28] 接下來的討論應集中在產品與服務的使用和應用，而非依據大家對顧客社經背景的理解來進行設計；如此一來新的銷售對象才會浮上檯面，並轉而激發出更多的創新。在活動結束之際，上述問題是個重新設定討論範疇、觸發聰明見解與概念的絕佳方式。

- 其實我不太想提這一點，但資訊塗鴉活動中參與者的思考風格確實會大幅影響最終成果。一小群想法古靈精怪、勇於冒險的人進行創意發想，會比一大群幾乎沒在動腦筋想新點子的人要有效率得多。毫無疑問的，每個人都有創新的能力；但創意思考就像我們身上的肌肉，有些人就是比其他人更勤於刻意鍛鍊這塊肌肉。此外，你必須注意對團隊的期望是否合情合理。你的期望最好是建立在成員們的實際經驗之上，而不是一廂情願地認定他們應該要能夠做到什麼程度。訓練有素的人總是比較容易大量生產出具有建設性及組合性的創意。

- 務必考慮到，有些人就是思考比較靈活、想法特別多，而其他參與者在頭腦與生理上都需要暫停充電。探索式思維活動進行一陣子之後，參與者應有足夠的休息時間來恢復體內葡萄糖與氧氣濃度，才能在下個階段的活動做出長足貢獻。推動想像力就跟其他創意活動一樣，要耗費不少精神與體力。所

以當大家的思考效率顯著下滑時，也就沒必要再堅持進行下去了。

團體型資訊塗鴉 #5：強制排名

強制排名的目標：

目標是要鎖定那些特別有創意的概念，既然問題解決會議的終極目的是針對產品、服務、顧客體驗等設計出新鮮有趣的東西。各位已經在計畫會議的第二項活動做過強制排名練習了，所以你們應該對它毫不陌生。我會簡單說明強制排名在這類團體型資訊塗鴉的作用，然後你們就可以開始進行了。

資訊塗鴉者人數：

要看一開始有多少人與會。不一定每個人都得參與排名（可由較資深的員工來負責），但大家至少都必須在場解釋某些創新概念背後的思維。

時間長度：

15 至 60 分鐘。

主要假設：

沒有需要特別提出的假設。

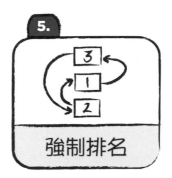

強制排名操作流程

在這個階段，與會者（但願）已經想出了不少新點子。還記得之前提過的排名機制吧，你們會需要設定一些標準來為新點子排出優先次序。既然有待評估的點子可能多如牛毛，最好先請每個小組挑出三至十個真正出色的想法納入排名之列（你也可以改用刪除法，先挑出太過稀奇古怪的點子）。只要符合目標，任何排名標準皆可選用，譬如生產的便利性、能否申請專利、創意程度、預期的投資報酬率等等。排名流程要簡化或複雜化均悉聽尊便，前提是你必須了解一個概念對團隊或組織的價值之所以提升或下滑，背後的原因究竟是什麼；然後再據此進行強制排名。

各位先生女士，你們（非常有可能）順利地主持了一場聚焦在創新的問題解決會議。信不信由你，但你不必是「創意專家」或天才神童也能做到這件事。只要依循一連串視覺化與試驗性活動，周邊參與者就會接受引導、共同集思廣益，一起走到許諾之地。恭喜諸位創意大爆發的資訊塗鴉者！

決策會議

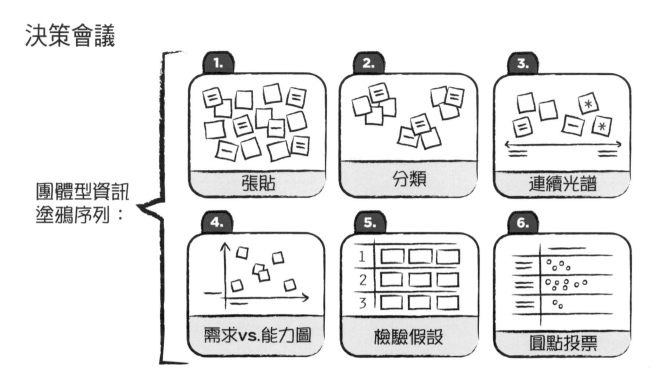

團體型資訊塗鴉序列：

1. 張貼
2. 分類
3. 連續光譜
4. 需求vs.能力圖
5. 檢驗假設
6. 圓點投票

會議目標：

　　深入探究主題領域或專案點子蘊含哪些機會，針對哪些專案應得到資金挹注、以及組織、部門、團隊的執行取得共識。[註29]

團體型資訊塗鴉 #1：張貼

張貼的目標：

　　針對如何從每個主題或專案創造新機會，發想出各種點子（這些點子將是後續活動的基礎）。

資訊塗鴉者人數：

可以是一個人，也可以是一大群人，甚至來整支軍隊的人都沒問題！[註30]

時間長度：

　　每個主題範疇或專案構想花五至七分鐘。

主要假設：

1. 每個主題或專案都提供了值得探索的機會（我知道這是廢話，但有些組織機構確實花了時間評估可能性，打算將機會落實為理想結果，最後卻沒有好下場；這樣的案例所在多有）。

2. 參與者對每項主題或專案都已經有了充分了解，可至少想出一個相關的發展機會。

張貼操作流程

　　把眾人意見張貼出來是資訊塗鴉過程中最重要的活動之一，請務必留意這項活動進行得是否順利，因為你們會重複用到這些資訊上百萬次。[註31] 這項活動再簡單不過，一旦展開就不必再理會行前說明了。現在讓我們開始吧。

　　分發一疊便利貼和一隻筆給每個與會者。告知大家第一個要討論的主題範疇或專案構想，並說明評估重點應放在創造新機會。給他們一個時限，要他們在時間範圍內盡可能想出越多相關的新機會越好，然後把它們寫下來。記得提醒他們，一張便利貼只能寫一個點子（否則接下來的活動將無法順利進行）。若有人想以繪圖方式畫出點子，請確認他們用文字來搭配圖像，以免造成混淆。這項活動（大部分時間）應該在安靜中進行，不要互相討論交換想法，如此一來才能在最大程度上獲得所有成員的各種不同觀點。

　　寫完便利貼後[註32]，請大家將這些便利貼「張貼」於空白空間或牆壁上（活動名稱顧名思義就是這個意思）。每個意見都要讓大家看得見，所以千萬別出現兩張便利貼完全疊在一起的情況，否則就浪費了一個點子了。這項資訊塗鴉活動完成後，你們的視覺空間看起來差不多像這樣：

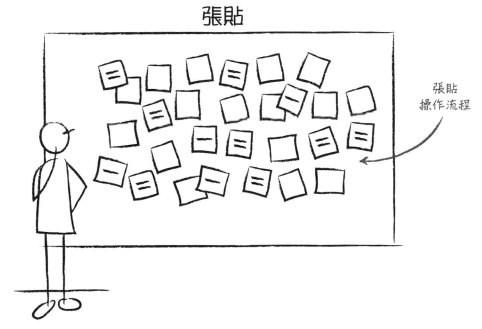

張貼

張貼
操作流程

這項活動可以一再重複進行，直到每個主題都發展出新機會為止。不過，每個主題必須有各自獨立的便利貼張貼空間，以免不同主題的點子混在一起，製造出沒人想被拖下水的資訊大塞車。請參考下圖的示範：

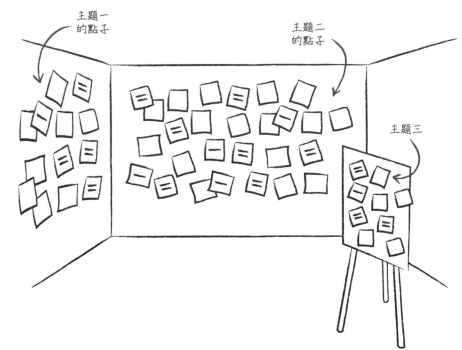

你不妨把這項資訊塗鴉活動想像成「打牌」吧，每個人都把自己的牌攤在桌上，讓彼此知道別人手上有哪些牌。「張貼」也是一樣，要讓現場所有人得到最充分的資訊，以便稍後做出更明智的決定。而張貼的內容越多，團隊就越有把握自己絕對沒漏掉可能扭轉情勢的關鍵意見。

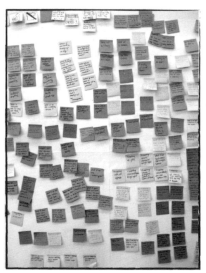

真實世界的
「張貼」
範例

張貼的最佳實踐

- 有些活動參與者拋出的點子越多，對資訊塗鴉序列接下來的其他活動就越有助益；張貼正是這類求多不求精的活動。[註33] 所以參與者應該想到什麼就趕快丟出去，最好不要有猶豫時間、對自己的想法多所批評。在張貼活動中，大家只要拚命想點子就行了，因為這些點子將是接下來其他活動的基礎，量越大就越牢靠。

- 團隊成員不應該花時間尋求共識，然後才把他們的想法寫出來或貼上去。這麼做不但太浪費時間，而且根本完全沒必要；畢竟這項活動的目的不在於評估或比較個別意見。所以每個人都應該自行思考，然後與其他成員在同時間寫出各自的想法。

- 在大家把想法貼上來之前，有個方式可以加速分類過程，那就是請成員們一完成發想後，就上前張貼他們寫好的便利貼。換句話說，假如你能管理大家的張貼順序，你就可以預先做好簡單的分類工作。每個人完成發想的時間不一樣，所以率先完成的人可將他的想法分散貼出；接下來的人則根據他的想法與前一人想法的相似性，把內容相近的便利貼貼在旁邊。這樣做有效率多了，因為如果你讓所有人同時張貼、大家一起擠到牆壁前，這些想法就會被貼得毫無章法可言。但如果你讓大家依序輪流張貼，他們就有機會按照內容的相關性來略做分類。若現實不容許你這麼做，結果大家都同時擠上前了，也別擔心。接下來的活動就是要搞定分類。

團體型資訊塗鴉 #2：分類

分類的目標：

將相近的概念歸為一類。

資訊塗鴉者人數：

每個主題範疇或一套專案構想，需要二至五人來進行分類。超過這個人數就稍嫌擁擠了。如果待分類的內容不算多，其他成員可在一旁觀看分類的進行；說不定他們可從觀察中想出好點子，有時候甚至會建議調整分類方向。

時間長度：

只要能把分類做好，要花多少時間都行；但通常是在 10 至 20 分鐘之內，視內容的數量與多樣性而定。

主要假設：

每張便利貼上面寫的意見，必須夠簡單明瞭、容易被正確分類。（若你發現有些便利貼上的內容過於模稜兩可，就暫時停止活動，請這張便利貼的主人解釋清楚他的想法、並且將這張便利貼重新寫得更清楚，然後再繼續進行）。

分類

分類操作流程

就跟張貼一樣，「分類」（Affinity Mapping）也是許多團體型資訊塗鴉活動的關鍵。它將影響到整個流程的所有環節，所以千萬別在這個節骨眼出現閃失。能夠自在地將同儕拋出的點子分門別類（並且辨識出其間的相異之處），往往能為最後腦力激盪成果帶來莫大益處。

在這個階段，你和團隊成員們已經為某個主題、或某些主題預備好一片利於發展各種機會的沃土。現在你們要為大家拋出的意見理出頭緒，所以你們開始將這些意見分門別類。這件事聽起來容易，做起來也不難。只要把內容相近的點子擺在一起就行了。(註34)最後你們的資訊塗鴉看起來會像這樣：

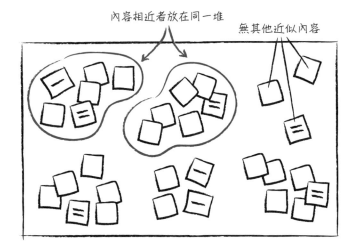

內容相近者放在同一堆

無其他近似內容

結束這項資訊塗鴉活動前，請所有參與者一起決定哪些類別在整體內容中最具代表性。切記，這是資訊塗鴉序列中的一環，而這場會議的最終目的就是要引導大家做出明智決定。身為技巧高明的資訊塗鴉者，我們會希望將一項活動的最終內容設計成有助於下個階段進行的形式。所以我建議大家為每個分類加上標題，作為內容的扼要提示；然後把標題寫在較大張、或顏色不同的便利貼上，貼至該類別的最上方。標題的寫法得經過多數人同意，而且必須具有意義。

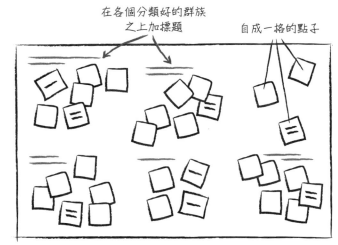

在各個分類好的群族之上加標題

自成一格的點子

分類的最佳實踐

- 所有機會生而平等，所以各位不必擔心有些點子看起來格格不入、或疑似「離題」了。你只須盡量為它找個接近的類別、或乾脆設「自成一格」特區。進行接下來的活動時，別漏掉特區裡的便利貼；說不定它們蘊含著被多數人忽略的寶貴見解呢。

- 追蹤特定概念重複出現的頻率並非這項資訊塗鴉活動的重點，但你最後還是不免會看出某些主題或專案點子勢力特別龐大，有些則只有少數呼應者。所以有興趣的話，你們不妨記錄某些點子得到多少人響應（哇！竟然有十二個人覺得用飛機噴煙在空中寫字是個好主意）。這還可以讓你們額外察覺到某個點子的突出性，至少從團隊的觀點來看是如此。

- 若與會者人數眾多，而你希望大家或多或少都能參與分類過程，那麼我建議活動先暫時喊停，先把所有點子做好初步分類後再請大家回來幫忙檢視。如此一來分類流程不但不會拖慢腳步，而且還能讓所有人為你的分類是否得宜做出最後決定。通常一個十五至二十人的團體，可在貼滿點子的視覺空間前排成一個半圓形，並直接說出他們認為應該更動的部分。由於所有人都同時在場提出他們的建議，會議領導者可以感覺得出來某些更動是否為多數人的共識、抑或只是個人看法。

團體型資訊塗鴉 #3：連續光譜

連續光譜的目標：

評估過所有點子的潛在機會後，將它們從最不重要排列至最重要。

資訊塗鴉者人數：

可以只有一個人、或 20 人以下的團體。若討論的主題很多，最好能把與會者打散成每二至四人一組，每組負責一個主題或其他相關主題。

時間長度：

10 至 30 分鐘。

主要假設：

團隊成員很清楚所謂的「重要性」是指能夠創造許多新機會（就算一開始不甚明白，經過這番共同練習後也能把握宗旨了）。

連續光譜操作流程

連續光譜是依據一項準則，以精簡俐落的視覺化方式來組織我們的想法。由於各位都是訓練有素的資訊塗鴉高手了，你當然知道連續光譜是用途多多的視覺工具，而且你想套用哪一個準則來進行排列都行，譬如專案的強度（由低排至高）、成功的可能性（從零至百分之百）或狗屁倒灶指數（還能接受至「有夠扯」）。選定排列的準則後，就開始把點子放進光譜中適當的位置吧。你也可以讓光譜延伸至整間會議室，或是在一條光譜上方加另一條光譜。就和本章其他的團體型資訊塗鴉一樣，小小的調整就能創造出它們的新功能。一個簡單的視覺語言元素（譬如一條直線！）便可大幅影響我們的認知。

會議領導者可率先於空白空間畫一條簡單的水平直線（由於參與者人數眾多，所以這條線至少要有四至六英尺長）。在這條線的一端標上「最不重要」，另一端則標上「最重要」。運用你們在前一項活動中做好的點子分類，把這些點子擺進直線的適當位置。這時所有便利貼都按照團隊成員的看法貼在牆上某處。當然，這項活動勢必會帶來一陣討論，這是值得鼓勵的事。把想法說出來有助於大家為每個點子找到最適切的位置。

最不重要　　　　　　　　　　　　　　　　　　　　　　　　最重要

　　當每個點子（或每個類別）都經過了評估、被放進光譜中，這項活動就算順利完成了。這時你應該鼓勵參與這次資訊塗鴉創作的人，告知你有多麼感謝他們的貢獻。因為無論他們自己有沒有察覺，他們其實都在這項活動中緩慢漸進地改變了自己的知識宇宙，藉此對某件事物產生更全面的理解。這不就是明智決定必備的條件之一嗎？

連續光譜的最佳實踐

· 參與者如果對主題或新機會有任何聯想，都可以寫下來或畫下來，不要預作自我審查。連續光譜不一定得維持純粹無暇（對純粹空白空間的反感，倒是可以理解）。他們可以在光譜上加註為什麼某個點子比另一個點子更重要的理由。你可以質疑他們的邏輯，然後將他們的回應畫在空白空間。你想把連續光譜畫得多精細複雜都行，畢竟提供的資訊越充分，大家就越能達成會議目標。此外，你也可以為每張便利貼上的點子畫個簡單的心智圖，這應該不用我再多做說明了吧。

· 正當你以為討論氣氛融洽、一切進行得很順利時，對「重要性」相爭不下、或意見幾乎水火不容的情況幾乎總是會發生。這種事再自然不過，若遇到兩方意見勢均力敵時，就把這兩張便利貼並排放在一起，不必再多費心；若遇到彼此互不同意、毫無共識時，乾脆把同一個點子或類別寫成兩份，各貼在連續光譜的兩端。每個人都應該要能提出不同的價值判斷，這並不會影響到會議目標的整體方向，而且還能真實反映成員們的觀點。資訊塗鴉的最終目的不正是如此嗎？

倘若你們想透過連續光譜的排列，將某些類別或點子排除在下個階段的資訊塗鴉活動之外，就放手這麼做吧。從位於光譜較不重要的一端當中，挑出沒有倖存機會的點子加以淘汰。接下來的活動會用不同的準則，進一步評估剩下來的點子。所以如果某些點子實在不值得花時間力氣，就直接把它們砍了吧。先做好分析，再繼續前進。

- 在真實世界中，每個團體都是由價值觀與評斷方式互相不同的人所組成。有些人或許會覺得所謂的「重要性」不夠明確，他們希望知道重要性該如何具體衡量。應該從收益的角度來估算？還是從顧客滿意度來看？「重要性」究竟是指什麼？你可以叫這些人閉上嘴巴（開玩笑的），但如果他們就是希望對重要性有個明確定義，那麼就讓他們自己來定義吧。不妨選出兩、三個準則，要他們為這些準則設計圖案（收益是金錢符號、顧客滿意度是一個笑臉，諸如此類）。接著，請他們在寫著點子的便利貼上加合適圖案，然後根據這些圖案來安插便利貼在連續光譜上的位置。這不費吹灰之力就可以搞定，變通辦法多的是。若還有人要追究其他細節，你也不必因此緊張起來，只要運用視覺思考來想出解決辦法就行了。

這項活動結束後，你們還有最後一個步驟得完成，才能讓整個決策會議圓滿落幕，而且你們說不定正玩得開心呢！這就是為什麼我對團體型資訊塗鴉充滿了熱愛。職場或學校中有多少活動能讓我們同時互相交流、發揮想像、研究分析？

團體型資訊塗鴉 #4：需求 vs. 能力圖

需求 VS. 能力圖的目標：

在市場需求與組織現況的考量下，檢驗特定主題（以及點子背後蘊含的機會）是否能真正落實、並且有效實踐。

資訊塗鴉者人數：

可以是一個人，也可以是 20 人以下的團體。超過這個人數就會擋到其他人的視線，使他們無法靠近看清楚這張稍微複雜一些的圖。

時間長度：

10 至 30 分鐘。

主要假設：

1. 在場參與者中已有足夠的人，對於顧客或市場需求有一定程度的掌握，可以將便利貼放在圖中較為精確的位置上。至於能力部分也是同樣前提（這個假設通常是安全的，但受邀參加會議者必須是適當人選，雖然我們經常找錯的人來開會。）

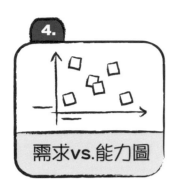

需求 vs. 能力圖
操作流程

　　資訊塗鴉者最喜歡線條簡單的視覺架構，所以我要在此獻上各位將一用再用的好圖：「XY 散布圖」。和上述連續光譜一樣，你可以針對討論內容來設定 X 軸與 Y 軸的變項。在這項活動中，我們用的是「需求」與「能力」，[註35]但其他會議也可用「影響」與「投入心力」、或「成本」與「價值」；任何有助於你從特定角度來評估主題的變項都行。

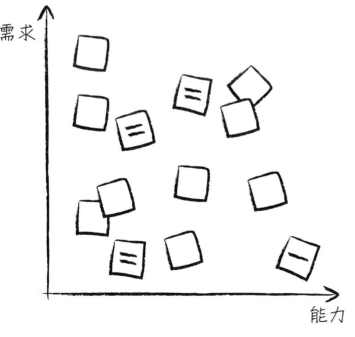

　　活動一開始，先在空白空間畫出兩條線：X 軸與 Y 軸。

　　我們要在這張圖上畫主題範疇、或是與特定主題相關的新機會（任君選擇）。[註36]接下來參與者要做的，就是處理組織機構在發展某些可能性時，可能會遇到的實際問題。這項活動讓大家在評估市場需求的同時，也考慮到組織是否確實有能力來應付這些需求。這是個很有用的頭腦練習，因為你們會發現儘管一個主題能帶來絕大機會，組織內部卻可能缺乏相應的架構來讓機會成真。舉例來說，線上遊戲社群或許能協助你的糖尿病顧客達成健康目標，但你的公司裡可能根本沒有任何懂遊戲開發的職員。組織生態的現況不一定總是能配合願景的追求，所以我們得先從做得到的部分開始，而且往往是我們的擅長之處。這就是做決定最困難、也最核心的地方：我們必須做出選擇。

需求 VS. 能力圖的最佳實踐

· 有必要的話，你可以變更散布圖的變項，不必侷限於我的建議。再說你本人一定比我更瞭解你的團隊應該聚焦在哪些方面。我只是要讓各位進入到資訊塗鴉序列當中一個有助於做出決策的環節，從中學習並實際進行（合理的）試驗。所以假如你認為有必要替換 XY 軸的變項，就放心去做吧。

讓所有成員參與決定變項的過程。若團隊人數超過二十人，你就不必覺得自己有責任引導活動的思考過程了，只須告訴大家基本規則，然後放手讓各小組自行決定 XY 軸的變項。他們可以自行放入各個主題，然後將「甜蜜點」圈起來或畫上星星（這裡所謂的甜蜜點，就是高需求＋高能力）。完成過濾選項的工作之後，你可以把被挑選出的便利貼從牆壁拿下來，另外貼到一張大家都看得清楚的圖。貼好之後，你們可能會需要討論這些脫穎而出的便利貼，是否該互相分個高下。但這其實不要緊，至少你們已經縮減了考慮項目，可以從較少的選擇中開始進行評估。

請特別注意你的 XY 散布圖是對大局的思考，還是在設定範圍內做出選擇。有些人可能會喜歡在較廣泛的主題範疇內進行評估與決定（譬如菸害防制、行動科技、或數位化圖書館），所以他們會想運用 XY 散布圖來做出較具策略性的審慎決定。有些人則是埋首於專案之中，他們要在那些範疇內評估各種選項，根據需求與能力來決定這些選項在散布圖中的位置。計畫舉行會議時，你會知道哪一種方式較適合你的團隊。他們要針對公司的既定方向做出重大決議、還是打算捍衛原有策略，並決定哪些專案能夠支持這些策略？

連續光譜與散布圖表面上看起來都很簡單。但如果真的抱持好奇心深入挖掘，你們會發現這兩種基本架構竟然都富含訊息。別低估了你們可以做的交流

討論，所有參與者都應該分享他們對一個主題或專案的看法，並將它畫出來、寫下來、或說出口；但各位也別輕忽大家一起篩選資訊的機會，這麼一來真正的核心要旨才能展現出來。

這項活動完成後，參與者可從各種角度來審視主題或專案。在大家決定接下來的行動前，這會是比較負責任的作法，就像你應該查核一下約會的對象究竟適不適合嫁娶。你得把事情搞清楚、提出問題、徹底評估對方是不是個「好咖」。只有在經過這道程序之後，你才能信心十足地做出決定，而這項技巧正足要協助大家完成評估工作。

活動結束之際，你將十分確定團隊正朝著決策會議期望的方向前進。就在我們開始有安全感的時候，突如其來的攻擊就在終點線向我們襲來。這就是我們為什麼會需要接下來的「團體型資訊塗鴉 #5」：檢驗你的假設。

團體型資訊塗鴉 #5：檢驗假設

檢驗假設的目標：

避免潛在假設未經質疑，大家就埋頭往前衝。我們都知道，當我們做了假設（assume），你（u）與我（me）就準備被踢屁股吧（ass）。[註37]

資訊塗鴉者人數：

前一項活動的原班人馬。

時間長度：

15 至 60 分鐘。

主要假設：

團隊成員的思考是基於某個假設衍生出的概念。他們有辦法嗅出這些潛在假設，就算再隱晦也無所遁形。

檢驗假設的操作流程

這項團體型資訊活動要從參與者的分析當中，揪出個人偏見或隱含的前提，進而提升主題或專案的討論品質。這項活動的要求想多嚴格都行，表格欄數也可配合所有人的需求來增加，但首先得做到以下兩件事。

第一件事，把「假設」的定義弄清楚。當然了，這個詞確實很常用，但鮮少人會給它一個精確的定義。所以活動的一開始，不妨問參與者他們如何定義「假設」，並且要求他們舉例。有必要的話，你也可主動提出定義：所謂假設就是未經「證實」卻被視為真的資訊[註38]，接著再把這個定義畫在每個人都看得到的地方。

其次，參與者應畫出表格，然後將他們先前分析中隱含的假設放進去，讓大家都看到。請他們在一大片塗鴉空間畫出如下的表：

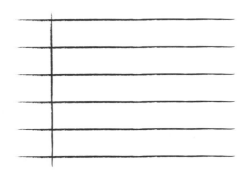

你們將一起挖掘出平時不會受到質疑的信念、並且在通常不疑有他的地方發現值得懷疑之處。

把前一項活動的圖表中，那些看似有望納入最後評估專案的便利貼全部拿下來。假如你們用的變項是需求與能力（若後來沒調整評估方向），那麼你們只要把位於散布圖右上角的便利貼取下即可。取下的便利貼要放進新表格最左方，每一張便利貼自成一行，因為它們將是檢驗假設活動的主題。

便利貼被挑選出來、貼到新位置後，請參與者想想他們針對討論內容作了哪些分析，然後把這些分析寫

下來，讓所有人都看得見。同樣的，這項活動也得先看有多少主題或專案要分析，然後再決定是否要製作數個新表格、應該全體一起進行還是打散成若干個小組分頭進行。或者你也可以每人指定一項專案，然後大家輪流交換專案。這樣的話檢驗假設就算不是同時進行，也達到了團隊合作的效果。團隊可以自行摸索哪一種方式成效最佳，總之目的是要盡量發掘已經被廣為接受、視為真理的前提。

每列主題的假設都寫好之後，你可以引導參與者、或鼓勵他們主動對這些假設提出質疑，問它為什麼「一定是」真的，若條件背景改變了依然能成立嗎。他們可以將自己的看法寫在每欄的上下方空白處，或是用畫的也可以；如此一來呈現的資訊將變得更細膩。

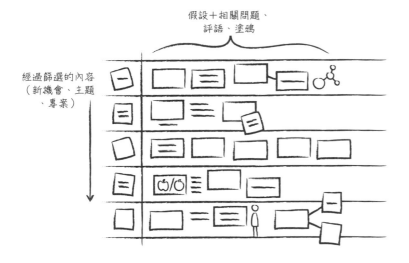

在大家花了充分時間探討潛在偏見或錯誤迷思之後，最後一步是要將這幾排假設去蕪存菁。他們可以拿掉、或修改部分便利貼，只留下那些「必定為真」、

或他們有「高度信心」的便利貼。這麼一來，留下來的便利貼都是具有可行性的分析內容，有助於最後做出更明智的決定。這是資訊塗鴉序列中最後一個重要步驟，其成果攸關著團隊或組織的成功與否。想要的話，你可以請一名與會者幫忙重新製表，將它清理乾淨！只留下通過這次評估的主題或專案。這張表最後看起來會像下面這樣，簡潔如新，正好赴下一個活動的約。

檢驗假設的最佳實踐

· 身為會議活動領導，你可自行決定與會者的分析應該紮實到什麼程度。若你認為與會者有不切實際的傾向、或是在某些方面欠缺自覺，不妨針對他們的討論內容提出一些尖銳問題，像是：

※ 你們有多少自信，認定這個假設是正確的？

※ 你們為什麼有這樣的自信？

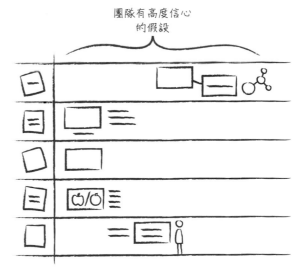

※ 什麼樣的數據或情況能推翻這些假設？

※ 有沒有任何假設是過去成立，但現在比較不牢靠了？

※ 若許多假設在特定領域已經被證明是錯的，這會不會大幅改變既有的決定？為什麼會這樣？

※ 討論過程中，是否浮現了需要進一步分析的新要素？

- 我之前說過，這張表要加多少欄都不是問題。你可能會想新增一欄寫上信心的程度、或指出哪些資訊可能推翻一個假設的可行性。你真的可以按照自己的意思增減這張資訊塗鴉的內容。每個團體各有其特質，每個主題的複雜度也都不一樣。活動開始前（或進行時），你不妨想想這次活動應該要有怎樣程度的進展，然後再帶領他們前往最後一步：做出決定。

- 會議展開前，思考一下參與者當中，有哪些人特別擅長在論辯中辨識、分析潛藏的假設。他們是你的智囊人物，最好能打散至各個小組。這些人的分析技巧有助於推動團隊的批判性思考流程。

- 若時間還夠、而且小組分頭進行的方式正適合你們；那麼我建議各組可輪流檢視彼此的分析內容。畢竟參與的人越多，就越能發現原先被其他人忽略的事物。

- 團體型資訊塗鴉可創造大量的探索與發現，特別是當團隊成員決心提出挑戰性的問題時。一個團體中總是會有不同資歷與專長的參與者，所以最好給大家充裕的時間，資歷較淺的菜鳥才能有機會向「前輩」請益。此外，討論過程中若能做到全面性的吸收理解，也會有很大的助益；而且這已經是最終做出決定前的最後一個步驟了。

團體型資訊塗鴉 #6：圓點投票

圓點投票的目標：

團隊共同決定哪些計畫、專案、或主題能獲得資金、實際施行。

資訊塗鴉者人數：

所有參與者，每個參與過前面流程的人都可以投票。

時間長度：

5 至 20 分鐘。

主要假設：

每個人的票都是等值的。99.9% 的團體都是由專長、經驗、能力、對主題認知程度不同的人所組成。不過在圓點投票活動中，我們不打算調校上述這些差異，而要讓每個人都具有相同的代表性。一人就是一票。

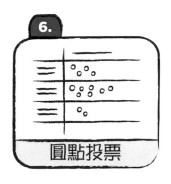

6.

圓點投票

圓點投票操作流程

若你們之前重新整理過圖表、刪除了不列入討論的內容,那麼你們現在的圖表看起來應該像前一項活動的那樣。但如果原來的圖表沒整理過,看起來亂糟糟的,其實也無所謂。現在我們只需要讓大家有表達意見的空間,而且能讓每個人都看到就行了。

跟大家普遍想的不一樣,接下來的任務並不需要真的貼上圓點,只要找支筆讓每個人畫出圓點就行了(用畫的還不必擔心黏不牢掉下來呢)。

提醒與會者這次會議的總體目標,就是要決定團隊、部門、或組織應該將主力和預算放在哪些地方。到了這個階段,他們已經根據自己選擇的準則篩選出重要的專案或計畫,也思考了一般大眾或顧客會有哪些需求。此外,他們檢驗了所有可能扭曲決定過程的潛在假設。他們比大部分關心時事的公民還要有資格參與投票。(你上次在投票前還記得檢視一下自己的偏見,是什麼時候的事了?)

從現在開始,大家只要直接投票就行了。

圓點投票的機制是每人一票,投給他屬意的一項專案。過程十分民主,不會有某個人的票可以加權計算、或某個人重複投票給同一個專案許多次這類現象發生。投票前,你們必須先想好有多少專案等待投票。若組織其實沒辦法一口氣執行八個專案,大家就沒必要花時間投八次票。所以你們應該先決定適切的專案數量(不妨額外多給每個人兩個圓點,看看哪些專案能通過這輪淘汰賽),然後讓大家安靜地各自投票。若會議室內有許多地方貼著表格,就讓他們自由走動。進行這項最後一輪、決定性的資訊塗鴉時,應該要容許任何人提出任何問題。就如我時常提醒大家的,塗鴉可不是在鬧著玩。

真實世界的**圓點投票**範例

圓點投票的最佳實踐

· 若領導階層也參加了這項活動,而你覺得一人一票的方式不盡理想時;你可以讓領導階層的票享有較高權重。但要小心,別把權重拉得太高,造成其他人的票變得無足輕重。而且假如你選擇這麼做,務必要讓其他人知道、並說明清楚原因。

· 留意那些可能影響參與者決定的因素,無論是隱性或顯性的。若大家感覺到某些專案較受偏愛,他們可能會出於個人崇拜傾向、或純粹不想顯得太異類而投票給那些專案。若你真心希望投票過程明智公正,等到投票結束後再表現你對特定專案的熱忱也

不遲（拜託那些「總」字輩的同樣要不露聲色）。

- 可以的話，不妨讓大家稍微離開現場，暫時不去看那些便利貼。團隊或部門的方向有時候需要一些時間來醞釀，才好做出決定。你甚至可以等到隔天再請大家投票，如果你覺得讓他們想一個晚上有助於做出更睿智的決定。

前饋會議

「前饋」（feed-forward）聽起來好像跟照料牲畜、或安全上高速公路匝道有關。但我們的前饋會議，其實是要請講者向大家報告新資訊或更新現況。我們將這類會議報告稱之為「說故事」，即使演說內容可能超出一般人認定的故事範圍。所謂故事，不一定是以「很久很久以前……」開場的虛構內容。每週一次的專案進度檢討會議，便是涉及了說故事的前饋會議；美國總統的年度國情咨文亦復如此（雖然後者的聽眾有數百萬之多，發表起來壓力更大）。總統的前饋演說想當然耳不會差到哪裡去，畢竟他有擅長寫演講稿和說故事的專家群助陣（更別提還有髮妝師和造型師）。我們這些平凡老百姓只能自己設法炮製講稿、像模像樣地演說。很不幸的，多數人終其求學和職場生涯，總會有至少那麼一次必須上台演說。這表示如果我們能打好敘事的根基，可以在職場或學校講個好故事（或甚至像樣的故事即可），這項能力將使我們受益匪淺。

要達到上述目的，我們將在本章接下來的內容投注全副心神。我會提供各位一套可靠的策略來設計任何

主題的演說，往後當前饋會議這種可怕差事落到你頭上時，這套策略隨時能派上用場。對經驗豐富的說故事者來說，設計演說內容的流程可謂出自本能（就像設計師發想資訊圖、建築師打造建物，在他們眼中其間的步驟都是自然發生的）。但我要鄭重申明，我提供的架構取材自南西·杜爾特（Nancy Duarte）的著作《視覺溝通的法則》（Resonate）。我之所以套用她的步驟，是因為（a）這些步驟清楚扼要，而且（b）我好喜歡南西啊。喜歡到我一定要把她的照片放在這裡，讓大家看看她美麗的臉龐。

南西·杜爾特，說故事專家暨簡報設計大師

你可能已經瞥到了旁邊這張寫著「核心概念」的圖，所以我給大家一個提示。看起來眼熟嗎？資訊塗鴉者過目即不忘！現在我們來瞭解一下這張圖有哪些細節吧。

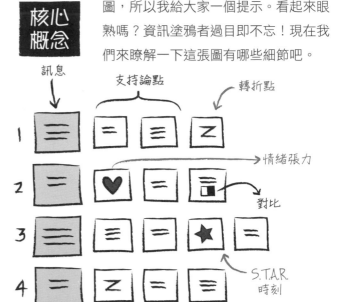

核心概念

訊息

支持論點

轉折點

情緒張力

對比

S.T.A.R. 時刻

前饋會議的目標：

　　為觀眾提供具有價值或需要的資訊，同時保持他們的注意力。

資訊塗鴉者人數：

　　由一個人（講者）邀請其他人（我會建議不超過五人）參加，並且請他們針對演說內容做出值得省思、切中議題的評論與回饋，然後大家才進行正式會議。

時間長度：

　　15 分鐘至 3 小時。與會者應瞭解他們可以、也可能會來回修改流程許多次。[註39] 演說本身的長度可從 5 分鐘至 60 分鐘不等（超過一小時而中間沒有休息的話，觀眾可能就開始恍神了）。

主要假設：

　　1. 現在你已經有了核心概念，對內容瞭如指掌到能夠發想出足夠多的訊息與支持論點，包括相關軼事與統計數據。你可以把便利貼留在牆上（我會把自己的演說內容精華留在辦公室牆上四個月之久），然後花幾個禮拜的時間持續發想、修改你的故事。重點是你的故事必須有助於推展接下來的活動。

前饋會議操作流程

　　展開前饋會議之前，你必須先弄清楚核心概念是什麼，也就是你要昭告天下的訊息、

想出一個來。

1.
核心
概念

譬如：天要塌了。

大家之所以湊過來聽的重要宣布。倘若你還不知道核心概念是什麼，那麼就暫停手中的工作，先把它搞清楚再繼續進行，否則你接下來的敘事架構都將失去主骨幹，懂了吧？第一步，提出核心概念。

　　確立核心概念之後，下一項任務是盡可能想出越多點子越好，同時要盡量提出能夠支持核心概念的相關證據。在這個階段，大家一想到任何相關的點子就立刻寫在便利貼或索引卡。你可以用寫的，也可以用畫的，或兩者兼備。大部

2. 拼命丟點子。
但不准龜毛

分的人出於本能，在這時候還是會稍微自我審查一下，但我要請各位努力克制，別讓自我批判造成過份壓抑。故事是演說的主軸，即便這場演說只不過是每週例行的專案簡報。所有故事都需要有各種資訊不受阻礙，雜沓紛亂地迸發，最終才有機會變得更加完整。所以我們得先放手讓各種面向的真相浮現，然後再將這些素材打造成形。我保證，你可以先評估不同真相，再就事實雕琢出你的故事。不過接下來的步驟只要順其自然就行了。

　　順其自然讓大家自由發揮之後，各位會進入到一個大部分人迫不及待展開的階段：過濾點子。這時候進行過濾，是因為大家已經想出足夠多的點子，可以開始逐一檢視了。此刻不只容許批評判斷，更依賴批評判

3. 過濾，過濾，過濾。

別讓觀眾得自己設法搞懂你的故事。這樣很不厚道。

4. 和 **5.** 分類。建立類別，然後寫出有趣的敘述。

類別一 → 敘述
類別二 → 敘述
敘述
類別三 → 敘述
敘述
類別四

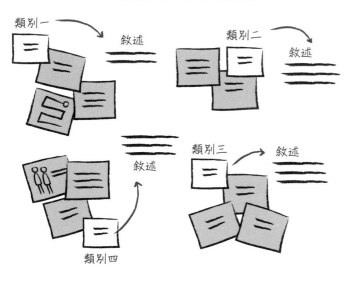

斷帶來建設性的成果。到了下個步驟，你們會從一大堆點子中選出有價值、論據堅實、夠吸引人的放進故事裡。

這時候你們得親手殺了心愛的點子（天啊！），畢竟追求榮譽必須要有所犧牲。別把每個想出來的點子當寶，而且南西的建議很有道理，她說「優秀的演說者不會讓觀眾費神分辨哪些事重要、哪些則無關緊要。」與核心概念關連不夠清楚、或不夠直接的點子都必須無情剷除。痛快地撕下、刪除、銷毀那些不適用的點子吧，這麼一來你才能創造出大家願意踴躍參加的前饋會議。

接下來是步驟四和步驟五。我把這兩個步驟合在一起，是因為步驟四太簡單了，只須按照先前做過的分類練習：將相似的點子歸為一類。經過步驟三過濾的點子，到了這個階段可進行分門別類，並且為各類想出一個最具代表性的主題。假設我們的核心概念是「天要塌了」，我們可能會看到一些類別被標上「大氣層有大麻煩」、「末日求生策略」等等。這些類別之間絕對不可重疊，但每個類別都必須為核心概念提供包羅萬象的內容。強調不可重疊，是因為這可省去內容重複的累贅；而強調包羅萬象，則是為了避免遺漏重要事實，導致你在觀眾前失去公信力。決定好類別之後，你的工作是要將這些單字或短句，變成足夠吸引觀眾的完整陳述。這些是你建立核心概念的重要素材來源。舉例來說，為了有效傳達「天要塌了」這個核心概念，我可能會提出以下陳述：「求生策略應該放進全國各校的基礎課程中。」（我不知道自己當初怎麼想到這個危言聳聽的主題，就麻煩大家姑且忍耐吧。）

現在各位可以看得出來了吧，我們正以系統性的方式打造一個還算有道理的故事。

6. 將陳述與訊息
排列出連慣性

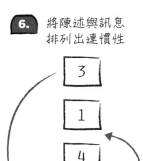

步驟六的工作是排序，讓整個故事變得更有意義。向觀眾介紹求生策略之前，總得先讓他們明白求生之必要，對吧？訊息的順序非常重要，就像用幾何學做驗證一樣。這個步驟的目標，是要將你的陳述安排成足以打動人心的敘事。你可以刻意將部分訊息留到最後、藉此製造懸疑性，也可以砌磚似的一層層往上疊，倘若編年式的線性敘事有其必要。無論你打算用哪一種方法，步驟六就和其他步驟同等重要，因為你必須想清楚要以怎樣的順序為觀眾揭露訊息。從演說角度來發想的資訊塗鴉者必須先掌握觀眾已知的知識、以及他們需要知道哪些知識，然後再思考要以什麼順序來提供訊息。全部都想仔細了，才能協助觀眾充分消化吸收演說內容。這些都是要費一番功夫的，故事元素不會自動整隊出發（除非你用了小說《哈利波特》裡的「漂浮咒」）。 (註40)

整理出感覺上頗有邏輯、也還算有趣的敘事順序後，各位可以稍微休息、吃個三明治。前面的步驟實在太費腦力，有必要補充一下能量。因為接下來的步驟還有得傷神呢，你得蒐集、形塑支持核心概念的證據。

步驟七旨在支持你所做出的陳述。批判性較強的觀眾會需要實質證據來相信你的說詞，尤其是當你的故事超出他們的認知範圍、或當他們必須去探索、相

7. 為你的陳述添增支持論點

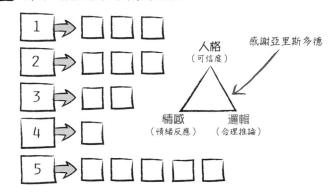

信超乎他們所能理解的事物。為了協助自己決定應該用什麼方式說服大家，讓你們相信天真的要塌了（雖然我其實不希望會議結束後你們還惦記著這件事），我要藉助亞里斯多德的智慧，引援他的說服力三法寶：人格、情感、邏輯。修辭學的學生可能會針對這三寶寫出長長的論文，但我們還得畫畫講故事呢，所以我們只要將這三個說服工具的重點簡單帶過即可，這樣就足夠大家將它們套用在敘事中了。

所謂「人格」涉及了道德上的號召力。當值得信賴的專家（或一群專家）能為講者的陳述予以支持時，我們會比較願意暫時放下懷疑（若講者也同樣具備可信度，效果就更明顯了）。「人格」就等於信任度，而信任度來自引述可靠來源的一句話、或重量級人士的背書認可。若能有備受信賴的人士支持你的論點，你的演說將獲得極大的幫助。

「邏輯」指的是你如何思考、運用理性分析。這是亞里斯多德比較偏愛的說服方式，也是我們最常在職場看到的。理性思考不但是相當有力的說服技巧，對觀

塗鴉思考革命 **217**

眾而言其實相對安全；因為它通常不會要求觀眾進行跳躍式的哲學思考，而且還會以研究及數據支持論點。「邏輯」使得故事在智識層面站得住腳，以合情合理的論據發揮影響力。

第三項工具「情感」涉及情緒張力，透過觸動心弦、造成騷動不安、或是將觀眾引導至特定方向的演說內容來創造情感上的吸引力。

比爾‧蓋茲曾經在一場談論科技創新如何運用於慈善事業的演說，呼籲世人共同努力消滅瘧疾。他當場從一個玻璃罐放出好幾隻蚊子，還說：「沒道理只讓窮人得瘧疾嘛。」[註41]這確實是充分訴諸「情感」的一記高招。

就我對人類的瞭解，我會說「情感」才是最有說服力的工具，無論我們是否察覺到這一點。雖然我們情願相信邏輯主導我們的認知，但我其實早就心知肚明事實不是這麼回事了。大腦的執行中心多半落在情感領域，我們所認知的「邏輯」是漫長演化過程中的新鮮玩意兒，你得動員大量腦細胞才操作得了邏輯。[註42]這也就是說，你必須把觀眾的天生傾向納入考慮。就連生物化學家也跟其他普通人一樣，會在大腦杏仁核作怪時不知不覺受到影響。但他們依舊寧願相信他們的大部分決定都是出自理性，靠前額葉的高等認知功能運籌帷幄。對那些自認為只用高度發展大腦皮層來思考的觀眾，千萬別在他們面前表現出多愁善感。

以上就是亞里斯多德三大說服工具的光速版解說，全套派上用場將有助於支持、強化你的演說。在你建構支持論點的過程中，這三套工具會以各種形式不時出現，你應該能夠認得出它們來。你可以一邊構思演說內容，一邊貼上寫著「人格」、「邏輯」、或「情感」的便利貼（或畫上心形與其他符號）。這可讓你具體看出自己最仰賴的是哪一種說服工具。成效優異的前饋會議往往能同時靈活運用這三種工具，為觀眾提供說服力強大、面面俱到的精彩論述。

8. 在演說中加入轉折點

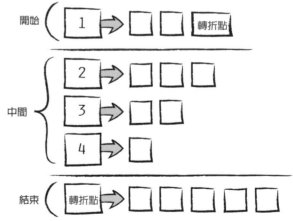

步驟八是要在演說中安排明確的轉折點。任何故事、電影、或演說，都有個我們熟悉、而且喜愛（或厭惡，因為有時候搭不出來）的三段式結構，那就是開始、中間、和結束。

我們在高中就學過這套基本又實用的敘事方法了。而將觀眾從開始移駕至中間、再從中間送行至結束的，就是轉折點。換言之，轉折點是讓故事保持運行的重要組成，是引導行動轉向的樞軸。

轉折點可以是與現況大相違背的意外事件（「雖然今年營收創新高，我們還是打算裁員上百人」）、一掌把你打到頭暈的事實（「全世界有二十億人沒有乾淨的水可用」）、或故事中的「英雄」整裝出動（「天行者路克得知天空會在十一天內墜落」）。現在各位應該已經明白，為什麼前饋會議會需要轉折點了吧。你不妨將它們看成門板上的鉸鍊，沒有這個小東西可開不了任何一扇門。

9. 確認對比度，然後把演說內容畫出來，就大功告成囉。

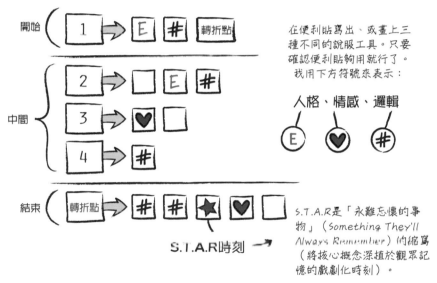

在便利貼寫出、或畫上三種不同的說服工具。只要確認便利貼夠用就行了。我用下方符號來表示：

人格、情感、邏輯

Ⓔ　♥　#

S.T.A.R是「永難忘懷的事物」（Something They'll Always Remember）的縮寫（將核心概念深植於觀眾記憶的戲劇化時刻）。

「對比」這種說故事技巧，一方面能讓聆聽者保持興趣，另一方面也有助於故事的順利推展。所以請好好檢視一遍，確認你已經在演說中安排了足夠的對比。到了這個階段，你應該已經用便利貼或索引卡標示出三種說服工具了。如我先前所提，我用心形及其他符號來對比出亞里斯多德的三種說服訴求；但其實你想用什麼符號都可以（請注意例圖中還包含「S.T.A.R 時刻」，這是南西·杜爾特的招牌說故事技巧，即你的演說中必須要有一個令大家難以忘懷的時刻，進而使你要表達的訊息深植人心。[註43] 若你們的前饋會議討論主題是厚紙板的用法，要創造這樣的時刻確實挺不容易，但只要有機會你們都應該好好考慮）。

探討過轉折點後，你只差最後一關就能趕上這輩子參加過最有效率的前饋會議了。接下來只剩兩個步驟，而我為了繼續討好你，已經將它們合併為一。在這個階段，請確認對比度，看看不同的說服訴求各用在哪些地方（既然你已經用便利貼標示出這三種說服工具，現在只須快速瀏覽過一遍即可）。接下來就不囉唆，直接把它們畫成資訊塗鴉吧。

若你覺得演說內容已經涵蓋了各類說服訴求，或是覺得你已經選定了最適合觀眾的說服策略，那麼就接著進行你再熟悉不過的流程吧：將資訊視覺化。

我姑且假設各位的演說內容將做成投影片，這表示每個點子都會呈現在一張投影片上，而每張投影片都可以做成資訊塗鴉。倘若我的假設是錯的，你並不打算製作投影片，這也不會影響到我們的前饋會議。既然你是個即興演出的資訊塗鴉者，你有以下幾個選項：

1. 製作一個巨幅資訊塗鴉，找個空白空間將故事內容以長條畫方式呈現。這張塗鴉可作為演說的輔助工具，帶領聽眾逐一走過你要傳達的訊息。

2. 在索引卡正面寫上核心概念，背後則寫你的演說重點，然後依序排好。你可以坐在桌子上，一張張拿出來向觀眾解說。

3. 將演說內容畫在好幾張掛圖紙上，然後一邊講故事一邊翻頁。

4. 製作一個大型故事板，把它當成圖像小說呈現給在場所有人看。

你不需要那些老套的投影片！你已經有真正管用的工具，那就是設計出有效演說、並且透過視覺化方式增進理解力的技巧。無論你在何處、無論應付什麼主題，這項技巧都能助你一臂之力。決定成果的不是你能得到什麼資源、或你的演說主題為何，而是整個流程如何進行。我得說你把流程設計得棒透了。

最後我想做個簡單的總結。我們都曾經在前饋會議呆坐、或聆聽演說的時候納悶，自己的腦子是不是燒壞了，否則為什麼有聽沒有懂。當演說者講話含糊不清或繞來繞去時，我們不免懷疑自己是否漏掉了什麼。

但我要大聲告訴各位，搞不清楚狀況的人鐵定不是你。

絕大可能是講者沒時間、或沒意願架構出一場足以激發興趣的演說，或是他未能透過一套設計流程來讓內容更容易被理解。每個人幾乎都會遇到必須說故事的一天，無論是向孩子解釋不易明白的事物、或是向公司說明緊急狀況。我提供上述流程為的就是協助各位，讓那些給了你時間與注意力的聽眾真正把你的訊息聽進去。

回饋會議

在各種會議形式中，回饋會議可能是進行起來最困難的，因為回饋會議涉及了我們對員工或隊友的個人表現必須有相當的瞭解。這類會議的目的不在於評估、創新、或盡量提升個人的外部環境條件；而是要與真人面對面分享工作上的見解與觀察，好讓與會者有成長的機會。此外，回饋會議應該要能釐清與會者的事業發展目標，並確保這些目標符合組織願景。換句話說，與會者必須了解他如何融入組織願景、並做出相關貢獻。

理想的回饋會議，會以建設性方式討論個別員工的強項、貢獻、待改進之處，而這些討論都能確實被與會者瞭解吸收並化為行動。這表示回饋會議應該是雙向溝通，提供回饋的一方，應展現出公正、體貼、客觀、誠實等特質；而接受回饋的一方，最好能敞開心胸、全神貫注、願意接受評論而不至於情緒失控或激烈自衛，甚至抗拒學習如何改進。雖然有時候這些要求不容易做到，但有效的回饋會議可為所有人提昇工作環境、強化個人經驗。

回饋會議的目標：

　　針對特定員工的行為及表現提供可信的觀察與透徹看法，協助員工持續進行自我提升，同時盡量減少對方不悅、否認、或反彈的可能性。此外，會議將為員工的技能與環境量身打造成長機會，藉此增進員工的未來表現。

團體型資訊塗鴉序列：

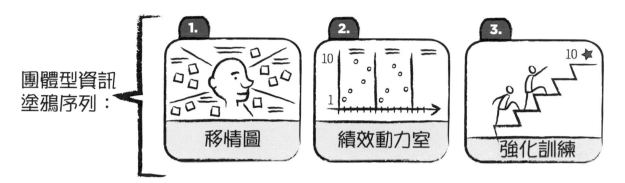

移情圖的目標：

　　向接受回饋的人表明，他所得到意見與觀察結論是有所本的，根據的就是他自身的工作內容。

資訊塗鴉者人數：

　　通常是兩個人。也可以多加幾個上級主管、或是請這些上級主管提供非即時的回饋意見。

時間長度：

　　10 至 15 分鐘。

主要假設：

1. 老闆或掌權者以公正態度持續追蹤特定員工的表現，同時也考慮到員工的自身利益（譬如辦公室政治或潛規則，並不會影響到他們對個別員工的評價）。

移情圖操作流程
（快速複習）

　　由於回饋會議可能會造成接受回饋者的反彈，移情圖運用在此的目的就是要向員工保證：掌權者是站在他這邊的，一定會考慮到他的個人成長與事業轉換。這說明了為什麼移情圖是回饋會議資訊塗鴉序列中的第一環。

　　本章先前已套用過移情圖，但這張圖實在太好用了，畢竟我們在工作與生活中常常必須能從別人的角度來理解這個世界，無論對方是顧客、隊友、員工或家人。回饋會議中使用的移情圖是個相當有力的開場方式，因為它可以讓你在對別人有所求之前，先刻意表現你確實是為對方著想。所以在回饋會議的一開始就採用

移情圖，能讓員工比較容易聽進老闆要說的話。請抱持著關懷之心來進行移情圖吧。若身為老闆的你喜歡凡事循序漸進，不妨邀請員工一起就他個人與團隊的表現，共同為你們的處境創作移情圖。讓員工一窺上級面臨的需求與挑戰，或許能讓他們願意接受你下的指導棋。

完成移情圖之後，我們便可順利進行團體型資訊塗鴉序列的第二項：績效動力室；因為此刻員工已卸下防衛心，對於自己在哪些地方有待改進產生了好奇心。

團體型資訊塗鴉 #2：績效動力室

績效動力室的目標：

表達出（a）上級的回饋並非主觀上隨意評論，而是根據一套特定的相關標準；（b）員工可持續發展潛能，不需要趕緊做快速轉變；以及（c）組織會投資在適才適性的個人學習，而非提供一體通用的教育訓練。

資訊塗鴉者人數：

通常是兩個人。也可以多加幾個上級主管、或是請這些上級主管提供非即時的回饋意見。

時間長度：

15 至 30 分鐘，取決於總共有多少評量標準、以及預期的對話深度。

主要假設：

1. 蒐集到的員工表現相關資訊，必須不偏不倚至員工心服口服的程度。（註44）

2. 回饋會議的領導者和員工有足夠久的共事時間，能給出經過深思熟慮的回饋。如若不然，他得承認自己的思考侷限，並表明他是靠詢問的方式來取得資訊、或告知對方他徵詢了其他同事的意見，而這些同事是業務上與他往來頻繁的人。

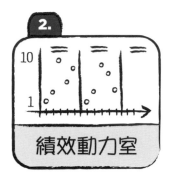

績效動力室操作流程

假如員工的績效表現只以「文件」形式存在，大家就會不以為意；因為這些資訊並未在一個人的腦海裡或視覺空間中留下深刻印記。在一大塊空白空間上將績效視覺化，有助於提供更全面的關照與更豐富的體驗。每個接收回饋的員工、學生或隊友都應該得到一片專屬的資訊牆，記錄著他們的演變與改進（或兩者皆無）。績效呈現可採用簡單的視覺架構，標示出評估標準、表現水準以及時間進程，看起來差不多像這樣：

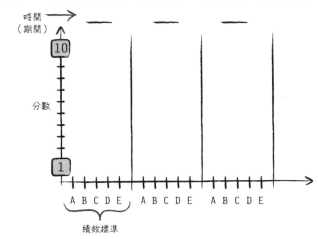

上圖的 X 軸分成了幾欄，每欄列出組織用以評估員工績效的各項標準。究竟標準該如何計量，決定權完全在你。計量方式可以採用公制（每日打多少行銷電話、線上影片點閱率）、或質化評量（團隊互動、簡報品質）。我的例圖採用 1 至 10 的「分數」計量，但組織想用任何分數範圍、給分系統、或分類方式都行。接著，在各欄最上方列出時程。你可以根據員工加入公司的時間長短，來決定各欄的適切時段，無論每個時段為期僅數月、或是長達數年。

員工的個人資訊牆會在一段時間內重複使用，最終記錄下員工一路以來在各項標準上的表現變化，讓大家具體看到他的長期進展。所以你的工作就是在會議期間清楚說明評量標準，舉例解釋這些標準如何呈現他們的工作內容、替他們打分數。想要的話，你也可以徵詢員工對那些標準和評分理由有什麼看法。績效分數可在回饋會議之前就打好、或在員工現身會議時才給予評分，假如你希望對方可以一次注意一項標準（若資料已經準備好了，大家會「預覽」過一遍）。經過上述歷程後，員工便能充分理解上級對他的期望、以及這些期望的重要性為何。員工表現資訊必須直接而具體，同時關照到員工福祉與組織成長。

既然績效動力室是由兩種資訊塗鴉活動搭起整個系統，即設定評量標準與給分高低，員工對整個績效評量的接受度將提高許多，回饋會議的主要目標也因此而達成。透過這套系統，上級所提出的觀察不但能被員工理解，也能發揮應有的效用。

績效動力室的最佳實踐

- 運用字體或字母畫塗鴉，在員工的專屬牆面上寫出他的名字，然後選擇一個最能代表他本人或工作抱負的圖像。花點時間為他量身打造視覺意象，使之符合他的個人特質、以及他在組織內扮演的角色。這項工作只須付出些許努力，卻能顯示你對他的體貼與重視。

- 畫出能夠代表每項評量標準的圖像，然後在這些圖像下方補充簡短說明。視覺語言能讓這片資訊牆變得更生動、意涵更豐富，而且也能勾起大家往後再回頭看看這些資訊的興趣。

- 開會時，對員工個人績效的期望應該放在一個更宏觀的視野來看。假如他們不明白學習特定技能對全局能產生什麼影響，他們就不會有足夠動機來發展這項技能。員工對你的要求必須有個背景上的理解，而你也應該協助他們體認到，他們所發展的才能如何連結、提昇整體架構與組織願景。請各位用新習得的資訊塗鴉技巧，預先在員工的個人資訊牆上畫出整套運作系統。以圖像來解釋他對公司願景的影響與重要性，絕對能為促使他努力朝目標衝刺。

- 績效的等級分類最好能呼應企業文化。倘若你服務於資訊科技公司，你可以設定進步階段從軟體菜鳥、雲端高手、到程式設計大明星。無論你選擇哪一種分類名稱，你都會驚訝地發現許多人（尤其是這年頭的年輕人）對「頭銜」非常有感覺。畢竟用

頭銜來描述他們的成就，總比簡單的清單或分數有意義多了；譬如大家會渴望成為「電算忍者」或「市場趨勢行家」，而不是什麼「五級分」。

- 讓員工自行選擇是否針對各項標準，在資訊牆上註明細節。他可以對自己為何業績不佳寫出個人看法或觀點，或提出留待會後思考的問題。個人資訊牆是隨時可增補修改的開放文件，員工的投入與貢獻都可以在這片空間進行檢視。

- 典型的回饋會議，目的在提供信實的員工績效檢討。但上級要提供對方聽得入耳的回饋並不容易，因為（a）雙方權力不平衡：這會影響到員工動機的真誠度，並使得他為了掌控自我命運而虛以委蛇；還有（b）大多數人對上級的回饋絕無好感，除非聽起來有具有建設性、態度公平、充滿包容同情。一個解決辦法是把員工表現最佳的部分，放在表格的最前面。具體舉例說明他有哪些地方表現得特別出色，然後再提及對方需要改進的部分。若一開始能讓員工覺得自己受到賞識，他們就比較能敞開心胸接受接下來的批評。

- 有了績效動力室的加持，你們兩個終於能順利進入最後一項資訊塗鴉活動。這個階段將愉快得多，因為你和員工要開始一起思考如何設計學習進程，以便提昇他未來的工作表現。

團體型資訊塗鴉 #3：強化訓練

強化訓練的目標：

　　培養員工自主精神、對工作的方向感、未來教育訓練的宗旨。支持員工進行自我引導、自我選擇的學習，但同時配合、接受管理階層的指導。

資訊塗鴉者人數：

　　同樣是兩個人。

時間長度：

　　15 至 20 分鐘。

主要假設：

1. 組織機構容許、並提供客製化的教育訓練。若公司既無意願、也沒預算，那麼至少讓員工有機會自行發掘內部訓練機會，藉此增強他們的工作能力與發展機會。

強化訓練操作流程

　　到了這個階段，你和員工已經知道哪些地方有待改善了，因為這些都顯示在他的個人資訊牆上（你也可以簡單畫出整個營運系統，讓他知道自己的專業不足影響到哪些環節）。這項活動會透過同一片資訊牆來溝通雙方意見，最終協調出管理改善進程的幾

個作法,員工也可趁此提昇表現欠佳的特定領域。如果你的給分方式採用公制(譬如從一分到滿分十分),你們可以從分數較低的領域開始討論,譬如只得二分、或五分的;除非有其他特定領域更亟待處理,像是為了配合組織正在進行的方向、或團隊準備開始執行的專案。

討論的一開始,你可以先向員工解釋:你們兩人將共同思考出改進表現欠佳之處的方法。你也應該提醒對方,回饋會議的目的是找出員工有改進空間的地方,然後設法在過程中為他提供支援。解決方案與可行步驟會在這個階段明確提出。

此外,這個階段必須先決定未來數星期或數個月,有多少評量標準是你希望員工能夠達到的。野心不要太大,每個人一次能改進的地方其實頗為有限。所以你不妨直接問員工想從哪些地方著手,然後明白地讓他知道,你希望他能夠專注在哪些地方。這些都確認了之後,你們就可以開始深入探討、選擇改善的方式。

假設你們選定的待補強之處是溝通技巧,那麼下一步就是共同思考員工可以透過哪些方式來做出改變。請他對此提出建議,然後直接將他的建議寫在資訊牆上,擺在評量標準的旁邊。你可以加上自己的建議,然後針對每個改進項目重複上述的流程。

解決方案選項都寫在牆上之後,你們便可以開始進行討論。「找個指導者」是否比「參加線上課程」效果更好?「模仿特定的溝通高手」會不會比「閱讀溝通的相關書籍」更管用?仔細考慮每個訓練選項的便利程度、成本及有效性,然後把你們雙方都認可的選項圈起來。若你們一時想不出合適方案,不妨參考以下這份簡短清單:

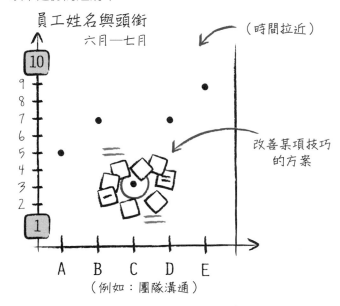

- 針對期望改進的領域,參加相關的研討會、研習營、或訓練課程(線上或實體教室)。

- 舉辦內部「讀書會」並鎖定相關主題。

- 觀察成功者如何發展這項技能,並且將自己的觀察記錄下來。

- 註冊相關的線上課程。找個幫自己盯進度的方法,定期檢視自己的提昇程度,如此一來才能鼓勵自己持續專注在改進特定技能。

- 舉辦公司內部的每週「實驗」或「教育」活動,讓員工聚在一起針對某項主題進行試驗、進而互相學習。

- 邀請專家來公司，針對某個主題進行演說。

- 預約一名講師，為特定員工或團隊進行遠距指導。

- 找出最佳改進作法，持續花上一星期、一個月、或任何必要的時間，直到這套作法能夠整合至職務內容為止。

　　學習的路徑有千萬條，我們應該對任何方式都保持開放態度。不妨與員工共同計畫改善進程的追蹤與實踐方式，以免你們選擇的作法最後無疾而終。下次開回饋會議的時候，你會標示出員工在行為與績效上的改變，並討論特定改善方式是否確實發揮了效果。舉例來說，若閱讀的效果優於參加線上課程，你就應該特別提醒員工這一點。員工的個人學習風格會因此變得更明確，而你也可以將這項發現納入未來的訓練選項考量。

強化訓練的最佳實踐

- 提供能夠達成的實際步驟來改善員工的工作表現。若沒有給出具體建議就要他們「發揮創意」，他們可能會不知所措。你必須明確表達對他們有哪些期望、以及達成這些期望應該要有哪些行為。

- 事先準備幾個教育訓練建議，讓員工從中自行選擇。舉例來說，你必須提前留意有哪些選項或作法最適合該名員工進行在職訓練。為他們提供各種研習營、課程、線上研討會或教育訓練等相關資訊，藉此協助個別員工因應他們所面對的挑戰。除了提供進修機會，你也可以請員工主動告知他們想接受哪些訓練。

- 任何人要在每一項評量標準都拿到滿分，似乎是不太可能的事。務必讓員工們明白他們不必追求完美、或是以最高標準來要求自己。漸進式進步是改變行為的常規作法，所以員工應該以微幅但明確的提昇為目標，不要老想著做到無可挑剔。讓員工知道你能夠接受能力侷限，而且你自己本身的能力也有其侷限。

　　回饋會議有個你應該記住的重點，那就是一般人對激勵機制的回應遠勝過獎懲制度，尤其當你把時間拉長來看。人類是複雜的生物，若我們能確實感受到進步以及我們對進步程度的掌控，我們就會傾向於投注在個人能力的持續改善。當我們自動自發、技巧精熟、而且懷抱目標感時，我們便能呈現出最精彩的表現。回饋會議的資訊塗鴉序列，為我們原本就具備的內在動機提供了揮灑空間。這些資訊塗鴉讓員工理解他的個人發展如何影響公司全局，同時看到自己的表現隨著時間有了多大的進步（或毫無進步）。員工或許看似停滯不前，但更重要的是隨著時間而推進的每一小步，都能為他帶來繼續向前的動力。他也可以充分發揮主動精神，透過與上級的討論、以及選擇特定訓練方式來主導自己的成長。

　　就算是自信十足的人，要面對頂頭上司的批評指教依舊不是件容易的事。但這些資訊塗鴉序列可以和緩整個過程，讓他們樂於接受上級對其工作表現的觀察、以及長官對他們的期望，並且讓他們親自駕馭自己的職業生涯。若操作得宜，這些回饋活動可為所有人創造雙贏局面。

綜合會議

「綜合會議」是六種會議當中的最後一種，而你現在已經是無人能敵的資訊塗鴉高手了；沒有任何會議或腦力激盪活動是你畫不出來、無法大幅提升效益的。既然你已經是專業達人，對於目標包羅萬象的綜合會議我就不提供資訊塗鴉序列了。這部分完全由你來主導，盡情運用塗鴉革命一路以來學到的各項技巧吧。不過我身為慈悲為懷的實用主義者，還是可以提供以下原則來協助各位擊出全壘打：

眾人的集會（通常被稱做「會議」）簡單來說，就是能量的匯聚。它最基本的架構僅僅是如此而已。運用你新學會的技巧，你就能為這樣的能量匯聚加入：

- 簡單的視覺語言與視覺架構
- 思想實驗
- 操作程序，一連串的序列，將這股能量推向期望的目標

團體型資訊塗鴉者如何協助團隊磨亮金頭腦、以及資訊塗鴉序列如何在其中扮演要角，我們都已經知道答案了。資訊塗鴉序列組成了前後互相緊扣的連串視覺化活動，不但提昇了個人的表現、也提昇了團隊的思考能力，可說是啟發集體智慧的一大功臣。

團體型資訊塗鴉序列？

* 選擇在你手上 *

設計綜合會議時（其實每種會議都一樣），切記過程中的任何活動，都應該無縫接軌至下一項活動。舉例來說，瞭解顧客（移情圖）先於為顧客進行設計（探索式思維），而評估可行專案（需求 vs. 能力圖）則先於投票。這些序列絕非僵固不變。它們是我們在廣泛蒐集資訊後，深入思考如何解決問題時產生的動態流程。一旦瞭解會議目標，你就可以決定採用哪些資訊塗鴉、按照怎樣的序列，創造出激發創意與聰明見解的有效思考流程。現在你需要的只是更多練習與實際運用的機會。

要創造這些機會，我會推薦各位多多利用網路，上頭有不少資訊塗鴉活動。你的搜尋關鍵字可以用「圖像思考」、「引導遊戲」、「心智工具」或「設計思考」。我也特別推薦各位參考下列的書目，它們都是強化思維能力的好幫手。請注意，以下這些書多半並未直接將視覺語言融入作者提供的技巧當中。不過你應該已經具備足夠能力，可自行想像如何將塗鴉運用在任何地方。你現在的視覺思考等級已達四星上將位階，所以儘管放膽進行實驗吧。務必設計出自己的一套團體型塗鴉，將之前學到的技巧混搭串連、融合重組。經過這番努力之後，綜合會議就會在你經過時自動起立致敬。

- 《Gamestorming：創新、變革＆非凡思維訓練》（Gamestorming: A Playbook for Innovators, Rulebreakers and Changemakers），戴夫・葛雷（Dave Gray）、桑妮・布朗、詹姆斯・馬可努夫（James Macanufo）合著。

- 《創新者的工具箱》（The Innovator's Toolkit: 50+ Techniques for Predictable and Sustainable Organic Growth），David Silverstein、Philip Samuel 以及 Neil DeCarlo 合著。

- 《打造不敗的創新方案：101 項設計思考法則》（101 Design Methods: A Structured Approach for Driving Innovation in Your Organization），Vijay Kuma 著。

- 《創新遊戲》（Innovation Games），Luke Hohmann 著。

- 《思考者的工具箱》（The Thinker's Toolkit: 14 Powerful Techniques for Problem Solving），Morgan D. Jones 著。

- 《便利貼快速搞定問題》（Rapid Problem Solving with Post-It Notes），David Straker 著。

- 《畫個圖講得更清楚》（Visual Meetings: How Graphics, Sticky Notes and Idea Mapping Can Transform Group Productivity），大衛・斯貝特（David Sibbet）著。

- 《水平思考：創造力 step by step》（Lateral Thinking: Creativity Step by Step），愛德華・狄波諾（Edward de Bono）著。

- 《鍛鍊創造力》（Creativity Workout: 62 Exercises to Unlock Your Most Creative Ideas），愛德華・狄波諾著。

塗鴉空間 （把你在本章所學的做個總結）

第 6 章

向圖像識讀時代進軍：

塗鴉革命的行動召喚

帶回職場應用吧

各位革命志士們，大家現在進展到哪兒了？你們已經掌握一套完整的視覺語言工具；學會了將內容去蕪存菁的功夫；懂得製作圖表的各項技巧；知道如何設計資訊塗鴉序列；也有著持續進行的動力。接下來我要談談許多人會碰到的一些障礙。

我稱之為「守護靈」。

當我們知道自己即將因挑戰而偉大時，「守護靈」就會跳出來喊卡，警告我們別輕易冒險、令我們束手無策。它聲稱為我們好，但它的勸誡全是誤導。它在蝴蝶離開我們的掌心時，猝不及防地扯碎一片蝶翼。少做少錯，省得遺憾！然後它毫不留情在我們耳邊嘀咕：

你根本不是什麼會議專家，要你領導同儕進行討論簡直彆扭極了，更別說還要塗鴉。塗什麼鴉？亂畫一通有任何用處嗎？萬一會議徹底失敗呢？萬一資訊塗鴉技巧沒發揮作用，反倒落個被批評檢討的下場呢？公司文化根本不接受這種好玩、不尋常、或搞得太大的東西。你又不是革命先烈，幹嘛先把頭伸出去任人宰割。你不會畫畫，也沒有創意，乾脆老老實實地打字做報表吧。就跟團隊成員們說，大家繼續照著老法子溝通互動、進行腦力激盪。雖然沒什麼意思，但至少勉強有用，也不會平白招惹麻煩。用文字是最安全的，而且不至於踩到地雷。我看還是放棄塗鴉吧，不值得費這個心。

你知道有這種想法的人得付出代價，對吧？他本意良善，但他根本不知道自己造成了哪些傷害。請你們看著他的臉，語帶平靜、甚至仁慈地告訴他：「我聽到你說的話了，『守護靈』。我知道你是出自善意。謝謝你努力保護我不受外界傷害。但其實資訊塗鴉一點也不危險，沒什麼好擔心的。我跟團隊成員都會從塗鴉中得到莫大的益處，思考能力將出現許久不見的突飛猛進。這次的資訊塗鴉活動必然是一趟不可思議的旅程。而當我真正需要提醒的時候，我知道你隨時就在身邊。因為你是我的守護靈，一定會為我挺身而出。」

每個人的「守護靈」都是真實存在的天生本質，所以別企圖將它擊退，否則它的後座力將更為強大。比較好的作法是認知到它的存在（甚至體認它身負重要使命，有時也能給予寶貴建議），然後進入塗鴉散發的仁慈光芒中。

身為你的朋友，我不想畫大餅騙你：若你真的在會議中採用了資訊塗鴉，台下可能會產生形形色色的反應。有些人暗中偷笑，有些人竊竊私語。假如企業文化特別保守，說不定還會有人直接笑出聲來。改變的道路上總是會站著幾個攔路虎。若你寧可繼續與這些人和稀泥，冷眼看他們用無知的爛招阻撓成長、思考、創意與創新，那麼你想做什麼決定都行。你可以回到文字、數字與試算表的世界，繼續用過去的老梗。我會尊重你的選擇，因為我知道我的期望不容易達到。

但如果你做好參加這場塗鴉革命的準備，如果你明白人的心智擺脫成見與窠臼之後，將展現出何等的潛力、做出何等的貢獻；如果你希望能自由自在地發揮、運用既有的思考利器；那麼以下幾項指導原則，可讓你在將視覺語言實際運用在職場時心無罣礙。

 確立領導會議的首要人選。若你天生不喜歡當帶頭的人，就在組織內找出能夠勝任這項任務的同仁。在開會前釐清彼此扮演的角色，清楚說明你對他的期望。

 邀請適當的與會人選。與會人選就跟開會目標一樣重要，所以你邀請來參加開會的人必須瞭解討論內容、能夠決定該採取哪些行動（或至少能把會議重點轉達給能有權做決定的人）、願意積極參與或接受鼓勵而投入。假如實在湊不到這樣的人選，那就讓大家開心一下好了。我的意思是，就算組不出夢幻團隊，你還是可以邀請接近上述標準的人，然後靠資訊塗鴉彌補不足之處。即使是雜牌軍，若他們能鎖定特定目標實地出擊，最後還是可以有不小的斬獲。

資訊塗鴉的視覺架構、以及連串序列活動，確實比傳統會議形式更有助於引導出創意發想與建設性結論，彌補了與會人選不夠理想的缺點。所以我要給各位的錦囊妙計就是，務必在開會前挑好合適的參加人選。否則你可能會浪費大家寶貴的時間與精力，而這

在全世界任何地方都會招致白眼。

設定對與會者的行為要求。你的合作對象應該是成年人，所以他們不需要舉手才能去上廁所。但這並不表示他們不需要別人來告訴他們：哪些行為有助於推進資訊塗鴉活動、哪些行為最好排除。許多人一輩子都沒參加過需要運用圖像思考的會議，所以你應該先向他們解釋清楚，然後讓他們口頭同意配合會議上的要求。你的「規定」不能超過五條，否則他們會開始覺得自己難不成在當兵。我通常會建議大家採用下列三條規定：「遇到聽不懂的地方，就立刻說出來」、「除非有助於腦力激盪，否則請克制批判衝動」、以及「別人說話時專心聆聽（不是每個人都愛大聲嚷嚷，但大家都希望別人好好聽自己說話）」。

進行資訊塗鴉遊戲時，請先將與會者分成能夠互相信任的小組。若你還沒有把握能成功運用資訊塗鴉序列，不妨先找兩個人來練習「團體型」資訊塗鴉。進行探索試驗是很重要的，因為許多因素會影響到資訊塗鴉活動的成果，包括小組的人數、投票或排名的方式、每項活動花費的時間、小組成員如何選出、以及每項活動的結果如何為下一項活動鋪路。倘若你能花點時間摸索出一套模式，確實體驗資訊塗鴉遊戲如何進行，後來的會議就會進行得比較成功，你的自信也可以因此而提昇。

事前規劃。預先想好資訊塗鴉序列、以及每項資訊塗鴉活動的背後理由。與會者會希望弄清楚自己在做什麼，有些人甚至想知道為什麼要做這些事。你可以直接套用本書的資訊塗鴉序列、運用你已經學會的那些塗鴉技巧。你也可以發想一些方式，將整個會議的運作流程視覺化。

預先準備討論內容的視覺化呈現，讓與會者可透過圖像來預期會議任務。在大家進入開會地點之前，就應該預備好適合塗鴉的空白空間。將資訊塗鴉序列的名稱寫下來或畫出來，並預先畫好開會時會用到的圖表。這樣的話，大家一進入會議室就看到空白空間、色彩繽紛的便利貼、麥克筆、以及一目了然的視覺架構。他們將知道這不會是一次例行公事。

7 掌握正確資訊。無論資訊是以投影片、報告、或透過個人敘事來呈現，任何需要討論到的內容都不應遺漏。假如發生該出現的資訊卻沒被拿出來討論，那麼這次會議能夠發展的可能性將從一開始就大打折扣。

8 事先為與會者安排一般塗鴉或資訊塗鴉的練習。不要一開始就直接叫他們畫點什麼，你應該先說明你希望他們在會議中做哪些事，然後再選一個簡短（甚至有趣）的活動來讓他們習慣敞開心胸，進而願意互相信任與分享。你可以找些書來參考、或直接上網搜尋這類練習。Improv Encyclopedia 網站提供了許多免費資訊，是這類破冰練習的絕佳寶庫。

9 牢記你在本書前幾個章節學到的內容。塗鴉可謂另一種思考方式。如果你需要在第一次開會前做好心理建設（我保證，接下來會越來越游刃有餘），不妨想想本書前幾個章節提到的原則。別被守護靈嚇倒了。塗鴉是你的好戰友，感到害怕時就向它敬禮致意吧。

10 任何資訊塗鴉活動都應該是有彈性、可調整的。本書提供的活動指引皆建立在我的經驗與專業知識上。但我的經驗與知識畢竟有限，各位應該拿出信心盡情探索團體型資訊塗鴉，徹底打破我的侷限，自行決定 X 軸與 Y 軸的變項，把三十分鐘的活動改成十分鐘。你們也可以改變思想實驗的切入角度，抽換活動中的元素。團體型資訊塗鴉的目的，是要為大家創造一個有機會改變普遍認知模式的思考空間。既然它的最終目的是如此，那麼你可以採用的方式也就無窮無盡了。你和團隊成員們生活在知識宇宙，請盡你所學協助他們探索這個宇宙吧。

親愛的革命者，

我們攜手走過這段漫漫長路，現在終於來到了路的終點。但前方仍遍布荊棘，有必要來一場文化革命才能打倒塗鴉的迷思，為它賦予恰如其份的社會地位。為了忠實達成這項使命，接下來的宣言是特別為世界各地的塗鴉者而寫，我們呼籲所有人參加這場運動。請看看你是否對下述宣言產生共鳴，並且在需要之處透過這些宣言鼓吹塗鴉精神。

塗鴉革命宣言

塗鴉是
: ~~消磨時間~~
: ~~鬼混~~
: ~~隨便亂畫~~
: ~~做些沒意義、無關緊要的事~~
: ~~無所事事~~

錯誤

塗鴉是
: 投注全副身心，自發性地透過畫畫來協助自己思考

正確

　　我們，身為來自各方的塗鴉者，為了創造一個更完美的世界、真確無誤地傳達語意、促進全腦式學習、為知識工作者與學生提供思考工具、提昇教育品質、保障塗鴉為自己與後代帶來的福祉；我們將無時不刻奉行我們的塗鴉革命宣言。

　　與一般人認定的恰恰相反，**世界上沒有腦袋放空隨便亂畫這種事。**

　　塗鴉本身就涉及到大腦運作。塗鴉即是思考；它是思考的另一種形式。因此，上述宣言旨在於推翻社會的普遍迷思，後者有意無意地貶低塗鴉的重要性。我們身為革命者，將致力於宣揚塗鴉的真實價值，排開積累數十年的誤解。因為我們，世界各地數百萬名塗鴉者、以及史上迄今數十億名塗鴉者，都明白這項普世活動所蘊含的深刻力量。從今起，其餘世人也應該有同樣的體會。塗鴉不必再背負惡名，簡單的視覺語言不會再被低估、摒棄、誤解。無論是哪一種型式的塗鴉，我們都會將它視為結合多重感官的學習工具。只要環境適合，我們都將善用塗鴉的力量，絕對不會自我設限。

我們相信以下都是不證自明的真理：

✓ 塗鴉之於人類，就跟走路和說話一樣自然；

✓ 過去三萬多年來，人類曾在沙地、雪堆、洞穴岩壁上塗鴉；

✓ 人類的視覺相關神經本來就特別發達；

✓ 塗鴉能激發四種學習型態：聽覺、動覺、讀寫、以及視覺，並且大幅提升學習素質；

✓ 塗鴉能增強專注力和對資訊的記憶力；

✓ 塗鴉可協助我們進行深度思考、提出具有創意的問題解決方式、增進洞察力與創新思維；

✓ 塗鴉一直都是最佳思考工具，許多科學、科技、醫學、建築、文學、藝術領域的突破都是靠塗鴉催化產生；

✓ 一些史上迄今最聰明、最睿智的人，也曾運用塗鴉來幫助思考；

✓ 塗鴉不屬於藝術與設計的菁英領域。它的表達形式自由，人人皆可得而畫之。

由於上述事實，我們要在此誓師展開塗鴉革命。我們將抵抗現行定義，把解釋權奪回來。我們認為對塗鴉的公正定義應該如下：

塗鴉是：投入我們的身心，自發性地透過創造圖像來協助思考；運用簡單的視覺語言來啟發心靈之眼、同時進行多重學習型態、帶動創意、創新與問題解決能力。

我們深信，讓所有人認識到塗鴉的力量，絕對能創造更美好的未來；而眾人的覺察勢必可提昇塗鴉的實際運用。身為革命者，我們設計出塗鴉的升級版應用：資訊塗鴉。

資訊塗鴉是：特意記錄口頭或書寫內容，將之轉譯成文字與圖像；同時透過文字與圖像
　　　　　來釐清、溝通概念；個人或團體運用一組文字與圖像來探索、呈現複雜資訊。

　　資訊塗鴉特別適合用於情況複雜且無法預測的未來，因此我們必須對視覺化呈現的相關
知識與技巧格外嫻熟。我們相信，每個人都應該要有機會學習並練習一般塗鴉與資訊塗鴉。
所以我們不會再容忍過時的觀念侷限我們發揮天生的塗鴉才能。大家都必須看到塗鴉的價值、
以及相關技巧在真實世界的應用。

　　為達到這崇高的目標，我們要求教師、老闆、以及掌權者立刻停止懷疑與反對塗鴉，造
成塗鴉被污名化。我們強烈主張，塗鴉恰好最適用於社會大眾以為最不合宜的地方：資訊密
度高、教育性質強的情境。今天，我們要解放塗鴉、將它提昇至應有的地位。一旦情況有需要，
我們便會立刻拿出筆來塗鴉，無論構圖是精細或簡單。我們將理直氣壯地藉助塗鴉的力量，
讓它脫離束縛、在實際生活中為我們效力。

革命萬歲！

　　我在本書一開頭做過承諾。我承諾塗鴉革命可望創造更高層次的思考、更睿智的見解、更卓越的創造力、以及
更好的解決問題之道。若這個承諾能兌現，其實兌現的人是你。是你決定要同時喚醒左右兩邊的大腦，也是你決定
要主動開發所有潛能。你的選擇為大家破除迷思與誤解，帶來了一個更美好的未來。總有一天我們回首來時路時，
將驚訝於過去在學校與職場，竟然幾乎只靠文字、數字和口頭語言來交流。到了那一天，塗鴉革命者將照亮這條道
路。你和你的工具與才華，將是改變世界的觸媒。圖像識讀為人類的創造力與智識發展做出了貢獻，而打造圖像識
讀需要勇敢而高貴的人，那就是你。

　　請至這個網頁簽署你的革命宣言：http://sunnibrown.com/doodlerevolution/manifesto/.

Love! Sunni 桑妮
祝順利！

最後的
感謝

致謝

就跟任何創作一樣，總是有些人在有意無意中做出了深刻而獨特的貢獻。我無法向所有在這段艱苦漫長過程中提供指引、啟發、或支持的每個人道謝，但以下列出的人都是我真心感激的對象。我對他們的謝意無法以筆墨形容。

感謝我的前執行製作人暨摯友 Amber Lewis，她為本書設定基調、提供精神指引，本書最終才得以問世。鮮少有作者像我這般幸運，能享有如此美妙的經歷及友誼。這將是我的珍貴回憶，千言萬語也道不盡我的感激之情。

感謝我的丈夫 Chet Hornung，在這數年的撰寫過程中容忍我、聆聽我、給予我情感上的支持。你是上天賜予的奇蹟，是我見過最聰明、英俊的男人。

感謝我的手足 Rocky Brown，總是無條件地支持我、從不要求回報。他是我生命中最重要、影響我最深遠的人之一。

感謝我的家人，老媽，喬，克莉絲蒂和凱西，你們用愛（偶爾也用理智）塑造了現在的我，哈！

感謝 Kristin Moses，她的才華和勇氣使本書成為真正的視覺藝術作品。她是卓越的設計師，也是我一輩子的朋友。

感謝 Fran Magee，他不但打從心底對這本書抱持熱忱和宗教般的情懷，也讓我連續幾個禮拜像寄居蟹一樣，背負重擔攀越過重重高山來完成這本書。

感謝 Jonas Koffler，為我那黑暗的實用主意者心靈照入幸福的暖光。但願他在每天忙得團團轉之餘能多偷些時間小睡。

感謝我的禪師 Flint Sparks，他體現了何謂敞開的心、敞開的頭腦、以及敞開的雙手。

感謝 Peg Syverson 和禪修團體 Appamada Community，為我提供了源源不絕的革新、向上提昇、以及和世界連結力量。他們每個人都為我提供了心靈庇護。

感謝 Erik Kuntz 的一絲不苟、無比耐心和天賦才華。他成為團隊資歷最久的一員，從七年前創立時便與我共同奮鬥至今。

感謝 Stacy Weitzner，熱情洋溢的她是勤奮不輟的學習者，大概也是我們團隊心智最成熟的人。

感謝 Kevin Leahy，他的超強思考力與研究精神，為我在本書中的許多論據提供了堅實的證據。

感謝 Nancy Duarte，她是我專業上的導師，也是砥礪心靈的朋友。沒想到我們這種「鄉下」女孩也能活得有滋有味吧。

感謝 June Cohen 和 Chris Anderson，他們為塗鴉革命創造生力軍，找到並支持與日俱增的塗鴉志士。

感謝 Jessica Hagy，他雖然是超級聰明的怪咖，卻也是忠實的朋友。接下來我們應該一起寫本書！

感謝 Steven Pressfield，他的文學藝術造詣既深刻、又深深打動人心。

感謝 Dan Roam，他在圖像思考領域表現出聰明才智、創造力與樂趣。與他共事真是太愉快了。

感謝 Dave Gray，他的視覺化功力高超到令我嫉妒的程度。

感謝 David Sibbet 和 Grove Consultants International 企管顧問公司的朋友們，他們是全美國第一個有先見之明，正式採用視覺化練習的機構。

感謝 Fernando de Pablo，他是勇敢且富冒險精神的資訊塗鴉高手，也是革命的一大助力。

感謝 Ted Weinstein，他把這塊餅做大，並且在我陷入迷惑時指點迷津。

感謝 Emily Angell，她在編輯過程中持續用心，展現出無比的寬容與耐性。

感謝所有心存懷疑的人，若不是他們本書就沒有需要強力說服的對象，而我也不會因此鍛鍊出對付他們的辯才了！

感謝所有塗鴉者與不循傳統方式學習的人，你們對圖像與體感語言的投入令人感佩。你們既勇敢、又忠於真我。

塗鴉志士們，讓我們團結起來吧！

各章附註
及引述資訊

第一章 塗鴉是思考戴上小丑面具

1. 「識能」是個非常難精確定義的概念。圖表中採用的定義，取材自聯合國科教文組織在 2003 年 6 月一場國際專家會議所使用的定義（http://unesdoc.unesco.org/images/0013/001362/136216e.pdf）。

2. 我們的詮釋能力似乎沒自己想像得那麼好，至少在如實描述眼前所見這方面，我們恐怕是力有未逮。哈佛醫學院教授 Moshe Bar 對視覺認知有相當精闢的研究，請容我用大白話來簡要說明他的研究結果。人腦會持續不斷預測近期的未來將發生什麼事。所以大腦在連結視覺（與其他類型）感官訊息的同時，也會同時連結上記憶，從儲存的相關內容中進行擷取和比對。在我看來，這就表示（a）大腦是效率奇高的機器，重視預測更甚於精確度；此外（b）大腦會主動形成我們看到的事物。換句話說，我們的所見所聞，不是我們自己想要看到的，就是我們預期會看到的，一切都可能只是我們大腦的心像投射和預期呢。

3. 若你想瞭解腓尼基拼音字母失去圖像元素的沿革，請參考丹·羅姆（Dan Roam）著作《一句話配一張圖，再複雜都能說清楚》的附錄 A。若有興趣瞭解視覺語言在幾個世紀以來的變化，請參考 Robert Horn 所著《視覺語言：二十一世紀的全球溝通》（Visual Language: Global communication for the 21st Century）第二章。讀完之後，說不定你會希望自己成長在擁有象形文字和表意文字的文化，像中國這樣；或無論什麼年齡都可以塗鴉文字的古埃及。

4. 建議各位參考 Sylvia Fein 的著作《第一次畫畫：圖像思考的緣起》（First Drawing: Genesis of Visual Thinking），其中有兒童教育及視覺語言相關研究。她在書中指出，全世界的兒童皆以可預測的軌跡發展視覺語言。這種能力就像花朵一樣，自然而然從我們的心智與手中綻放。

5. 我主修新聞、語言學、法文、西班牙文、以及公共政策。不會有比這些領域更饒舌的了。

6. 根據 Steven Pressfield 的經典著作《戰勝自己，創作成功》（The War of Art），創意表達與成就的勁敵是「抗拒心」。我在第二章為他提出的概念畫了一張塗鴉。

7. 若有意做更進一步的瞭解，不妨看看建築師 Frank Gehry 為每件設計預先畫的草圖、發明家沃茲尼克（Steve Wozniak）繪製的蘋果電腦一號、畫在餐巾紙上的西北航空創業計畫、以及費氏數列的黃金分割。

8. 我有個摯友是波斯人，她說塗鴉（doodle）在波斯語，聽起來近似發音為 du-del 的詞，意思是「小男生的陰莖」。這個定義以後說不定會成立呢。

9. 參考大衛・史瑞格里（David Shrigley）的作品。《紐約時報雜誌》刊登了他的一幅作品，標題為〈塗鴉的藝術〉。該文描述他是「差勁線條的大師」。

10. 參考 Jon Burgerman 的作品。他的快速視覺化作品往往被描述為塗鴉，而且他自己也曾表示，他並不會在進行大型壁畫之前預先草擬構圖。他是「一邊作畫一邊構思」，讓畫筆帶著他跑。他說過一句很有意思的話：「若要嚴肅看待，塗鴉是一門很難掌握的藝術。假如你只想亂塗亂畫，塗鴉跟一塊派沒什麼兩樣。」他的確瞭解這項工具的多面性。http://jonburgerman.com/info/faq.

11. 你或許會問，塗鴉也能有深刻內涵嗎？我的答案是「沒錯」。藝術家 Cy Twombly 的塗寫風格畫作經常遭到藝評家挪揄嘲諷，但他終究還是被視為超越抽象表現主義的一名要角。

12. 若你仍心存懷疑，就在 Google 搜尋引擎打 doodle 這個關鍵字。你會發現涵蓋範圍之廣，這世界簡直沒有什麼值得完全信靠的事了。

13. 或九個產業、或十二個產業；說法言人人殊。

14. 參考《財星》雜誌 2011 年 11 月 15 日出刊的這一期中，標題為〈矽谷另類競走〉（Silicon Valley's different kind of power walk）的文章，作者是 Dan Mitchell。http://tech.fortune.cnn.com/2011/11/15/silicon-valleys-different-kind-of-power-walk

15. 最有名的一次包括他和 John Sculley 的散步，後者當時是百事可樂的副董事長，後來晉升為董事長。經過賈伯斯積極挖角，他跳槽至蘋果擔任執行長。他們之間關係緊張，兩人面對的挑戰也相當艱鉅。根據傳記作家 華特・艾薩克森（Walter Isaacson）的說法，賈伯斯經常邀請 Sculley 一起做長時間的散步，在途中商討出重大決策。

16. 參考 2012 年 5 月號 Fast Company 雜誌專文〈遺失的賈伯斯訪問錄音〉（The Lost Tapes of Steve Jobs）。

17. 參考傳記作家華特・艾薩克森的著作《愛因斯坦：他的人生與宇宙》（Einstein: His Life and Uiniverse）。

18. 阿塔利不但是經濟學家、知名學者、聲譽卓著的技術官僚，也是法國前總統密特朗的顧問兼密友。此外，他會抽空寫寫關於爵士樂的書。

第二章 塗鴉的根本貢獻：力量、表現、樂趣

1. 參考《應用認知心理學》期刊（Applied Cognitive Psychology）2009 年 2 月 26 日出刊當期文章〈塗鴉的影響〉（What does doodling do?），作者為 Jackie Andrade。

2. 除了記憶大師 Ed Cooke，他在二十三歲贏得全美記憶大賽冠軍。他如此透露自己神乎其技的記憶術：「大部分記憶術的通則，就是把無聊事物轉化得精彩有趣，到自己根本不可能忘記的程度。」他說得再精闢不過了。

3. 位置記憶法和記憶術。

4. 史考菲德博士的生平故事與相關研究：http://hermes.mbl.edu/publications/pub-archive/Botryllus/Botryllus.revised.html

5. 史考菲德博士當年並沒有把這些作法標準化。她根本不知道自己的作法多麼具有革命性。

6. 參考《科學》（Science）2011 年 8 月 26 日出刊當期文章〈圖像學習的科學解釋〉（Drawing to Learn in Science），作者為 Shaaron Ainsworth、Vaughan Prain、以及 Russell Tytler。

7. 引述自 Shaaron Ainsworth 博士：http://medicalxpress.com/news/2011-08-doodling-science.html

8. 參考維基百科：http://en.wikipedia.org/wiki/Visual-learning

9. 在約翰・麥迪納的著作《大腦當家》中，他說大腦理解字母的方式，不同於理解概念的方式。大腦將字母看成圖像，這就是為什麼我們可以一口氣記住數百張照片，卻記不住一整頁成人閱讀水平的文字；因為後者圖像密度過高，導致記憶阻塞。

10. 在此我不得不提喬姆斯基博士（Noam Chomsky）的「普遍語法」（Universal Grammar）概念。這套語言學理論主張，學習語法的能力屬於大腦本能。也就是說，雖然天性使我們懂得區分名詞與動詞、功能詞與詞彙詞，人類還是需要外部資訊與刺激來習得更全面的語言。簡言之，語言需要被灌輸教導。

11. 這些動作甚至能實質影響做決策、解釋資訊、解決問題的能力。社會與認知心理學有個研究領域被稱為「體現認知」，主要研究人體動作在思考過程中扮演的角

色，並主張運動系統大幅影響了我們所做的結論與決定、採用的觀點等等。身體與心理之間的連結仍有待探索，但相關理論已產生出相當有意思的見解，譬如有些機器人專家推測，機器人必須配備感官與運動系統，才能產生真正的人工智慧。這彷彿是在說，智慧必須存在於一個能夠自由移動的實體之內。卡通「飛出個未來」（Futurama）中，玻璃罐裡會說話的人頭與身體失去連結，恐怕創造力和智力都因此大打折扣呢。

12. 一般人以為是七個單位，而且常常以電話號碼有七個數字做為佐證。這個「神奇數字七」概念來自米勒法則，最早出現於 1956 年一篇談認知心理學的文章。但近年已有翔實研究指出數字七太多了。根據 Nelson Cowan 在 2001 年《行為暨大腦科學》（Behavioral and Brain Science，87-114 頁）所發表的研究結果，精確數字應該是 2.5 加減 1.5，端看個人差異與任務性質之間的互相影響。有些研究甚至認為記憶單位應該更少（Garavan，1998；McElree，1998,2001；Oberauer，2002；Verhaeghen & Basak，2005），認為我們的大腦一次只能聚焦一件事。

13. 2004 年 2 月 TED 演說：http://www.ted.com/talks/lang/en/sergey_brin_and_larry_page_on_google.html

14. 特別是運動皮質和前運動皮質（負責抓握與全身動作）、背側前額葉（形成心像與想像）、左腹側額前葉皮質（否定想像已開啟的部分）、杏仁核、以及基底核，包括尾狀核（掌管情緒反映）。

15. 參考《視覺語言：二十一世紀的全球溝通》第 234 頁。

16. 同上。

17. 我親身體驗過的白板文化包括了 Zappos、Google、臉書、Square、Xplane、HomeAway、迪士尼、以及 Steelcase 公司的 Workspring 展示廳會議室。

18. 空白空間不一定要全白色（我總覺得黑人脫口秀明星 Baratunde Thurston 的笑梗挺適合用在這裡），任何能夠寫字畫畫、讓所有人表達想法並加以視覺化的大片空間都可以。形式也不拘一格，掛圖、黑板、一片貼滿便利貼的牆壁、軟木塞板、珍珠板、玻璃白板、白板漆皆可。

19. 麥迪納博士的《大腦當家》提到十二個靈活用腦守則。其中談第四個守則的部分，描述了當一個人試圖專注於不斷變化的刺激時，腦內會採取哪些步驟。我將這些步驟簡單扼要地說明如下：步驟一，轉移警覺。一旦我們決定專注於某項任務，血液會流向前額葉皮質。

這可讓我們的大腦知道該轉移注意力了。步驟二：為任務＃1啟動相關部位。這有兩個目的：鎖定能夠執行任務的神經元、並發出指令喚醒這些神經元。接著，這項任務就算開始進行了。步驟三：疏離化。倘若當我們投入於任務＃1，而另一項任務又同時出現時，大腦必須從任務＃1當中脫離，才能對第二項任務有所回應；因為任務#1的運作「法則」不同於第二項任務。步驟四：為任務＃2啟動相關部位。先前進行任務＃1的流程再重新走一遍，鎖定適合執行任務＃2的神經元，然後開始執行任務#2。奇妙的是，每一次當我們轉移任務目標時，上述四個頗費時間的步驟都會毫無遺漏地走過一遍。這就是為什麼大腦的多工處理不太可能發生，因為大腦其實是按照順序一次做一件事，在不同任務之間快速跳躍；而非同時間進行不同任務。麥迪納博士認為：「我們頂多只能說，看起來擅於多工的人其實是工作記憶能力強，能夠同時間注意到多個外界刺激。」參見：http://brainrules.blogspot.com/2008/03/brain-cannot-multitask_16.html

20. 同上。

21. 區別在於訊息來源是大腦主動注意到的（對有敵意的面孔做出反應）、還是我們強迫自己接收的（譬如勉強自己注意聽無聊的課程）。《快思慢想》作者康納曼描述這種情況就像仰賴兩套截然不同的系統，第一套系統「自動操作，而且反應快速；幾乎不費什麼力氣，也感覺不到刻意控制」；第二套系統則「需要集中注意力，並努力控制心智活動，進行複雜的運算」。

22. 這張塗鴉的靈感來自於 Pressfield 的《戰勝自己，創作成功》。我將他的書中觀點列成一張重點清單，並畫成兩張塗鴉；好讓自己往後比較容易回想書中的內容。這兩張塗鴉是一口氣完成的，我用書法鋼筆及專用墨水，完全沒用到鉛筆、橡皮擦、或立可白。所以我畫得相當隨性，字體和版面也不曾刻意設計。最後 Pressfield 本人看到我的塗鴉時，他顯得相當喜歡，太棒了！

23. 我知道許多科技的重度使用者一定會挺身為自己辯護。這當然沒什麼不對，但正反兩面說法都應該值得我們思考。多讀讀 Sherry Turkle、Jaron Lanier、Nicholas Carr 這些學者專家的書；然後再參考 Jane McGonigal、Clay Shirky、Kevin Kelly 和 Ray Kurzweil 他們的看法。但別以為所有看法都是等值的。洋芋片熱量的一百卡，畢竟不同於包心菜熱量的一百卡。科技有其複雜性，別因為我說使用科技會造成壓力與人際孤立就反應過度。這確實是有可能，也確實在某些時候發生了。我光是寫這段附註就備感心理壓力。

24. 海馬迴是組成大腦邊緣系統的一部份，扮演著將短期記憶變成長期記憶、以及空間定位的要角。海馬迴受損會引起阿茲海默、精神分裂、憂鬱症、癲癇、以及各種失憶症。一份令我深感難過的研究指出，壓力會導致海馬迴萎縮。根據《時代》雜誌報導，這份針對士兵、尤其是現役軍人的研究發現，他們的自殺率在 2012 年較前一年增加了 16%。神經學家 Sapolsky 指出：「近年來大部分創傷後壓力症候群的研究發現，出現萎縮的只有海馬迴，大腦其餘部分安好無恙。但海馬迴受損不是件小事。曼徹斯特退伍軍人醫學中心和哈佛醫學院研究過創傷後壓力症候群病患，研究報告指出他們的海馬迴有一側體積較正常小了 25%。竟然高達 25%！這就像有研究結果說心理創傷會讓心臟的四個腔室少了一個。」參考 1999 年《發現》雜（Discover）20 冊 3 號，116-122 頁。http://helios.hampshire.edu/-cjgNS/sputtbug/416K/Endo/sapolsky-stress.pdf

25. 這項因果連結仍有爭議，因為流行病學是很難證實的；不過這份研究仍然值得一讀：〈美國退伍軍人中罹患創傷後壓力症候群者，發展出失憶症的風險〉（Posttraumatic Stress Disorder and Risk of Dementia Among US Veterans）。它的結論是：「在以男性為主的退伍軍人群體中，被診斷出有創傷後壓力症候群的

人發生失憶的機率高出了將近兩倍。罹病機制仍有待確認，希望以後能藉這項研究找出降低創傷後壓力症候群引發失憶的方法。」

26. 有趣的是，高度專注會導致暫時性的盲目。換句話說，沈浸於思考的塗鴉者可能會對平時會注意的刺激沒有反應（你們或許已經知道 Christopher Chabris 和 Daniel Simons 那支有名的「看不見的大猩猩」影片。若還沒看過，就上網找來看吧）。我敢說每個人都曾經歷過這種暫時性的盲目。小時候，我每個禮拜大約看十本書。看得入迷的時候，我甚至會忘記吃飯。這就是一種暫時性盲目。

27. 「有知網絡」是我朋友 Kevin Leahy 創造的新詞。他曾經擔任律師，現在則熱衷於研究大腦。他發展出一套稱之為「心智運動員」（Mind Athlete）的課程，而且已經傳授多年。

28. 綜合格鬥天王喬治·聖皮耶來自加拿大，現為 UFC 次中量級冠軍，粉絲暱稱他為「閃電突擊手」。他常公開表示想像對成功的重要性。比賽開打之前，他會想像自己如何獲勝、或如何擺脫兩相對峙的困境。在電視節目「終極格鬥戰士」（The Ultimate Fighter）擔任教練時，他要子弟兵預先排演隔天的賽事，甚至先想

好該如何進場接受隊友歡呼。但他並不純粹是為了做效果，他在自己的正式比賽也會如法炮製，刻意藉此提高勝算。

29. 麥可‧菲爾普斯說他打從七歲就會想像「完美的游泳」。如今他是奧運史上獲獎最多的選手，共奪得十几面獎牌。

30. 參　考：http://www.tangsoodoworld.com/articles/The_Mental_Training_of_Chuck_Norris.pdf

31. V.S. Ramachandran 的著作《說故事的大腦》（The Tell-Tale Brain）透過視覺化來療癒的有趣案例。他在書中提及有幻肢的病患，並討論到他如何治療那些根本不存在的肢體的不適、疼痛、甚至癱瘓。在一項實驗中，他利用鏡子這個簡單的道具來讓病患的大腦相信，已不存在的肢體又恢復正常了。他讓病患「眼見為憑」之後，病患的大腦開始相信幻肢是真實存在的，而且有著正常功能，並不疼痛或癱瘓。他稱這項技巧為「鏡像視覺回饋」療法，還坦承連他自己都對療效頗感驚奇。它不僅對幻肢病患有效，中風及慢性疼痛病患也同樣受益匪淺。它之所以發揮作用，靠的是透過鏡子在大腦內創造的視覺回饋，讓大腦重新定位至無痛苦的狀態。

32. 我聽過不少戰俘運用視覺化來保持冷靜清醒的例子，其中最有名的包括勵志作家 Zig Ziglar 在書中提到的 James Nesmeth 少校。雖然戰俘確實很可能靠想像來求生（後來甚至靠想像獲得成功），大部分的故事卻缺乏可靠來源。不過，有個最具可信度的故事被公共電視拍成紀錄片：《人生》（This Emotional Life），戰俘 Bob Shumaker 有長達八年的時間，在北越數間監獄遭到幽禁與折磨，包括最聲名狼籍的河內希爾頓。Shumaker 在片中詳盡描述他如何靠想像來保持清醒、甚至充滿希望；譬如他會不斷想像自己要在老家重蓋怎樣的新房子。他對這棟想像的房子熟悉到總共有幾塊磚、多少釘子、甚至樑柱的精確長度都瞭如指掌。此外，我想特別一提奧地利神經學家 Viktor Frank。他是納粹大屠殺的倖存者，正是靠視覺化想像來熬過悲慘處境。他讓自己成為客觀的觀察者，冷靜分析自己的處境，彷彿科學家一樣審視整個過程、做出調查報告。他還想像自己在大學演說，對著觀眾解釋說明當時情況。這讓 Frank 體驗到另一種事實，而這個事實是暫時性、可以姑且忍耐的。他也會不時想像妻子的臉龐，讓自己感覺到愛與被愛。以上所提都可在他的著作中看到。

33. 引用自歐普拉對金凱瑞的訪談：http://www.youtube.

com/watch?v=nPU5bjzLZXO

34. 參考 G.Yue 與 K.Cole 合著文章〈增進肌力：比較自主訓練與想像肌肉收縮〉（Strength increases from the motor program: Comparison of training with maximal voluntary and imagined muscle contrations），1992 年《神經生理學》期刊（Journal of Neurophysiology）67 卷 1114-1123 頁。另一個相當不錯的參考資料是 M. Reiser 等人合著的〈從不同比率的身心鍛鍊組合看想像如何增強肌力〉（Strength gains by motor imagery with different ratios of physical to mental practice），2011 年《心理學新疆界》期刊（Frontiers in Psychology）第 2 冊，194 頁。

35. 亦即根據記憶與經驗「重新」看見。

36. 我指的是哈佛醫學院教授 Moshe Bar 在第一章提及的預測與視覺認知。不妨參考這段影片：www.youtube.com/watch?v=yeY8qnZaUBU

37. 記憶流程圖中的 2 和 3 可參考丹尼爾·沙克特（D. Schacter）《記憶七罪》（The Seven Sins of Memory）及他與人合著的專文「記憶的未來：記住、想像與大腦」（The Future of Memory: Remembering, Imaging, and the Brain），2012 年 11 月 21 日出刊《神經元》雜誌（Neuron）。 另可參考 D. R. Addis、K. Knapp、

R.P. Roberts 及 D.L. Schacter 合著的〈連接過去的路徑〉（Routes to the past: Neural substrates of direct and generative autobiographical memory retrieval），2012 年《神經影像》期刊（NeuroImage）59 卷，2908-2922 頁。

38. 當然了，這其中還是有我們應該謹慎之處。大腦的「有知」網絡，也就是你的既成記憶，也可能會強化負面習慣的循環。所以你必須刻意想像期望的結果，而不能讓我們的負面經驗任意橫衝直撞。

39. 我們也可以運用視覺化來創造不想要的結果，而且我們說不定還挺常這樣做。所以訓練大腦想像正面結果，非常值得我們費一番努力來達到，即使這和我們的本能反應相衝突。

40. 主要是位於大腦顳葉。

41. 請注意，這些神經網絡的名稱並非醫學術語（正式名稱請參考 http://rstb.royalsocietypublishing.org/content/364/1521/1263.full），而是我為了方便讀者理解而使用的說法。有些神經網絡的正式名稱反而會造成混淆，譬如「顯著性神經網絡」負責隔絕內部與外部刺激，藉此引導我們的行動。但你不見得能夠從它的名稱推測出它的功能。此外，請注意與想像有關的還有另外三個神經網絡，即原始設定網絡（當想像處

於白日夢形式）、記憶網絡（包含海馬迴和後腦的整合皮質區域、以及中前額葉皮質）、還有工作記憶網絡。

42. 預設網絡即是多數人在大部分時間的狀態，當我們並未把焦點放在外部世界時。外部世界需要我們投注更多的注意力、感同身受程度、以及方向性引導。神經學家 Marcus Raichle 及同儕在 2001 年公布一份劃時代研究報告，首度正式提出預設網絡的概念：〈腦功能的預設模式〉（Inaugural Article: A default mode of brain function），《美國國家科學院院刊》（Proceedings of the National Academy of Sciences）98 卷，第 2 號（2001 年），676-682 頁。

43. 「知道」是個相當模糊的概念，涉及的腦部區域可能比我在這裡提到的還多。我舉的例子只是要強調大腦並非所有區域都在同時作用，不同區域會在不同活動中變得相對活躍。

44. 參考 Sian L. Beilock 與 Ian M. Lyons 合著《行動的心理模擬》（Expertise and the mental Simulation of Action），摘自 Keith D. Markman、William M.P. Klein 及 Julie A. Suhr 合編《想像與心理模擬指南》（Handbook of Imagination and Mental Simulation，2009 年）第 2 章，

第 22 頁：在心裡模擬特定動作、卻不露於表的能力，通常被稱為動作想像。實際動作與動作想像之間有何關連？根據過去數十年來心理生理學和神經科學的研究，實際動作與動作想像之間確實有功能上的等效性）。這也就是說，動作的想像與執行有共通的神經基質。譬如當你想像自己在寫字時，你的大腦前額葉、輔助運動皮質區、以及小腦會出現區域性腦血流（rCBF）增加的情況；模式就跟真正執行寫字動作時差不多。在同一本書第 2 章第 31 頁，研究人員指出由於動作的想像與執行有神經上的重疊：「動作想像被廣泛用在中風等病患的復健，藉此復原部分動作的控制。動作想像也被運用在訓練外科醫師進行精密手術、運動員的複雜動作鍛鍊、以及動作技巧的傳授。在心裡模擬做某個動作，可啟動實際進行該動作將牽涉到的神經基質。所以藉由想像動作來提昇實際表現，也就不令人意外了。」現在你應該明白，大腦如何回應想像中的排演，進而影響後來的正式演出了。你也可以從中領悟，塗鴉和資訊塗鴉的視覺化過程，亦即有意識、無意識、或潛意識想像規劃下一步驟，有助於我們朝期望的可能性或結果前進。此外，塗鴉時會有實際身體動作，更使得它們容易幫助我們達到上述目標。由於塗鴉涉及多重感官的複雜互動，它比純粹的

內心想像更能增強大腦的排演、計畫、與動作執行網絡。

45. 音樂、動覺、心智練習也是同樣原則。

46. 在寫塗鴉如何創造可能性的這一段時，我盡量不表現得太樂觀。但我想探討鏡像神經元（科學界已證實彌猴有這種神經元，但是否存在於人體仍有爭議）。當動物作某個動作、和牠看到其他動物作同樣動作時，這類神經元都會產生反應。有證據顯示，人類想像自己在做某個動作時，這些神經元反應就跟實際做這個動作時一樣。這項發現太驚人了，因為這就表示我們可以光靠想像（以及大腦的其他感覺網絡）來創造自身現實。我們心中所見，很可能變成實際存在。我打算結合鏡像神經元與海森堡不確定原理，後者認為所有潛力與可能性都是同時存在的。我們可以將自己所見、和主動選擇看見的，透過刻意的視覺化、繪圖、塗鴉、油彩等方式來創造另一番現實。說不定量子力學總有一天能證明上述想法是可行的，但幾個頭腦比較冷靜的朋友勸我收斂點，以免被當成瘋子。所以我決定改提「有知」網絡，反正也相去不遠了。

第三章 塗鴉大學：探索視覺語言的根基

1. 當然我自己也是靠練習而進步，這就是本書的目的之一。不過我的水準在藝術學院學生看來還是挺可笑的，儘管我完全不在意。

2. 有些學員的繪畫功力超過我好幾個光年，我很為他們高興。但如果他們以為這樣就能贏得老師偏愛，那他們可想錯啦。我們的任務宗旨不在畫畫，而是「思考」。況且太會畫反而可能阻礙學習進度。擅長畫畫的學員往往面臨兩個挑戰：首先，他們常過度專注於畫畫，反而沒聽清楚思考所本的內容。其次，很會畫的人常試著簡化圖案，花太多時間在技巧上。有效的資訊塗鴉強調的是動作快、構圖越簡單越好。

3. 在電動遊戲大行其道之前，小孩子玩的是 B.A.S.H. 戰爭遊戲。這四個英文字母各代表船（Boat）、飛機（Airplane）、艦（Ship）、和直升機（Helicopter），遊戲目標是毀滅對手的艦隊，玩的時候只需一張紙和幾枝筆。兩個玩家在「海洋」中央畫幾個小島、以及幾艘從基地派來的船艦，然後在船艦之間策略連線，互相摧毀船艦的同時設法登陸對手基地。詳細玩法我就不多說了，但我從這遊戲學到如何設法連直線、消

滅一些東西。

4. 顯然在戴夫之前，也有其他人想出類似圖像字母的系統。戴夫的不同之處在於他做了一番研究，從中找出十二個最可能組合出萬物的字母（六個「賦形」和六個「場域」字母）。這套字母對我和我的學員而言價值非凡，再加上戴夫給予我的其他支持與幫助，我要特別感謝他所做的一切。

5. 字母是書面文字的最小可區別單位（稱為「字位」），就像圖像字母是塗鴉的最小可區別單位。在口頭語言中，最小可區別單位是「音位」。字位與音位之間的差別，就像 letter 字尾加 s，與摩擦音 s 的差別。

6. 它們確實可曲折成一個小型封閉空間，但本身不能向內折、或是跟自己接合。

7. 若你還沒看過馬格利特的作品「形象的叛逆」（La trahison des images），容我介紹這幅發人深省的知名畫作：畫中有個煙斗，煙斗下方寫了一排法文：這不是煙斗。馬格利特這位比利時超現實主義大師對我們如何接收理解現實特別感興趣。這件作品要讓觀者反思，從畫作捕捉現實物件顯然是不可能的，視覺呈現只不過是幻覺，而幻覺帶來的滿足感絕對比不上真實事物。

8. 我們將在第四章談到如何視覺化「策略」、「正義」這類抽象概念。現在我們姑且先聚焦在具象名詞，以免一下子講得太難嚇跑讀者。

9. 想更瞭解如何運用圖像字母來塗鴉，請參考艾德·安柏利的《畫畫書》（Drawing Book）系列，包括《創造世界》（Making a Wrold）、「動物之書」（Book of Animals）、「臉孔之書」（Book of Faces）、以及「怪咖之書」（Book of Weirdos）。你會納悶為什麼我們常年在幼稚園讀「我愛學拼音」（Hooked on Phonics）時，沒順便讀這幾本畫畫書。

10. 湯姆·古爾德是蘇格蘭漫畫家，作品包括《王國護衛》（Guardians of the Kingdom）、《三則極短篇》（Three Very Small Comics）、《獵人與畫家》（Hunter & Painter）以及《超大機器人》（The Gigantic Robot）。本頁這張圖擷取自限量發行的《一則史詩故事的角色們》（Characters for an Epic Tale），但我還沒迷他迷到跑去買這本書。我拜託湯姆傳給我這張圖的高解析版本，這已經很夠用了。

11. 艾德·安柏利是美國畫家，以他特別為兒童創作的畫畫書聞名於世。他在資訊塗鴉圈同樣名氣響噹噹，而且他跟我一樣，相信每個人都可以學繪畫，也都應

該要學。

12. 戴夫・葛雷在他的官網 davegrayinfo.com 及 https://www.flickr.com/people/davegray/ 網站提供了許多參考作品。本頁這張圖擷取自他的作品〈什麼能點燃你的創意能量？〉（What Ignites Your Creative Energy?）

13. 戴夫・葛雷在很久以前告訴我這套作法。這大概是我們這些藝術門外漢可實際套用的學院作法。

14. 查爾斯・舒茲其實大有能力畫出精細複雜的人體，但他筆下的角色看似簡單隨意。所以我絕對不會看輕他的繪畫功力，反之我要為他的親民大大鼓掌。

15. 我不確定這項工具的起源為何，或許是美國作家兼漫畫家 Lynda Barry，但我實在無法肯定一定是她發明的。說不定它跟蟑螂或嫖妓一樣，打從遠古時期就與我們同在了。

16. 當一個人在搜尋面孔時，兩邊大腦的分工似乎是左腦先評估這究竟像不像一張臉，然後右腦再確認它是否為認識的臉孔。右腦決定它是否是真實的臉、或只是「幻想性視錯覺」（Pareidolia，譬如在一片土司上看到聖母的臉）。根據《連線》雜誌報導，能夠區分真實與幻想的臉，是左右半腦在高等視覺處

理功能分工的最初佐證之一。http://www.wired.com/wiredscience/2012/01/brain-face-recognition

17. 瓊斯媽媽 Mary Harris Jones 是一名美國教師，在黃熱病大流行時失去了丈夫與四名子女。她後來移居芝加哥，開了間裁縫店，卻又在一場大火中失去所有身家。她最後成為傑出勞工與社區組織高手，動員「孩子們」的效率高到時任總統老羅斯福稱她為「全美國最危險的女人」。

18. 「人體接龍」的原文 cadavre exquis 是法文，翻譯成英文就是顧名思義的 exquisite corpse。遊戲起源自幾名超現實主義藝術家飲酒作樂時（值得驚訝嗎），有人想出了這個點子。他們將文字或圖像拆解成幾個部分，但不讓其他參加者知道整體看起來是什麼樣子。這個遊戲經過多次演變，如今我們經常可在童書中看到頭部、軀體、四肢被重新拼貼、變成新角色的遊戲。

19. 這個遊戲的靈感來自 Doodlers Anonymous 網站。該網站提供了大量即興塗鴉作品。

第四章 塗鴉大學：精通視覺思考

1. 熟悉東尼·博贊（Tony Buzan）作品的人會發現，個人型資訊塗鴉就類似他的心智圖，雖然在視覺架構上更為多樣化，內容可從心智圖中心無限延伸出去。

2. 很顯然，要完全排除主觀見解是不可能的，畢竟資訊塗鴉者只是凡人。但他的主要任務仍是精確傳達主題、訊息、行動項目、以及講者表達的內容。不同於個人型資訊塗鴉，展演型資訊塗鴉者不能自行添增、修改、或強化講者提供的訊息。打個比方，假如某個議員說：「我們將致力於讓基改食物在美國市場全面下架」（事實上我從沒聽過任何議員如此表示），資訊塗鴉者就應該在時間許可的範圍內，儘量如實記錄這句話，不可隨意加上「鬼扯淡」這類個人推論。他的角色是聆聽、摘要記錄講者的演說內容，然後轉為視覺化呈現。

3. 其中兩項利器之前已學過：臉孔與人物。

4. 創作的組合比率眾說紛紜，有人說是百分之十的靈感、加百分之九十的努力；也有人說是百分之五的運氣、百分之八的遠離網路、以及百分之八十七的努力。無論你喜歡哪一種比率，我們期待的靈感降臨時刻，往往是共同努力的直接結果。這就是為什麼發明家愛迪生說：「大部分人錯過機會，是因為它穿著連身工作服，看起來也像個工作。」

5. 這份清單擷取自兩個來源：我自己在實際工作中的觀察、以及東尼·博贊的經典著作《心智圖聖經》。

6. 東尼·博贊是英國作家暨教育諮詢顧問，被視為當代首創心智圖的先驅。他在 1970 年代開始提倡視覺化的筆記技巧。本案例引援自《心智圖聖經》。

7. 法文拼字也很難學，一些詞尾唸起來非常相近，像是 -os, -ot, -eau, -eaux, -eaus。真的聽起來都一樣嗎？別懷疑。

8. "No1s hm l8r WDYMBT" 是 "No one's home later? What do you mean by that?" 的縮寫。

9. 所謂「做效果」拼字法並非嘻哈文化發明的（我懷疑元兇是家樂氏早餐脆片），但嘻哈文化確實將它發揚光大，譬如 "playa hata"（譯注：player hater，指心懷嫉妒、大肆批評運動員的人）或 "what the dilly yo"（譯注：What is the deal yo，詢問怎麼回事）這類句子。歌詞常出現這類拼法的藝人包括 Ludacris、Phanatik 和 ?uestlove。

10. lmgtfy 即 let me google for you 的縮寫。我想這個網站之所以問世，大概是有太多人懶得自己上網查，總喜歡直接問身邊的人。

11. 拼字技巧和智商之間有時候會相關，但並不是因果關係，因為智商評量包括了拼字項目。這道理就像身高與領導力之間的關連，就算兩者之間扯得上關係，那也是因為我們對領導力的觀念所導致。身高絕對不是領導力的參考或預測因素，我也不會因為候選人個子高就投票給對方。抱歉啦，林肯。

12. 術語為 leading。

13. 術語為 kerning。

14. 術語為 tracking。

15. 我的意思並非女性一定軟綿綿的，但要不產生這種聯想也很難。

16. 參考 Stephanie Pappas 文章〈怪字體有助學習〉（Funky Fonts May Help Students Learn），2011 年 1 月 13 日《生活科學》雜誌（Live Science）。http://www.livescience.com/9296-funky-fonts-students-learn.html

17. 參見 bancomicsans.com

18. 這個遊戲的靈感來自 Leslie Salmon-Zhu 發想的同名遊戲。她是「國際視覺化工作者論壇」（International Forum of Visual Practitioners）的共同創辦人。

19. 他的奧斯卡獎記錄片《戰爭迷霧》（The Fog of War：Eleven Lessons from the Life of Robert S. McNamara）超級精彩。

20. 這段引述的全文來自 2007 年 7 月 10 日紐約時報文章〈騙子，騙子，褲檔著火〉（Liar, Liar, Pants on Fire）：「沒有圖說，沒有背景脈絡、沒有對某個意象的清楚認知，我就無法回答。我完全無法獨立判斷，道出一件攝影作品是真是假。沒有圖說的照片形同被剝除背景脈絡，在視覺上是毫無意義的。我必須知道得更多。」http://opinionator.blogs.nytimes.com/2007/07/10/pictures-are-supposed-to-be-worth-a-thousand-words

21. 特別一提，資訊塗鴉也可用來凸顯模糊曖昧之處。換句話說，有時候我們要一直等到畫出來出後，才會發現原來有這些模糊之處。挺諷刺的吧？

22. 提出這觀念的是資訊科技社會學家、哲學家暨先驅 Ted Nelson，他強調人類知識的複雜互動。

23. 參考 Ted Nelson 著作《電腦大解放》（Computer Lib:

You Can and Must Understand Computers Now/Dream Machines: New Freedoms Through Computer Screens-A Minority Report），1974 年出版。

24. 參考《電腦大解放》，1987 年修訂版。

25. 速度通常是資訊塗鴉的一項成功元素。尤其是針對口頭內容的塗鴉。團體型資訊塗鴉的參與者會在討論過程中磨磨蹭蹭、吵吵嚷嚷，所以負責塗鴉的人可偷空精簡或添增內容。但即時進行的個人型或展演型資訊塗鴉就沒這種餘裕了，火車一旦離開月台就只能死命抓住車尾。

26. 參考戴夫‧葛雷的 Flickr 網路相簿，其中有一張黑白資訊塗鴉：http://www.flickr.com/photos/davegray/collections/72157600017554580

27. 色彩在展演型資訊塗鴉最能發揮效果，而且這也是三種資訊塗鴉中最重視美觀的。色彩對個人型資訊塗鴉比較沒那麼重要，但仍可用來深化資訊意涵、協助個人吸收學習。最不需要色彩的是團體型資訊塗鴉，畫面是否漂亮好看根本一點也不重要。

28. 若有興趣進一步研究色彩與它對不同文化的意義，不妨參考大衛‧麥克坎德萊斯（David McCandless）

《信息之美》（Information is Beautiful）。書中有個彩色的輪形資訊圖表，顯示特定顏色在世界各地代表的意義。他也在這本書提供了不少視覺化範例：www.informationisbeautiful.net/visualizations

29. 這個學習流程可以有其他版本，端看你想做哪一種資訊塗鴉。不過大致來説，這個過程可套用於每種資訊塗鴉。若你務求精確，這個流程最適用於非即時個人型資訊塗鴉、以及團體型資訊塗鴉，因為它們都有時間可修改和分享。展演型資訊塗鴉和即時個人型資訊塗鴉必須快速同步進行，不太可能讓我們有時間構思最完美的視覺架構，除非當下採用的是最普通的圓餅圖、條形圖、或軸輻系統。

30. 我知道這些話聽起來好像扯遠了，但如果你用資訊塗鴉來支持你的小世界，那也仍然算是一個世界，而且你拯救了這個世界。

31. 參考神經科學家瑞克‧韓森（Rick Hanson）著作《像佛陀一樣快樂：愛和智慧的大腦奧祕》（Buddha's Brain: The Practical Neuroscience of Happiness, Love, and Wisdom）。他很想知道，為什麼我們的大腦有如此強烈的求生驅力。避免冒險可減少肉體受傷機率（更重要的是，避免被所屬社群傷害）。我們的杏仁核（通

常伴隨丘腦、頂葉後半部、以及顳葉）因此而傾向誇大危險性。畢竟大部分人寧願過度小心，也不願發生憾事。在這場生存遊戲，憾事通常是喪命（或者更糟，被驅逐，最後孤獨死去）。所以儘管我們都敬愛勇敢無畏的先驅者和冒險家，多數人仍不願站到他們的隊伍當中。安全至上！

32. 任何即時進行的資訊塗鴉皆是如此，但有個情況是例外，那就是個人型資訊塗鴉。舉例來說，資訊塗鴉者可以先畫出非洲地圖，然後再從地圖中拉出事實與數據。他也可以先畫一棵植物，然後標示植物名稱和生命循環。在這類例子中，圖像確實可以先於文字。此外，你也可以將它當成實驗性作法，先畫出結構，再從中醞釀靈感。實驗結果可能畫虎不成反類犬，但仍然相當值得一試。

33. 人機互動原文為 Human-computer Interace，簡稱 HCI。

34. 參考傳記作家華特·艾薩克森（Walter Isaacson）的《賈伯斯傳》。

35. 舉例來說，講者為了吸引觀眾的注意力，可能會放映一張戲劇化的照片，不但激起現場熱烈討論，甚至轉移了聽眾的觀點。廣告人意圖激發觀眾的情緒反應，而非理性思辯，這麼一來才能觸動他們採取行動。領導者若想激發團隊成員的創意，或許應該讓他們用視覺化方式「展示」問題本質，而非單純「訴說」。

36. 這裡說的「肌力」指的是認知能力。從塗鴉或畫畫的角度來看，認知能力有所謂的「肌肉記憶」，當一種動作重複許多次之後，肌肉會逐漸形成條件反射，就像我們打字動作熟練到不假思索。假如你不斷反覆畫玫瑰花，你必然會因為大量練習而把玫瑰畫得越來越好，因為你已經在這方面建立肌肉記憶了；而肌肉記憶又會因為「認知肌肉記憶」強化變得更加深刻。研究指出，當我們看到玫瑰時，大腦便會創造玫瑰的視覺印記，記下玫瑰的形狀與大小。畫畫的時候，身體的運動系統、視覺和軀體感覺皮質會同時設法讓你畫出的玫瑰，吻合你見過的玫瑰外觀。你同時運用到身體與心理肌肉，讓它們變得更加強化。資訊塗鴉者要鍛鍊的就是這兩部分的肌肉。

37. 對，我有想過速記員。但他們用了簡寫，而且寫的東西沒人看得懂。

38. 請參考本書先前所提過，關於塗鴉強化認知能力的討論。

39. 塗鴉的一個直接好處，是它讓我們的眼睛跟手有事可做。這通常能讓我們內心的饒舌安靜下來，收攏我們

的注意力。

40. 這個比例數據究竟是怎麼來的，許多人「歸功」於美國教育專家戴爾（Edgar Dale）於 1946 年提出的學習金字塔理論（Cone of Experience）。但他的原始圖表中並未標出比例，他也沒有針對這項比例做過任何研究。他本人已澄清過這一點了。雖然這項比例沒什麼根據，但有了不少事實的從旁佐證，於是我們仍採用至今。

41. 這句話來自西元前五世紀的中國聖人孔子。

42. 這比例是我的個人猜測。

43. 真正優秀的展演型資訊塗鴉者，會在活動進行之前做好研究功課。我們和企業客戶開會之前，會先研究他們的產品與服務、競爭者和公關能力，並蒐集相關縮寫和術語。我們在走進他們的世界之前，就先設法融入他們的世界。和參加競賽的運動員或功夫表演者一樣，為了提高勝算，我們會在上場比賽前仔細研究對手。

44. 這也表示要先瞭解你的老師。哪些老師講話很快卻顛三倒四？哪些老師講話慢，像蚊子一樣悶哼？哪些老師並不照本宣科，擅於創造互動？你可以根據對象的不同來調整應對方式。

45. 雖然我參加過不少這類會議，但歸納出六種類型的人不是我。這六類來自 Michael Doyle 及 David Straus 合著的經典：《開會的革命》（How to Make Meetings Work）。這本書出版於 1976 年，在我看來遠勝於美國境內一般會議和國會採用的「羅伯特議事規則」（Robert's Rules of Order）。

46. 「前饋」會議旨在提供全新或更新的資訊。

47. 策略規劃可於不同層級進行，無論是團隊、主管級、副總級、高階主管或董事成員。但他們的會議目標都是相似的。

48. 通常，前饋和綜合會議比較容易出現無法預測的情況；因為前者的內容有無窮可能性，而後者的目標十分多元化。但各位不必擔心，本書也提供了如何應對這兩種會議的訣竅。

49. 大部分的人不會立刻進入聆聽模式，除非出現會讓我們主動想聽的情況，例如某個朋友需要援助、或有人不斷對我們灌迷湯。所以我們在演說的一開始，會需要花點時間讓內心逐漸安靜下來、緩緩進入聆聽空間。強化聆聽能力後，上述轉換過程會變得更加快速流暢，聆聽者可完全排除雜音、專注吸收資訊。

50. 禪語有句話說：「要落入悲慘，光想著自己。要變得快樂，多想想別人。」

51. 我和團隊成員要進行資訊塗鴉前，會先針對會議主題和準備視覺化的內容做足功課。就算是美國太空總署要我們畫火箭推進系統、噴射飛機或星際太空船，我們也會花時間弄清楚這些東西長什麼模樣，然後將它們畫成簡化版用在會議上。這麼做是為了（a）為討論主題的實際外觀做視覺化呈現、以及（b）讓客戶知道我們做足了準備。我們也會預先研究企業術語（每家公司都有一套內部行話）和組織縮寫，因為資訊塗鴉者在這種現場活動需要具備這方面的知識，才不會在一片熱烈討論中摸不著頭緒。

52. 我正是以這種方式來準備我的 TED 演說。我花了四個月時間完成這些塗鴉，期間將它們貼在牆壁上，好讓自己可隨時檢視、修改。那次的演說我是依照好友南西‧杜爾特（Nancy Duarte）的著作《視覺溝通的法則》來設計，「S.T.A.R 時刻」就是她想出來的，是「永難忘壞的事物」（something they'll always remember）的縮寫。

53. 這些圖例綜合了 Duarte Design 和 Xplane 的圖表系統，這兩家公司對我有深刻影響。若想看到更多圖表選項，

可參考南西‧杜爾特的《Slide:ology》，書中有個篇幅達連續兩頁的折頁提供了更多選擇。若你喜歡我的圖表圖例，那麼南西的圖例一定能讓你興奮到不行。

54. 切記，你要學習的是最不依靠直覺的資訊塗鴉方式。由於大部分資訊塗鴉都是即席創作，所以我提供這些視覺架構，希望它們能成為你的視覺語彙中的一部份。

55. 有時候也在時間軸中點出「何時」，譬如成吉思汗的恐怖統治時期。

56. 參考 Edward Tufte 教授的《視覺化解釋》（Visual Explanations: Images and Quantities, Evidence and Narrative）第 19 頁。

57. 維基百科有這張圖的較大版本：http://en.wikipedia.org/wiki/File:Minard.png

58. 若你沒看過戲劇三角，我強力推薦各位對它做進一步的瞭解。它彰顯了現場出現受害者時，我們有時候會扮演的對立角色。但我們的角色並非固定不變，每個人都會輪流演出三種角色；而且我們的行為都是相互影響的。我們時而扮演迫害者，時而扮演拯救者，時而扮演受害者，這齣戲會永無止盡演下去。打破輪迴的最佳方是就是完全脫離這個三角。

59. 創作者為戴夫‧葛雷。

60. 創作者為戴夫‧葛雷。

61. 創作者為 Satori Sol Wagner。

62. 「連結」這個描述，靈感來自戴夫‧葛雷的《連結企業》（The Connected Company）。這本書比較了企業過去的慣常作法、以及為因應現今市場所做的改變。戴夫在書中運用了比較圖來呈現區別。我則根據自己的看法，加上了一些標籤和形容詞。

63. 最早的長條圖出現於 1786 年出版的《商業與政治圖集》（The Commercial and Political Atlas），作者是威廉普萊菲爾（William Playfair）。普萊菲爾不但是全才，也是資訊塗鴉的先驅。他發明了圓餅圖、長條圖和線圖。若他再晚生個幾十年，他說不定會跟蕭‧約瑟夫‧明納結為好友，也就是畫出拿破崙 1812 年征俄圖表的那位仁兄。

64. 麥克的完整圖作請看：http://www.flickr.com/photos/rohdesign/6363688953/sizes/o.in/set-72157628051682643，或在他的 Flickr 相簿參考其他作品。你也可以直接買他的書。

65. 羅馬花椰菜和傳統品種都是。

66. 我之前提過發明家特斯拉，他可以自動看出物體的視覺架構，而且看得相當深入。愛因斯坦或許也有同樣高明的能力，據說他腦部的神經膠質細胞遠高於一般人。我們這些凡夫俗子只能靠努力彌補天賦了。

第五章 資訊塗鴉實戰力：改造團體思考方式

1. 你可能會發現，這個序列的九個遊戲中，本章僅提到其中四個。在此我只是想讓大家看看序列長什麼樣子，並沒打算詳細描述每個遊戲的作法。我的任務是提供團體型資訊塗鴉的可能作法，讓大家知道如何選擇符合會議目的的遊戲，用以解決當前面對的問題。換句話說，給你們魚，不如教你們如何釣魚。

2. 白板漆是一種單層塗料，可用滾筒刷在任何平面上，將該平面變成可用乾布擦拭字跡的白板。

3. 常有人問我，在遠距會議這類數位化環境中，他們該如何操作團體型資訊塗鴉。他們期待的答案是：資訊塗鴉在這類環境依舊能發揮效用。課程設計者、軟體工程師及教育專家都在努力突破這項挑戰，但我認為目前為止，他們提出的解決方案都遠遠比不上面對面的團體塗鴉。人類即使到了如今這個時代，生理上和我們的老祖先仍相去不遠。也就是說，在這個充斥多種感官刺激、社會互動綿密的世界，能夠融入環境、投注所有感官的學習方式，依舊是更有效率的。但這並不表示數位資訊塗鴉不值得一試，畢竟它將持續改善，足可被列為選項之一。我們不應該放棄任何有助於提升團隊表現和學習能力的方法，所有可能影響創意和思考方式的實驗都應該要試試看。

4. 在此的假設是，課堂、講堂和會議室是按照傳統方式來運作：台前站著講者、老師或教授，透過口頭傳播來領導學習。儘管它們也可能具備互動性質、可刺激學習者的多重感官。若你有幸參與了後者，務必把握難得的機運，將講演內容以資訊塗鴉方式在過程中、或結束後記錄下來。這可是天賜良機，你應該衷心感謝那些教師或會議主辦人。

5. 塗鴉序列不一定是三個步驟，它也可能有五個步驟。總之你知道重點是什麼吧。

6. 就我的個人經驗，口頭指示若再加上具體示範，大家會更容易了解自己該做些什麼。光用說的，效果通常沒那麼好。不過在你示範的時候，請告訴學員你的作法並非鐵律，大家儘可想出一套自己的作法、採用個人風格。給他們一個方向之後，就放手任他們自由飛翔吧。

7. 不得已的話，用印的也可以。

8. 假如現場有五個人，就把他們分成兩組（一組兩人、另一組三人）、或三組（兩組各兩人，另一組一人）。

若現場有二十人，你可以每兩人一組，共分成十組、或每五人一組，共分成四組。依此類推。

9. 如果你是工作還沒開始，就急著預測結果的人，我的答案是：沒錯，心智圖確實會出現重複的資訊。有些「特色」感覺上像「益處」，有些「挑戰」搞不好可視為「特色」。別擔心這些枝微末節，畫就對了。

10. 若你選擇的是後者，就由這些特定組別來為特定作品進行專案排名。但你必須留意他們是否有偏見或偏好，並確保他們的排名具備可信度。偏見是無法完全避免的，但如果你選擇讓特定組別、而非所有組別來進行排名，這些偏見可能會更加強化，因為其他組別得不到相關資訊，因此也無從介入導正。我相信你有能力處理這種情況，但我覺得還是應該先提醒一下。

11. 這有點像「世界咖啡館」（World Cafe）分組討論方法，有興趣可自行研究。

12. 除非你選擇的是讓特定小組來評比特定專案。

13. 若你已經忘記，這三個變項就是特色、益處和挑戰。

14. 或是先分組評比，然後再把他們集合起來得出共識。

15. 我把「特色」列為第一項沒什麼理由，純粹舉例而已。

你要從哪一項先開始都可以。

16. 有些人會忍不住這麼做，但把不相干的專案拿來互相比較，就像拿蘋果比橘子。一項應用的安全性，如何與另一項應用的其他特色相比？

17. 有些人可能已經注意到，X 專案與 Y 專案的積分頗為接近，但這只是前三排的分數加總而已（我沒列出第四、五排）。當積分接近發生時，你可以請大家直接說出他們認為哪個專案更勝一籌，看看能不能得到共識。或者你也可以讓兩個專案都進入決選。另外還有一個辦法，那就是提出新的評比標準，讓這兩個積分接近的專案根據新標準比出高下。

18. 若你要把排名結果呈現在大桌子上，讓每個人都能靠過來看清楚；這時候索引卡會比較好用。

19. 這裡所謂的工具，包括培樂多黏土、橡皮筋、照片、牛頓牌無花果餡餅……什麼都行。發揮你的想像吧！

20. 另一個方法，是特別留意那些較安靜的成員，主動邀請他們發表意見。我發現大部分內向的人其實挺樂於接受邀請，並不會覺得彆扭。所以你不妨特別留意這群人，指定要他們發言。正如《安靜，就是力量：內向者如何發揮積極的力量》作者蘇珊・坎恩（Susan

Cain）所說，內向者習於在安靜中敏銳觀察，所以他們往往能做出莫大貢獻。

21. 也可使用專案管理軟體，譬如 Basecamp 或 5pm，甚至我們的老朋友 Google Drive。任何好用的軟體都行。

22. 若成員人數是五至七人。

23. 所謂連結誘餌，就是吸引網友點進的內容或網站特色，目的就是要讓使用者進入另一個網站。下餌的方式百百種，其中一個特別有效的方式就是點進才能知道答案的問題。人都有好奇心，所以我們很難完全忽略那些問題，就算我們不知道答案也不會怎樣。舉例來說，「貝克漢夫婦的新生兒名字竟然是！？」這種標題就可能吸引你的注意，因為你實在很想要有個答案。

24. 這項用於瞭解顧客的練習有多種形式，但移情圖最初是由 Xplane 公司提出的。這家提供視覺思考服務的公司常暱稱它為「大頭」遊戲。

25. 要深入瞭解這五個類別，參考 Vijay Kumar 教授的著作《101 個設計方式》（101 Design Methods: A Structured Approach for Driving Innovation in Your Organization）。

26. 你可能有注意到，我沒把「形容詞」加進來。這是因為形容詞很少相互激盪出具體的創新。要在探索式思維當中運用形容詞，一個方法就是將形容詞隨意混合，然後套用在團隊設計的產品或服務上。假設團隊發明了「會唱歌的降落傘」，不妨隨意拋出「冰冷」這個形容詞，看能不能改變這項創新。

27. 「打破重建」技巧出自愛德華・狄波諾（Edward de Bono）的《創意鍛鍊》（Creativity Workout: 62 Exercises to Unlock Your Most Creative Ideas）。

28. 哈佛商學院教授克里斯汀生（Clayton Christensen）在他的一場知名演說「奶昔行銷」便以這個問題為思考主軸。

29. 我可能言之過早，但各位認為理論上，你們能用專案心智圖和強迫排名來達成決策會議目標嗎？當然可以。資訊序列中的「攻略步驟」就是讓整個序列得以成功的關鍵。但只要你認為有助於達成會議目的，想加什麼活動至序列中都可以。

30. 資訊塗鴉活動的參加成員經常是一大群人，但你只要發揮想像力、調整活動架構，就可發揮同樣的圖像思考功能。譬如你可以將大家分成好幾個小組，請他們分別畫各組的矩陣。他們可能需要一張大桌面（以及小得多的便利貼），好容納更多組別的矩陣。想怎麼調整都幾乎不會有任何問題，只要我們願意臨機應變。

31. 我本來想說「上百萬次」這數字是前總統小布希給的，但它其實來自「週六夜現場」節目專訪基努李維的那一集。

32. 「寫完」的意思可以是每個人完成後（畢竟有些人想得快、有些人想得慢、較沒靈感或沒興趣），也可以是所有人完成後。或者，你可以請先寫好的人坐著等，直到你喊時間到。怎樣算是「寫完」由你自行決定。

33. 我假設因為大家做過努力，發想出的內容會有一定的品質。出現品質較差的內容在所難免，但這不是這個階段要操心的事。

34. 你可能會以為「姊妹同胞」（sistren）不是正式的英文字，但它其實是，只不過是很久沒人用了。

35. 通常指的是內部能力，但它也可指涉建立外部合作夥伴或供應鏈的能力。

36. 端看實際內容為何。理論上，組織可在特定主題範圍內，鼓勵個人追求他們的自我發展機會，而不至於被特定主題牽著走。假設主題是「乳癌研究」，組織可舉辦相關慈善募款活動，但無須把大部分資源投注在這項主題上。

37. 若英文不是你的母語，且容我做個解釋。美國人（假設都講英語）常說這句話，意思是隨便做假設容易栽跟斗。這句俗諺玩了巧妙的文字遊戲：Assume = Ass+U+Me

38. 「證實」其實也是個容易混淆的概念。若我們仔細檢驗信仰、「事實」、證據、或經驗，我們不免疑惑怎樣的「證實」才能算是無可懷疑？但為了能順利進行這項練習，我們還是保持實際態度吧。

39. 有個例外狀況是，如果你們是在規劃每週進度報告。這樣的話，理論上你們可以把時間長度控制在五到十分鐘。

40. 快頒發粉絲證書給我吧！在《哈利波特》系列，「漂浮咒」是用來隔空移動物體的法力。

41. 比爾蓋茲的 TED 演說：http://www.ted.com/talks/bill_gates_unplugged.html

42. 大腦的自然演化方式，導致重力妨礙了理性中樞的運作。腦部必須輸送血液（含葡萄糖與氧）到它想啟動的部位。理性中樞處於運輸不便的位置，要長時間輸送血液到那些位置、並維持一定的血流量，必須消耗掉不少能量。

43. 《視覺溝通的法則》這本書描述了五種「S.T.A.R 時刻」：

令人印象深刻的戲劇化呈現、重複的鏗鏘金句、引發情感的圖像、觸動人心的敘事、令人吃驚的數據。範例依序如下：賈伯斯的每項蘋果產品，都採用「打簾子見客」的呈現方式；著名黑人律師柯克倫（Johnnie Cochran）主張「證據不符，無罪釋放」；攝影記者 Kevin Carter 那張舉世聞名、令人心碎的飢餓女孩與禿鷹照；醫學博士吉兒・泰勒（Jill Bolte Taylor）談中風經驗的 TED 演說（她帶了一個真的人腦當道具！S.T.A.R 指數破表）；以及 Nike 基金會的動畫「女孩效應」（The Girl Effect），片中說：「女孩若到了十二歲仍生活在貧困之中，她的未來就完全不在自己手中。」這些都是衝擊強烈的難忘時刻，足可改變整個社會如何觀看一個人或一件事。若能將「S.T.A.R 時刻」放進演說中，即使衝擊力道不如上述幾個例子，你也可以算是做了一場精彩演說，可以好好嘉獎自己了。

44. 當然了，許多組織會將檢討制度和回饋形式體制化，並設法降低主觀程度、減少績效評估中相互矛盾的地方。無論公司規模大小，回饋會議為員工「打分數」的方式都必須讓員工心甘情願地接受。否則，員工別具慧眼的作法很可能會被這套體制誤認為犯錯。

圖片版權註記

34 頁　Felice Frankel, PI, from Picturing to Learn, a project funded by the National Science Foundation (www.picturingtolearn.org)

43 頁　（右下圖）: Stacy Weitzner

61 頁　（右上圖）：Photograph by Maia Garau

66 頁　（最左插圖）：Tom Gauld, tomgauld.com

66 頁　（中間三張插圖）：Copyright Ed Emberley

66 頁　（最右插圖）、144 頁（右下圖）、148 頁：davegrayinfo.com

80 頁　（右圖）、83 頁（左圖）：2013 Zappos IP, Inc. or its affiliates

136 頁　Scott Berkun（原文授權）

143 頁　New York City Subway Map © Metropolitan Transportation Authority. Used with permission.

145 頁　Hugh MacLeod, gapingvoid.com

149 頁　Satori Sol Wagner

153 頁　（左圖）"Understanding the World," doodle by Fernando de Pablo, Dibujario, Spain

157 頁　（左圖）：Merryck Sketchnotes by Mike Rohde, rohdesign.com

169 頁　（上圖）：By Nancy Margulies, author, Visual Thinking

213 頁　Romy Suskin

214 頁　Photo courtesy of Nancy Duarte

大寫出版 In-Action! 書系 HA0054

塗鴉思考革命：
解放創意隨手畫！愛因斯坦到愛迪生都愛用的 DIY 視覺思考利器

The Doodle Revolution: Unlock the Power to Think Differently
by Sunni Brown
Copyright © 2014 by Sunni Brown
All rights reserved including the right of reproduction in whole or in part in any form.
This edition published by arrangement with Portfolio, a member of Penguin Group（USA）LLC, a
Penguin Random House Company, arranged through Andrew Nurnberg Associates International Ltd.
Complex Chinese Translation copyright ©2015
by Briefing Press, a division of And Publishing Ltd.
All rights reserved.

原 著 者◎　桑妮・布朗 Sunni Brown
譯　　者◎　劉怡女
設　　計◎　xinondesign 設計工作室
行銷企畫◎　郭其彬、夏瑩芳、王綬晨、邱紹溢、陳詩婷、張瓊瑜、李明瑾
大寫出版◎　鄭俊平、沈依靜、王譯民
發 行 人◎　蘇拾平

出版者：大寫出版 Briefing Press
　　　　台北市復興北路 333 號 11 樓之 4
電　話：（02）27182001 傳真：（02）27181258
發　行：大雁文化事業股份有限公司
　　　　台北市復興北路 333 號 11 樓之 4

24 小時傳真服務：（02）27181258
讀者服務信箱 E-mail：andbooks@andbooks.com.tw
劃撥帳號：19983379
戶名：大雁文化事業股份有限公司

初版二刷◎ 2018 年 3 月
定價◎ 450 元
ISBN 978-986-5695-14-9
版權所有・翻印必究 Printed in Taiwan・All Rights Reserved

國家圖書館預行編目

塗鴉思考革命：
解放創意隨手畫！愛因斯坦到愛迪生都愛用的 DIY
視覺思考利器

桑妮 . 布朗（Sunni Brown）著；劉怡女譯
｜初版｜臺北市｜大寫出版｜大雁文化發行 2015.10
276 面 ; 20*21 公分 . (In-Action! ; HA0054)

譯自：THE DOODLE REVOLUTION : UNLOCK
　　　 THE POWER TO THINK DIFFERENTLY
ISBN 978-986-5695-14-9（平裝）

1. 創造性思考
176.4　　　　　　　　　　　　103020564